무역공급망관리

최경주 | 김연동 공저

도서출판 두남

정보기술과 인터넷의 급속한 보급과 확산으로 무역업무에도 많은 변화가 있어 왔다.

전자무역은 정보망을 통하여 구매단계부터 결제단계까지의 일련의 과정을 정보망과 연계되어 있는 통관 무역 물류 업무의 전자문서교환 외에도 업체간의 정보교환 활동 등을 포괄하는 것을 전자무역이라고 하고 있다. 대외무역법에서는 무역의 전부 또는 일부가 컴퓨터 등 정보처리 능력을 갖춘 정보통신방을 통하여 이루어지는 거래로 정의하고 있다. 또한, 무역과 관련된 각종 정보의 검색, 거래알선 사이트를 이용한 해외 홍보선 발굴 전자우편을 이용한 거래 협상 소프트웨어 등 디지털상품의 온라인 거래 및 배송 등도 전자무역에 포함하고 있다.

인터넷이라는 가상공간을 통해 국제간의 상품이나 서비스를 거래하는 새로운 무역방식으로서 각종 컴퓨터 네트워크를 이용해 실시간(REAL TIME) 상호작용이 가능한 쌍방향 커뮤니케이션을 통해 무역 거래를 하는 것을 말하며, 무역과 관련된 전보의 유통은 물론 업무처리과정이 컴퓨터와 네트워크에 의해 창출된 사이버 공간상으로 주로 이루어진다고 할 수 있다. 무역과 관련된 정보교류 조회 상담 및 계약 등이 주로 인터넷을 통해서 이루어짐이 최근 들어 더욱더 늘어나고 있는 실정이다.

전자무역의 특징은 기존의 전통적인 무역거래에 비해서 단순한 거래방식의 변화가 아니라 전통적인 무역산업을 포함한 경제구조와 프로세스 혁신을 포함한다.

또한, 재화 또는 서비스의 국가간 거래인 무역 행위를 인터넷을 포함한 다수의 정보기술을 활용하여 전자적 정보집약적인 방법으로 수행하는 무역활동이며, 정부기관 및 기업들 사이에는 기업의 경쟁우위를 확보하고 효율성을 증진시키기 위해 기업 내부 혹은 기업간의 전자적 연결 현상이며, 무역이라는 특성상 무역 프로세스를 중심으로 정부(유관기관)와 기업간의 E-BUSINESS를 포괄하는 측면에서 근접해야 하기 때문에 전자무역은 공공적인 특성 보유하고 있다. 이처럼 전자무역은 무역거래 시간 및 비용의 절감 글로벌마케팅의 가능 및 손쉬운 거래정보의 획득이 가능한 장점을 가지고 있다.

전자무역의 일반적인 절차는 시장이나 제품 바이어에 대한 정보를 수집하는 작업을 수행하는 자사 기업과 제품을 알리는 마케팅 활동을 진행하고, 조사 발굴된 바이어와 거래 조건 협의와 각종 절차를 밟기 위한 상호간의 의견을 교환하고 계약을 체결 마지막 단계를 거래가 성사된 제품을 수입업자에게 보내는 과정을 거치는 공급망 관리체계가 이루어지는 것이다.

또한, 전자무역 플랫폼은 물리적 재화의 수출입에 관련된 전통적인 무역처리과정에서 발생하는 막대한 무역정보를 전자적으로 교환함으로써 무역프로세스를 획기적으로 전환할 수 있다.

전자무역에 대한 학문적인 연구가 학계와 연구기관에서 활발하게 진행되고 있다. 그러나 무엇 보다 중요한 것은 학생들에게 실무를 바탕으로 졸업 후 업계에 진출하여 바로 현장에서 활용되는 것이라고 할 수 있다. 본서는 업계에서의 무역 실무 경험을 바탕으로 집필 되었으며, 학생들이 이 책을 통하여 전자무역을 연구하는 학도들에게 조금이나마 도움이 되는 지침서가 되기를 바라고, 그밖에 연구기관 및 업계에서 전자무역에 관심 있는 사람들에게 전자무역의 미래와 과제를 제시하는 참고서가 되기를 바란다. 미래의 새로운 무역패러다임인 전자무역 공급망관리가 우리나라의 무역경쟁력을 제고하기 위한 핵심정책으로 자리 매김 되어 언제어디서나 무역업무를 손쉽게 처리할 수 있게 되기를 간절히 바란다. 세계적으로 선도적 위치에 있는 제조 무역업체, 물류업체, 유통업체들은 총공급망 안에 있는 모든 기업들이 전략적으로 협력관계를 형성하여, 경쟁력을 강화하여 나가고 있다. SCM은 생산에서 최종소비자에게 판매 될 때까지 상품의 흐름에 대한 정보를 공유해 불필요한 시간과 경비를 제거하는데 목적을 두고 있다.

끝으로 본서를 출간하는데 국내외의 많은 저서와 관련 자료들을 참고 하였으며, 이론과 실제성공 사례를 중심으로 현장에서 응용할 수 있도록 집필하였다. 아울러 본서를 출간되기까지 많은 도움을 주신 도서출판 두남의 전두표 사장님을 비롯하여 이승구 상무님과 자료제공에 도움을 주신 여러분들에게 감사를 드립니다.

2012년 8월

저자 올림

1 전자무역 개요 • 13

전자무역 시스템 • 23

3 전자무역 적용분야 • 41

4 전자무역기반의 GSCM • 149

5 유비쿼터스 • 201

부록 • 263

e-Trade시대의 무역공급망관리

무역은 국제간에 물건을 사고파는 행위를 말한다. 즉 국가 간에 거래이기 때문에 국경을 넘어 물건이 이동하고 상대 교역국의 통관절차를 거친다.

이러한 무역을 좀 더 편리하고, 빠르고, 효율적으로 하기 위해 전자무역이 시작되었다.

전자무역이란 「거래선발굴 · 상담 · 계약 · 원자재조달 · 운송 · 통관 · 대금결제에 이르는 제반 무역업무를 인터넷 등 최신 IT기술을 활용하여 시공의 제약 없이 처리하는 새로운 무역거래형태」로써 이 단원에서는 전자무역의 전반적인 사항에 대해서 알아보고, 향후 어떻게 발전이 진행될 것인지에 대해서 살펴본다.

1. 전자무역 개요

e-Trade시대의 무역공급망관리

 학습목표	1. 전자무역의 개념을 이해한다. 2. 전자무역의 특징 및 장점을 이해한다. 3. 전자무역의 구성을 이해한다.

(1) 전자무역 소개

전자무역이란 「거래선발굴 · 상담 · 계약 · 원자재조달 · 운송 · 통관 · 대금결제에 이르는 제반 무역업무를 인터넷 등 최신 IT기술을 활용하여 시공의 제약 없이 처리하는 새로운 무역거래형태」를 의미한다.

대외무역법 제2조에서는 무역의 전부 또는 일부가 컴퓨터 등 정보처리능력을 가진 장치와 정보통신망을 이용하여 이루어지는 거래를 말한다.

즉 기존의 무역 거래방식을 전자화하는 무역자동화의 수준을 넘어, 궁극적으로는 최신 정보기술을 활용하여 무역구조와 프로세스를 근본적으로 개선 도모하여 이루어진다.

전자무역 프로세스는 기업이 수출 또는 수입과정에서 수행하는 일련의 활동 (통관/물류, 결제 등)과 수출입 관련 기업들(예컨대 선사, 외국환은행, 포워더 등)과 주고받는 정보(문서)의 흐름으로 정의 되며, 전자무역 인프라는 이러한 정보(문서)의 교환행위를 전자적 방식으로 처리하는 기능을 제공한다. 또한 전자무역 관련사업은 전자무역인프라와 연계되는 무역프로세스상의 다양한 기업들, 즉 금융 · 물류 · 보험 · e-MP 등을 포괄하여 적용된다.

■ 전자무역 이란 ■

전자무역 (e-Trade) 개념	전자무역은 『거래선발굴. 상담. 계약. 원자재조달. 운송. 통관. 대금결제에 이르는 제반 무역업무를 인터넷 등 최신 IT기술을 활용하여 시공의 제약 없이 처리하는 새로운 무역거래형태』 ☞ 무역의 전부 또는 일부가 컴퓨터 등 정보처리능력을 가진 장치와 정보통신망을 이용하여 이루어지는 거래 (대외무역법 제2조)

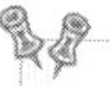

전자무역은;

기존의 무역 거래방식을 전자화하는 무역자동화의 수준을 넘어, 궁극적으로는 최신 정보기술을 활용하여 무역구조와 프로세스를 근본적으로 개선 도모

『전자무역 프로세스』는 기업이 수출 또는 수입과정에서 수행하는 일련의 활동 (통관/물류, 결제 등)과 수출입 관련 기업들(예컨대 선사, 외국환은행, 포워더 등)과 주고받는 정보(문서)의 흐름으로 정의 되며

『전자무역 인프라』는 이러한 정보(문서)의 교환행위를 전자적 방식으로 처리하는 기능을 제공

『전자무역의 관련산업』은 전자무역인프라와 연계되는 무역프로세스상의 다양한 기업들, 즉 금융·물류·보험·e-MP등을 포괄

(2) 전자무역의 비전 및 특징

언제 어디서나(365일×24시간) 인터넷상의 「Single Window」를 통하여 해외 시장조사에서 계약, 외환, 상역, 물류, 통관/결제에 이르는 모든 수출입관련 업무를 가장 효과적이고 빠른 방법으로 수행할 수 있는 시스템으로 우리나라 무역업무의 처리를 정확하고 빠르게 함으로써 무역처리 능력의 향상을 가져온다.

■ 전자무역 비전 및 특징 ■

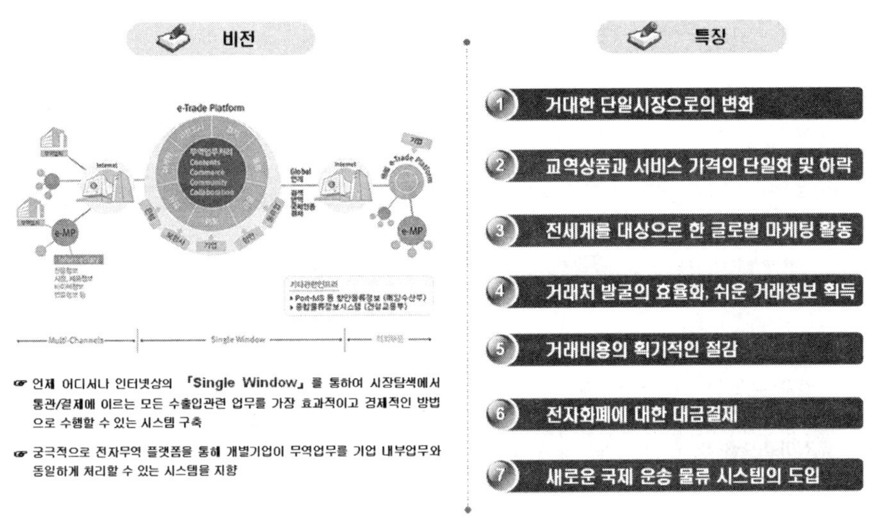

(3) 전자무역 기대효과

국가적인 측면에서의 도입효과는 부대비용 절감, 수출확대 기반 제공, 국가경쟁력 제고 등을 통해서 매년 약 1조 6566억원의 효과를 기대할 수 있다.

무역업체를 위한 수출입업무 단일창구 제공을 통해서 전자무역 단일창구 포탈의 구축으로 사용자의 업무 처리절차를 간소화하여 업무 효율성을 높이고 비용을 절감하고, 무역관련 각 포탈(관세청, 국가물류, KTNET 등)과 상호 효율적 연계를 통해 중복투자를 방지하고 비용대비 효과를 극대화 할 수 있다. 또한 전자문서보관소를 기반으로 전자무역문서의 유통성을 보장함으로써, 반복제출업무의 생략 또는 제3자 제출시 신뢰성 확보로 업무절차 간소화 및 프로세스를 개선하고, 전자문서의 진정성 및 제3자 유통성 확보를 통해 동일문서 중복제출 및 종이원본제출 생략함으로써 무역업무프로세스 간소화 및 비용절감을 얻을 수 있다.

▌전자무역을 통한 기대효과▐

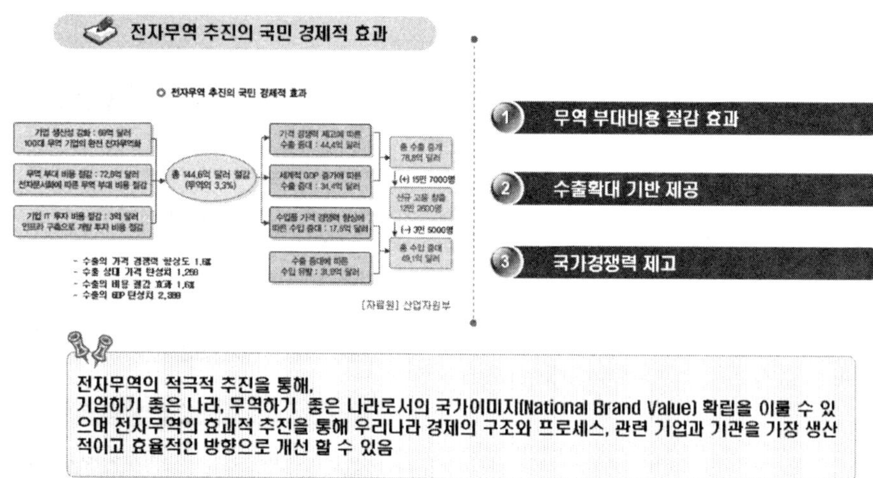

무역업체 입장에서는 반복되는 무역서류 및 업무처리의 시간과 비용을 절감하고 대외기관에 제출하는 각종 첨부서류를 생략할 수 있다.

▌업무처리에 따른 기대효과▐

수입 신용장 개설: 신용장 개설신청 및 응답, 신용장 조건변경신청 및 응답

번호	전자무역 도입 전	전자무역 도입 후
1	신청서 작성+첨부서류제출 -신용장개설 신청서 -오파, I/L등 확인서류	신청서만 작성하여 전자무역로 송신 -첨부서류 제출면제
2	L/C원본 수령 시 은행방문	사무실에서 전자무역로 L/C 원본수신
3	법정서식 사용 미 관리상 부담	A4용지에 FREE FORMAT 형태로 출력 -유관기관에서 유효한 문서로 인정
4	해외수익자 통지까지 장기간 소요	은행이동시간 및 개설은행에서 재입력 절차가 생략되므로 수익자까지 통지기일이 2~3일 단축

신용장통지: 신용장(선)통지,신용장조건변경 통지, 해외양도신용장통지, 타행통지

번호	전자무역 도입 전	전자무역 도입 후
1	전화,팩스,TELEX로L/C통지후 은행 방문 후 원본수령	사무실에서 전자무역으로 수령 후 업체가 직접 출력사용 -FREE FORMAT으로 출력사용
2	L/C통지 수수료 부과 20,000원	전자무역으로 L/C 통지시 통지수수료 경감 10,000

 내국신용장업무: 오파, 내국신용장개설 및 통지, 세금계산서, 인수증, 네고

번호	전자무역 도입 전	전자무역 도입 후
1	개설업체를 방문하여 각종서류 처리 -오퍼 제출 -내국신용장수령 -세금계산서 전달 -인수증 수령 -은행 네고	사무실에서 모든 서류를 전자무역로 처리 -개설업체 방문 불필요 -은행 네고시 첨부서류를 업체가 직접 출력사용 -전자무역방식으로 은행 네고
2	내국신용장 개설신청서+첨부서류제출 -개설신청서 -오퍼 등 첨부서류제출	전자무역로 개설신청서만 송신 -첨부서류 제출면제
3	내국신용장 원본에 물품명세 입력	대표물품만 입력 -사무실에서 원본 수신후 출력사용 관세환급시 유효한 문서로 인정(관세청,세관)

 구매승인서: 오파, 구매승인서, 세금계산서, 대금결제

번호	전자무역 도입 전	전자무역 도입 후
1	신청서+첨부서류제출 -계약서,소요량증명서, 신용장 등	신청서만 전자무역로 작성 송신 -첨부서류 제출면제 -구매승인서 원본 업체가 직접출력 사용

 보험업무: 적하보험 청약, 보험증권발급, 수출보험선적통지, 수출보험결과통지, 신용조사의뢰서, 신용조사통보

번호	전자무역 도입 전	전자무역 도입 후
1	적하보험 부보 후 원본 손보사로 부터 수령	적하보험 양식을 업체에 배포 후 증원을 업체가 직접출력사용 -원본인정
2	수출보험공사 부보 보험 방문부보	전자무역으로 신청 부보 수출보험공사 방문 불필요

 각종통지업무: 계산서,기급지시,환어음매입 및 추심업무, 선적서류내도통지, 수입어음할인내역, 내국신용장 어음도착통보, 송금방식업무, 입금통지, 수출환어음처리결과 통지

번호	전자무역 도입 전	전자무역 도입 후
1	무역업무와 관련하여 발생되는 각종 통지업무, 수수료등 정산업무등을 은행을 방문하여 처리	전자무역으로 은행에서 업체로 직접 통지 -전자무역로 수신되는 DATA를 내부회계시스템에 연계하여 회계처리업무 단순, 간편화
2	통지수수료,환가료중 각종 수수료납부를 건건마다 정산	각종 수수료등을 한달단위로 정산 -매월 발생 수수료등을 익월 10일에 자동이체

■ 민간기업의 전자무역 도입 효과 사례 ■

-H사 도입사례-

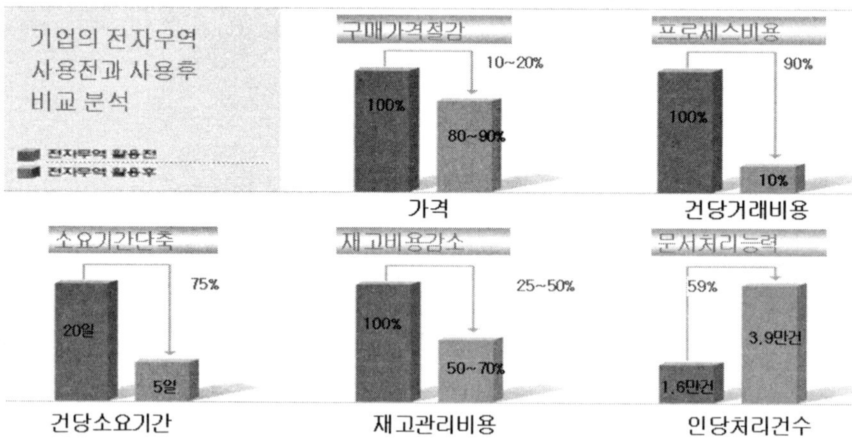

(4) 전자무역 추진동향

국내 전자무역 서비스는 과거 무역자동화(EDI)에서 발전되어 시대적 환경과 정보 인프라의 환경 변화에 의해 지속적으로 발전해 왔으며, 현재 정부 주도하에 전자무역서비스는 BPR/ISP 후 3차년도에 걸쳐 진행되었다. 도한 차세대 ISP수립을 완료하고 향 후 전자무역 인프라 및 시스템의 방향에 대한 로드맵을 형성하였다.

전자무역 서비스 진행 및 추진현황을 살펴보면
전자정부로드맵 과제로 채택('03.8 정부혁신지방분권위원회)
전자무역촉진3개년 계획(2004~2006) 수립('03.12)
전자무역혁신계획(e-Trade KOREA2007) 확정('04.9) - 4대 혁신전략 33대 과제 선정
무역업무 프로세스혁신 BPR/ISP수립('03.12~'04.12)

전자무역서비스 1차 구축사업('04.12~'05.6)
전자무역서비스 2차 구축사업('05.12~'06.11)
전자무역서비스 3차 구축사업('07.7~'08.2)
차세대 전자무역 서비스 ISP수립('08.10~'09.04)
전자무역 신규서비스 구축 및 확산(1차)('09 완료)
전자무역 신규서비스 구축 및 확산(2차)('10 완료)
전자무역 신규서비스 구축 및 확산(3차)('11 완료)
전자무역 신규서비스 구축 및 확산(4차)(12 완료)

▌전자무역 촉진계획 및 전략▐

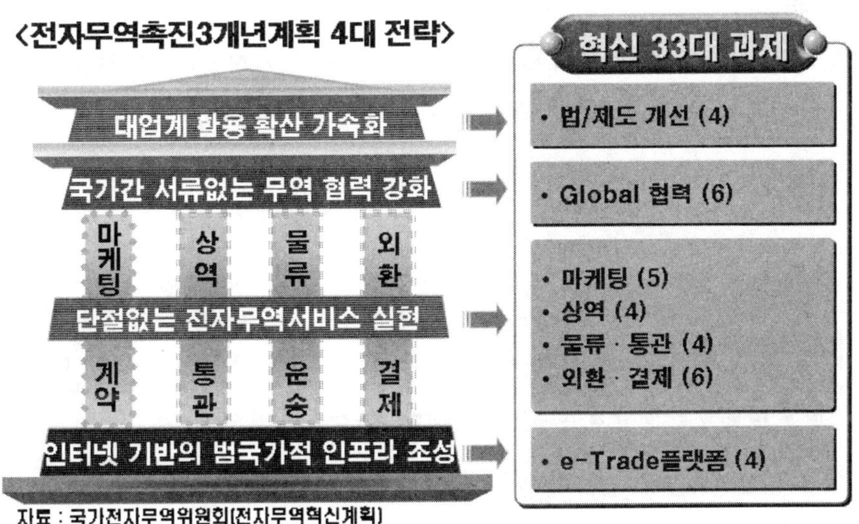

1. 인터넷 환경에 맞는 범국가적 전자무역 인프라 조성
   - 인터넷기반의 전자무역 구현을 위한 시스템적 · 제도적 기반 마련
2. 단절 없는 전자무역서비스 실현
   - 무역절차별 전자무역 촉진 저해요소를 발굴하여 개선
3. 국가간 서류 없는 무역 실현을 위한 대외협력 강화
   - 글로벌 전자무역 구현을 위한 국제협력 활동에 주도적 참여

4. 대업계 전자무역 활용 확산 가속화
 - 전자무역 수출지원사업 확대 및 사용자 친화적인 환경 구축

(5) 전자무역 국제동향

국제적으로는 미국, 영국, 일본, 싱가포르, 홍콩 등이 e비즈니스 전략중에 하나로 정부와 민간단체의 핵심정책으로 추진하고 있다. 최근에는 국내 IT컨설턴트, 엔지니어가 중심이 되어 도미니카공화국, 카자흐스탄에 BPR/ISP를 완료한 상태이다. 도미니카공화국은 전자통관, 전자물류 분야의 전자무역사업을 추진중에 있으며, 카자흐스탄의 경우 전자통관분야, 전략물자 분야에 준비를 하고 있다.

또한 APEC, OECD, UN 등 국제기구는 세계 전자상거래 활성화를 위한 법·조세제도 및 표준 등에 관한 논의를 활발히 진행하고 있다.

▮세계 각 국의 전자무역 추진동향▮

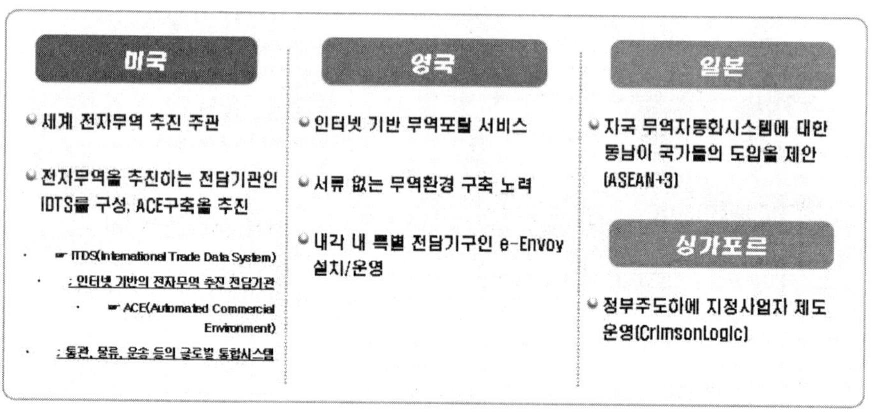

국제기구별 추진동향을 살펴보면,

● APEC

- 각국별 서류 없는 무역을 위한 개별행동계획(IAP) 작성 및 로드맵 마

련 중

- 선진국은 2005년, 개도국은 2010년까지 서류 없는 무역기반을 마련토록 권고

● UN

- ebXML기반의 국제전자상거래 표준안 마련(UN/CEFACT)
- 전자계약 국제협약 초안 마련 (UNCITRAL)
- 우리나라는 1991년 한국 EDIFACT위원회 설립, 표준개발 보급을 시작하였으며, 현재 한국전자문서교환위원회(KEC)와 심사평가전문위원회(TAG)를 중심으로 표준화가 진행되고 있음. 사무국은 한국전자거래진흥원이 담당함.

● OECD - 디지털 제품의 온라인 거래에 대한 소비세, 소득세 부과 논의

● ICC - 전자신용장 통일규칙(eUCP)를 도입하여 신용장의 전자화 기반을 마련

* UCP(Uniform Customs and Practice)

국가별 추진현황은 다음과 같다.

국가	추진사업자	주요내용
싱가포르	Crimson Logic (前 Singapore Network Services)	- 1988년, 글로벌 Trading 허브를 위한 싱가포르 정부의 Master Plan를 실현하기 위해 설립한 회사임 - 항만, 세관, 무역업자, 선사, 육상 및 항공운송업자 등과 연계된 TradeNet EDI (CrimsonLogic社 보유 시스템) 시스템을 통하여, 싱가포르의 수출입 신고는 진행됨
중국	CIECC : International Electronic Commerce Center	- 중국전자상무중심(中國電子商務中心)은 중국 대외무역경제합작부(the Ministry of Foreign Trade and Cooperation, 한국의 산업자원부 성격)에서 1996년 4

		월 국제 무역의 활성화를 위한 전자상거래 지원을 위하여 설립하였음 - 현재 중국 내 70여 개 도시에서 CIECC 지역 센터를 운영하고 있음
홍콩	DTTNCO	- 홍콩정부는 홍콩의 무역/물류업계의 경쟁력 강화를 위한 인프라 구축을 위하여 향후 17년간 4500억 원을 투자하여 'Digital Trade and Transportation Network, DTTN'을 구축하기로 하고 TradeLink (PAA 회원사)사를 수행기관으로 선정 - 글로벌 정보 유동성과 서비스 통합의 활성화를 위한 중립적인 e-Platform의 제공 - 대기업뿐만 아닌 중소기업의 e-Business의 채택과 활성화를 유도

2. 전자무역 시스템

e-Trade시대의 무역공급망관리

 학습목표	1. EDI와 전자무역의 특징을 알아보자. 2. 전자무역의 적용에 따른 주요기술을 알아보자. 3. 전자문서 표준화를 통해서 전자무역 컨설팅 역량을 배양하자.

(1) EDI와 전자무역 구성요소

전자무역의 구성요소로는 전자무역 시스템, N.A, I.A, 전자문서 표준 등이 있으며, 전자무역 시스템은 과거 인터넷이 발달하기 전에는 EDI 기반의 시스템을 적용하였고, 인터넷의 발달과 더불어 보안, 보관소 등을 강화하여 전자무역 시스템으로 발전 하였으나 적용하는 사상에는 변함이 없고 발전된 형태로 진행되고 있다.

과거에는 EDI프로그램을 PC에 설치하고 모뎀을 통해서 업무처리를 하였으나, 인터넷이 발달하면서 현재는 웹방식의 ASP방식와 Single Window방식으로 진화되어 업무처리가 이루어지고 있다. 과거에는 통신인프라 환경이 발달하지 않아서 VAN(부가가치망)을 이용하여야지만 업무 적용이 가능했지만, 현재는 Single Window방식으로 관세청, 상공회의소, 식약청, KTNET에서 직접 운영을 하고 있다.

구분	EDI시스템	전자무역 시스템
서비스 방식	중계 서비스(VAN)	중계서비스(WEB), Single Window
사용자 시스템	PC용, 서버용	웹방식
전자문서 교환방식	EDI	XML, ebXML
전자문서 표준	UNEDIFACT	UNCEFACT
문서변환	Flat File 〈-〉 EDI	Flat File 〈-〉 EDI Flat File 〈-〉 XML(or ebXML)
문서 암호화	대칭키	PKI 비대칭키
통신	모뎀, 전용선(고정IP)	SOAP, TCP/IP
공인전자문서보관소	N/A	제공

▌EDI기반의 무역 시스템▌

VAN기반 EDI의 구성요소

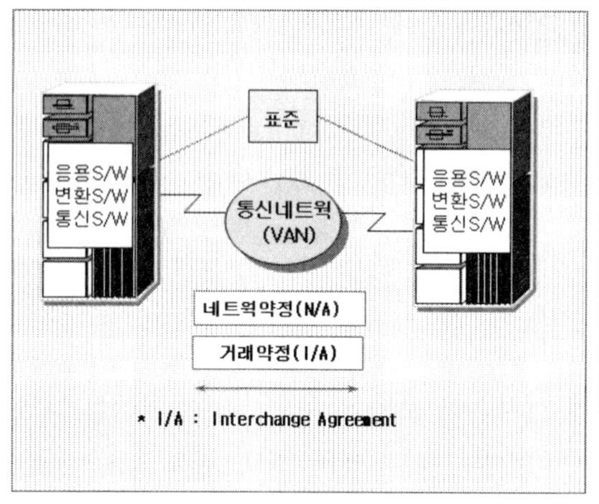

0 표준(Standards)
0 사용자시스템(User System)
0 통신네트웍(VAN)
0 네트웍약정(N/A)
0 거래약정(I/A)

또한 이에 따라 전자문서의 교환데이터 형식, 표준, 방법이 변화가 되어 EDI데이터가 XML기반의 ebXML데이터로 운영이 되고 있으며 문서보안도 인터넷이 개방형이기 때문에 공개키기반의 PKI 비대칭키 보안을 적용하여 운영하고 있다. 즉 과거의 인프라에서는 폐쇄망이기에 그 시기에 맞는 기술로 적용이 되어있나, IT인프라의 발달로 현재 기준의 주요기술을 적용하여 운영한다.

☑ **표준** : EDI를 적용하며 UNEDIFACT 기반의 KEDIFACT으로 표준화하여 적용하며, MIG(전자문서개발지침서)를 활용하여 표준 전자문서를 개발한다. MIG는 각 전자문서별로 제공한다. 현재 이런 MIG를 적용한 EDI 분야는 전자무역 분야와 건강보험청구에 대한 의약품 분야가 있다. MIG에는 필수(Mandatory)항목과 선택(Conditional)항목으로 나눠서 구성되어 있으며, 전송항목 규격을 제시한다.

☑ **사용자 시스템** : 과거에는 PC나 UNIX에 프로그램을 설치하여 사용함으로 이에 따른 시스템을 의미하며, 응용 S/W는 우리 눈으로 볼 수 있는 일반적인 프로그램을 의미하며, 변환 S/W는 MIG에 맞춰 EDI File로 변환하는 프로그램이고, 통신S/W는 모뎀이나 인터넷 전용선을 활용하여 송수신하는 프로그램이다. 현재 인터넷 기반의 전자무역 시스템과 이와 같은 사상은 동일하게 적용한다.

☑ **통신네트웍** : 인터넷 인프라가 활성화되기 전에는 VAN이라는 부가가치망을 이용하여 적용하였으며, 이때 VAN은 전자무역 분야에서는 전자문서를 중계하는 역할을 담당한다. 현재 KNTET과 데이콤에서 전자무역 분야의 중계역할을 하고 있으나 관세청, 상공회의소, 식약청 등은 KTNET의 중계서비스를 받지 않고 직접 무역업체에서 각각의 웹포탈을 이용하여 전자문서를 송수신 하고 있다.

☑ **네트웍약정(N.A)** : 중계 서비스를 하는 KTNET이나 데이콤에서 EDI 중계 서비스를 받기위한 네트웍 약정을 의미한다.

- 수발신인식별자 : 수신인과 발신인에 대한 식별부호를 각 업체 및 기관별로 부여를 하여 전자문서를 주고받는 고유한 식별자를 의미한다.
- 사용자 ID, 비밀번호 : 전자무역 네트웍을 활용하기 위하여 사용자 ID, 비밀번호를 부여 받는다.

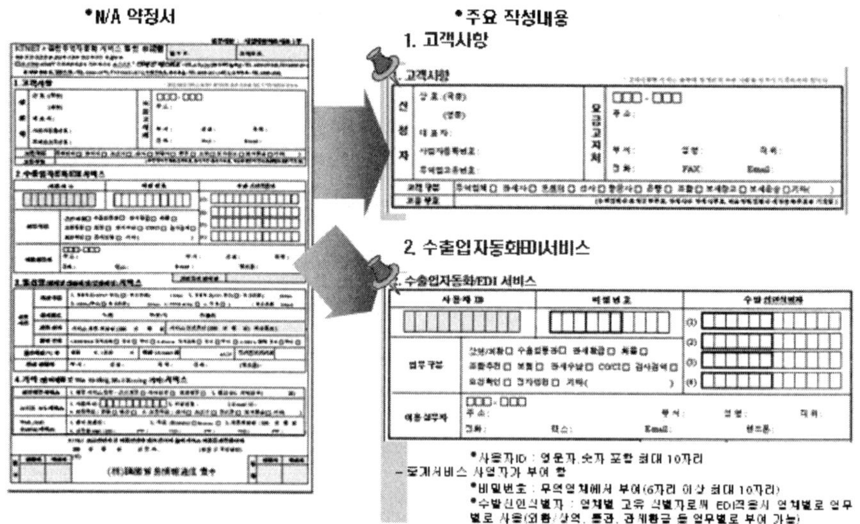

☑ **거래약정(I.A)** : 무역업체가 거래하는 대외기관 즉 은행, 상공회의소, 요건확인기관, 관세청, 선사 등 전자무역 거래를 원하는 기관들과의 거래약정을 하여야 한다.

- 전자문서인증키값 : 네트웍 약정을 한 후, 기업은 거래하는 은행, 보험사, 상공회의소, 관할세관 등의 유관기관과 거래약정을 맺을 때 각 객체별로 인증키 값을 갖는다. 이는 종이서류에서 도장 역할을 하는 것으로 각각 기업 및 유관기관별로 1개씩 가지고 있으며 기업 입장에서는 거래하는 유관기관과 거래약정을 맺을 때 마다 각각의 인증키값을 교환한다.

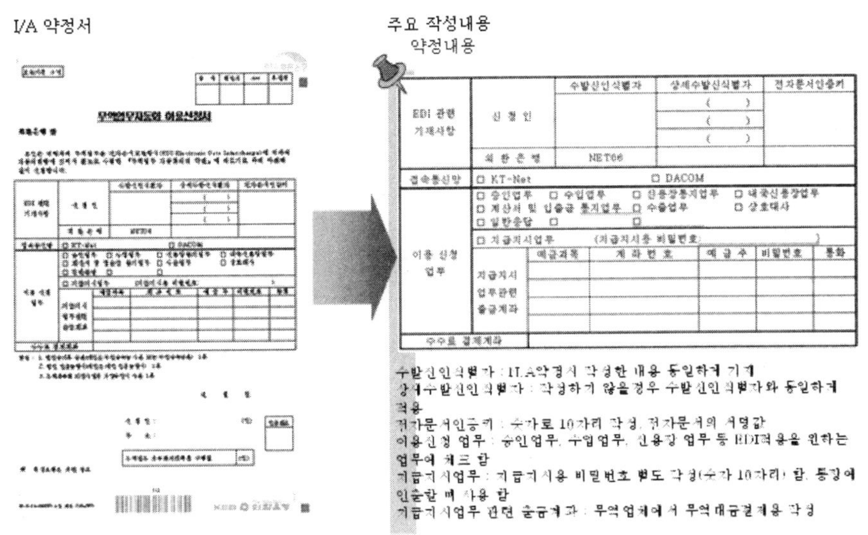

▌전자무역 시스템 구성도▐

전자무역 시스템은 단절된 무역업무의 프로세스를 1개로 연결하여 통합된 무역업무 처리가 가능토록 하는 것을 목표로 한다. 즉 마케팅부터 외환, 상역, 물류, 통관, Nego에 이르기까지 무역의 전과정을 Single Windows상에서 구현하여 업무 적용을 함으로써 One-Stop 서비스가 가능

토록 하는 것이다.

전자무역 시스템(UtradeHub)을 통하여 모든 무역업무의 처리가 신속정확하게 이루어지도록 국가 차원 인프라를 구성하여 무역의 촉진이 이루어지도록 하였다.

(2) 전자서명, 암호화 및 전자문서보관소

전자서명은 문서별 전자서명을 통하여 송신자의 신원확인 및 문서의 위변조를 방지한다. 즉 종이서류가 아닌 전자적으로 발행하는 문서에 대한 전자서명을 통해서 실제 발행자의 확인과 또한 문서내용의 위조 및 변조를 방지하기 위해 사용한다.

암호화는 문서 전체 또는 일부의 암호화를 통하여 보안정보를 유출시키지 않고 처리될 수 있도록 하며 W3C기반의 XML DISG. 표준을 수용하여 전자서명 및 암호화를 적용한다.

▌전자서명 절차▌

● **전자서명**

XML 전자서명은 XML전자문서에 대해 생성한 전자서명을 XML전자문서에 추가하는 과정으로 아래의 그림과 같은 절차로 이루어진다.

□ **전자서명 절차**

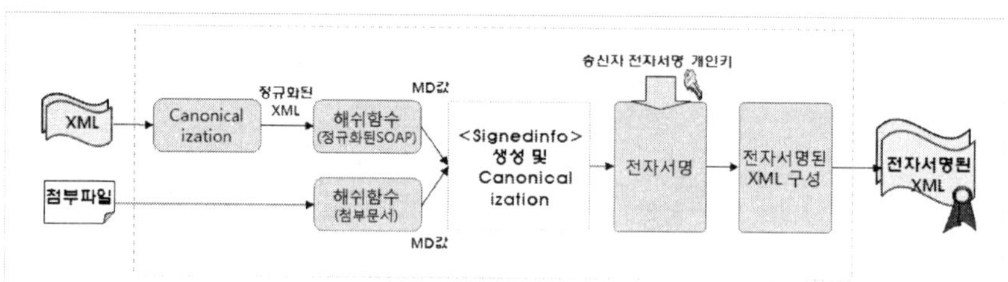

□ **절차 세부설명**

1. 입력된 XML전자문서와 첨부문서에 대해 해쉬함수를 이용하여 문서요약값(MD : Message Digest Value)을 생성한다. 단, 전자문서의 경우 정규화(Canonicalization)을 통하여 불필요한 리턴 값이나 스페이스를 제거하고 전송 중에 변경될 부분을 제외한 후 문서요약값을 생성한다.
2. 생성된 MD값들을 이용하여 SignedInfo 태그를 생성하고 정규화(Canonicalization)를 실시한다.
3. 정규화된 SignedInfo에 대한 전자서명값을 생성하여 Signature 태그를 생성한다.
4. XML전자문서에 Signature 태그를 추가하여 전자서명된 XML전자문서를 생성한다.

■ 암호화 절차 ■

● 암호화

XML암호화는 입력된 XML전자문서를 암호화한 후 결과를 XML형태로 재구성하고, 수신자가 복호화시 사용될 정보를 추가하는 과정으로 되어 있다.

□ 암호화 절차

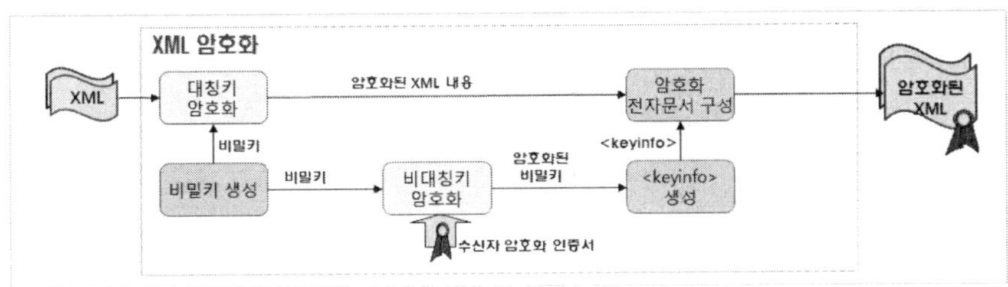

□ 절차 세부설명

1. 암호화에 사용될 비밀키를 Random함수에 의해 생성하고, 입력된 XML전자문서를 비밀키로 암호화한다. 주의) 입력된 XML전자문서는 정규화(Canonicalization) 되어 있어야 한다.
2. 비밀키를 수신자의 암호화인증서로 암호화한 후 KeyInfo를 생성한다.
3. KeyInfo와 암호화된 문서내용을 이용하여 암호화된 전자문서를 구성한다.

전자문서보관소는 동일한 전자문서를 여러 유관기관에 중복적으로 제출하는 업무 프로세스를 간소화하기 위하여 구축하고 이를 통하여 문서의 유통체계를 수립하였다. 즉 수출신용장의 경우 통지은행에서 수출신용장을 수령하고, C/O을 발급받거나, 수출요건확인을 받거나, 은행에 최종적으로 Nego할 때 모두 필요하다. 이러한 중복된 서류 제출이 필요한 업무를 개선하기 위해서 전자문서보관소를 운영하여 각 기관별로 제출하지 않고 보관소에 있는 문서를 원본으로 인정하여 적용할 수 있도록 한다.

즉 전자무역문서보관소는 문서의 중복제출 방지 및 유통간소화로 업무효율 향상, 보관 및 유통문서에 대한 신뢰성 부여로 문서 유통성 확보와 유관기관/업체와의 연계서비스 확대로 무역프로세스 단절 해소를 위하여 구성되었으며 전자무역 문서보관소의 3대 기능은 내용증명, 문서보관, 문서배달이 있다.

▌전자문서 보관소▌

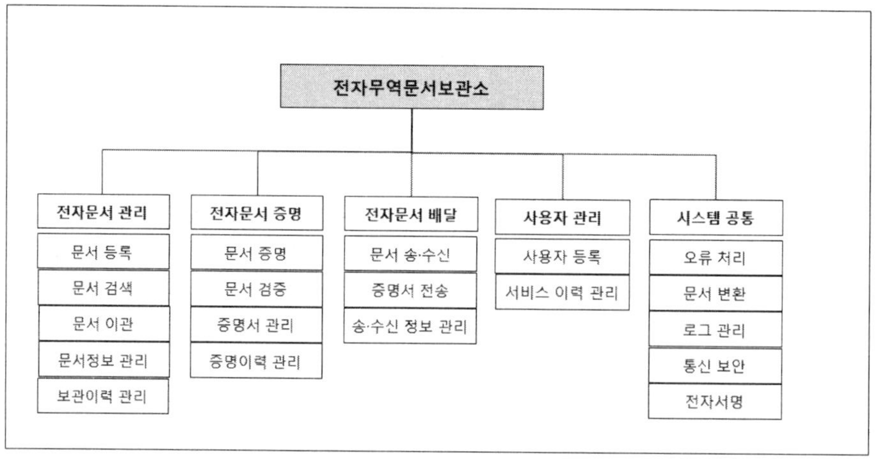

(3) 전자문서 표준화

전자문서의 적용방법은 최근에는 컴퓨터 및 정보처리 기술의 급격한 발달로 상거래 및 단순 정보교환이든 관계없이 기존의 종이문서에서 상당부문 전자적방법으로 대체되고 있다. 전자문서의 등장은 종이문서의 형식의 변화에서 업무적인 성격에도 많은 영향을 주고 있다. 전자무역은 무역업무에 필요한 각종 종이서류를 전자문서로 적용하여 활용하고 있다.

전자거래기본법에서는 '컴퓨터 등 정보처리 능력을 가진 장치에 의하여 전자적인 형태로 작성, 송·수신 또는 저장된 문서'로 정의하고 있다. 또한 이러한 전자문서의 표준화를 위해 국제적으로는 UN/CEFACT에서 '실제 비즈니스 거래와 관련된 식별자나 정보를 구조화하고 기능화된 방법으로 구성한 비즈니스 정보개체들의 집합'에 대한 표준을 제정하고 이에 다른 전자문서를 XML을 활용하여 무역문서를 사용하고 있다.

▮문서의 변천사▮

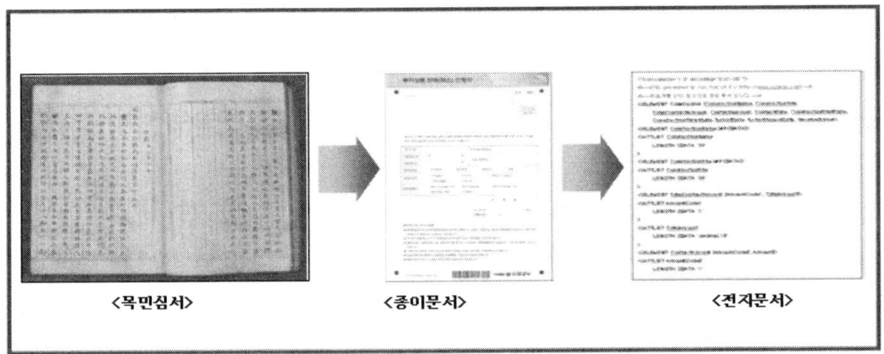

무역분야의 전자문서는 1994년에 EDI문서가 개발되었고 최근에는 XML 기반의 전자문서로 변경되고 있다. 이는 전자문서는 요소기술의 발전과 함께 EDI방식에서 XML방식으로 진화된 것이다.

▮EDI에서 XML로 변화▮

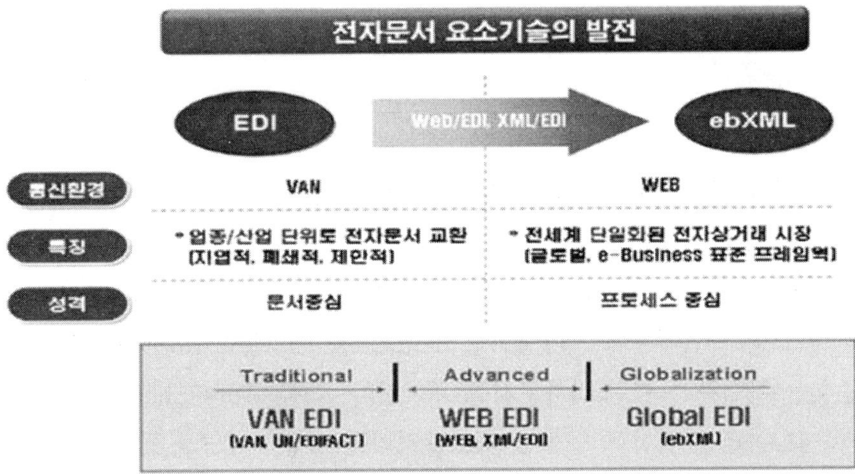

전자문서 표준화는 매우 중요하다. 과거 EDI적용시 UN/EDIFACT기반의 표준화된 KEDIFACT 표준에 따른 전자문서를 개발하여 활용하였으며,

지금은 XML기반의 표준 전자문서를 활용하여 사용하고 있다. 전자문서 표준화는 활용하는 모든 사용자(기업, 은행, 세관, 상공회의소 등 사용자군)가 서로 약속된 문서의 항목을 가지고 전자문서유통이 가능토록 표준화를 설계하여 보급, 배포한다.

▌표준 전자문서 개발방향▌

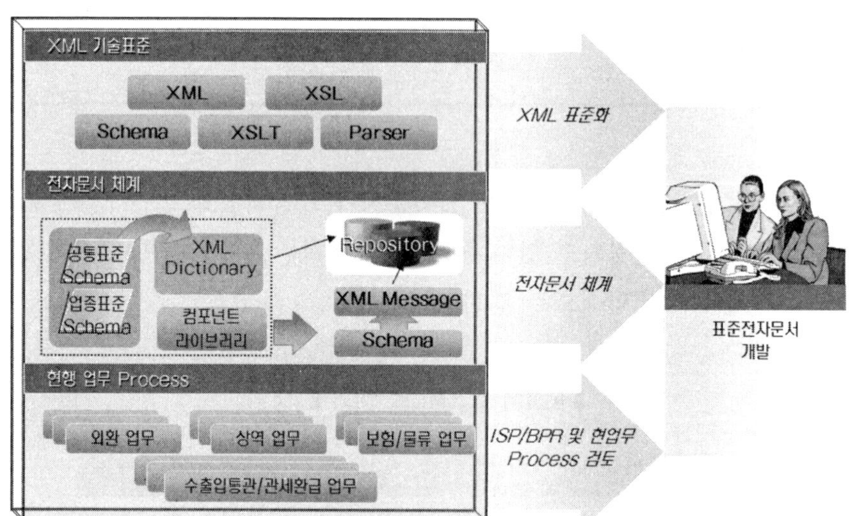

표준 전자문서 개발절차는 다음과 같다. 매우 중요하다. 비즈니스 프로세스에 대한 분석과 현행 유통되는 문서의 절차와 사용자의 요구사항을 분석하고 CoreComponent를 구성하고 전자문서 구조 및 항목의 표준화를 통하여 표준화 연계체계를 확립하고 Schema를 구성하여 XML 전자문서의 표준화를 확립하여 관련 전자문서를 개발한다. 이때 Work Sheet를 이용하여 문서항목을 정의하고 구성된 라이브러리를 적용하여 Schema를 개발하고 XML Instance를 개발한다.

▌표준 전자문서 개발절차▐

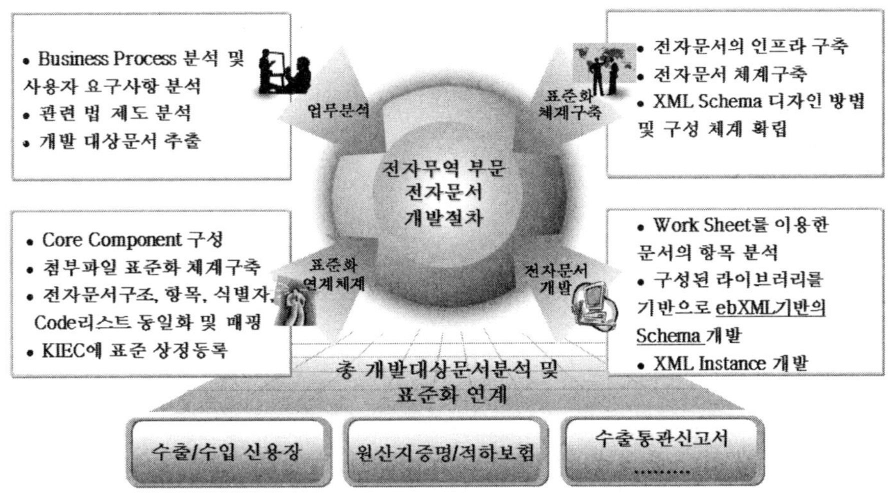

표준 전자문서 개발방향은 Schema방식과 DTD방식중에 선택하여 기술표준을 적용하며, Dictionnary를 구성하고 Core Compoment 개발하여 적용한다. 과거 건설분야 건설CITIS, 행자부 G4C 등은 DTD방식으로 개발하였으나, 현재는 대부분의 적용분야가 Schema방식으로 적용하고 있다. 현재 전자무역부문은 Schema방식으로 적용하며 ebXML 3.0기반으로 적용하고 있다.

▣ 전자문서 개발원칙

[1] 국제적으로 공인된 규격의 적용

- Core Component Technical Specification
- XML Naming and Design Rule

[2] 특정 표준 독립적인 전자문서의 개발

- 특정 표준에 의존하지 않는, 구문 중립적인 비즈니스 정보 개체들의 개발을 통한 전자문서 개발

- EDIFACT로 개발된 전자문서의 경우, MIG(Message Implementation Guide)로만 되어 있어서 이를 XML로 변환하고자 할 때 곤란

[3] 개발 단계의 구분

- 비즈니스 정보 개발 단계 : 현업의 업무 프로세스로부터 비즈니스 정보 항목을 추출/수집
- 전자문서 구문 개발 단계 : 비즈니스 정보 항목을 전자문서 표준의 구문에 매핑

[4] 구조적인 접근법을 통한 전자문서 개발

- 전체 데이터에 대한 구조 설계
- 재사용 가능한 정보 개체들을 추출하여 재사용 컴포넌트로 개발
- 전자문서 개발

[5] 비즈니스 항목의 개발

- 객체지향적 개발 : 개념적 모델링 단계에서 객체와 객체의 하위 속성, 속성 값의 데이터 유형으로 분류
- UML 클래스 다이어그램을 이용한 도식화
- 개발 산출물은 UN/CEFACT TBG17에서 권고하는 제출 포맷을 사용한 제출

[6] 전자문서 표준의 발표

- 전자문서 표준은 국내 다양한 이해 관계자들의 공개 검토를 수행한 후 발표(Release)

▌전자문서 표준의 구성▐

개 체 명	정 의
코드리스트	코드화된 비즈니스 정보 개체들의 값을 목록화 한 전체 집합
식별리스트	비즈니스 정보 개체를 식별하거나 명명하는데 사용되거나, 비즈니스 정보 개체의 속성을 나타내는데 사용되는 문자들의 목록
비즈니스 정보	비즈니스 의미를 지닌 데이터 그룹 또는 데이터 요소
전자문서 구문 요소	전자문서를 구성하는 기본 구성요소 EDiFACT: EDiFACT Directory XML: XML Dictionary
전자문서 구문/설계 규칙	전자문서를 구성하는 구문 요소들의 구문에 대한 규칙과 전자문서를 구성하는 구성요소들의 순서, 관계 차수, 모듈 방식에 대한 규칙

▣ 전자문서 개발절차

[1] 개념

- ■ 현실 세계의 업무 프로세스를 공인된 방법론으로 분석하고 모델링하여, 물리적인 전자문서를 개발하는 과정
- ■ 특히 국내 전자문서 표준은 국내라는 범위에서 통용될 수 있는 표준을 개발하는 과정으로, 개발 절차에 따른 문서 개발 필요

[2] 사전지식

- ■ 업무에 대한 이해
- ■ 전자문서 표준에 대한 이해
- ■ 전자문서 구문 및 설계 규칙(XML DTD/Schema, EDIFACT 구문 규칙)에 대한 깊이 있는 이해

[3] OASIS의 UBL 기술위원회에서 제시한 4단계 개발 절차 적용

- 실제 문서를 구성하고 있는 비즈니스 정보 개체들에 대한 개념적 모델 작성
- 개념적 모델을 기반으로 UN/CEFACT TBG17의 제출 절차 및 포맷을 준용한 스프레드시트 작성
- 작성된 스프레드시트의 내용을 XML 스키마로 변환
- 객체 클래스의 속성이나 관계 차수 등이 기술된 구현 모델 작성

▣ 전자문서 개발 가이드라인의 발전

[1] Version 1.0

- XML/EDI 전자문서 개발 지침
- 컴포넌트 기반 XML 전자문서 개발 지침
- 비즈니스 프로세스 분석 및 모델링 지침

[2] Version 2.0

- ebXML CCTS 1.85버전 기반
- XML 라이브러리 1.0버전 개발
- 19종의 전자문서와 63개의 컴포넌트 개발

[3] Version 3.0

- ebXML CCTS 2.01버전 기반
- UN/CEFACT NDR 규격을 국내실정에 맞게 커스토마이징
- 2.0버전 이후에 제기된 업계의 요구사항 및 의견 반영

EDI방식의 전자문서를 살펴보면 MIG기반의 전자문서를 개발 적용하였다. 즉 UNEDIFACT 표준 중 한국에서 활용하는 부분만을 적용하여 KEDIFACT를 정의하였고, 각 전자문서별로 MIG를 만들어서 표준화를 실시하였다.

■ EDI방식의 전자문서 구조 ■

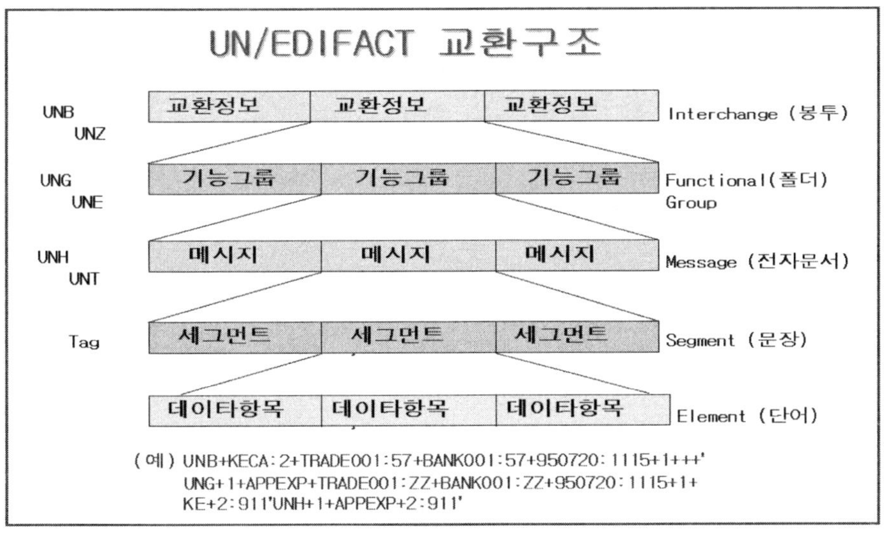

EDI방식에서는 UNB〈-〉UNZ, UNG 〈-〉UNE, UNH 〈-〉 UNT로 구분하여 각각의 교환정보, 기능그룹, 메시지, 세그먼트, 데이터 항목, 항목간의 구분은 +, ; 등으로 나눠서 구분한다.

■ MIG파일 예시 ■

예 : 수출승인(신청)서 표준전자문서

```
UNB + KECA : 2 + TRADE001 : 57 + BANK001 : 57 + 931116 : 162 8 + 1 + + + A + 1 + + 1' UNG +
APPEXP + TRADE001 : ZZ + BAN  K001 : ZZ + 931116 : 1628 + 1+ KE + 2 : 911' UNH + 1 + APPEXP :
2 : 911 : KE' BGM + 810 + L9306001E0100' PAI + 10' LOC + 27 + KR : 162 : 5 + : : : Republic of Korea'
FTX + AAI + + + 선적항? : PU SAN PORT : 선적 일자? : ?' 93.10.09' FTX + AAW + + + PARTS F OR
AUDIO DECK' RFF + AAC : LCBA9048-103-312' NAD + EX + 700018 : 1AA+ + 주식회사 가나다 :
대표이사김갑돌 : 149764732 599 + 경기도 안양시 안양동 199 번지' NAD + AV + 12481009 : 1AB + +
라마바주식회사 : 대표이사 신을동: 서울시 중구 태평로2가 12 0번지' NAD + PG + + + ADVANCE
BROKERS LTD. + 201SUM MER ST., E. BOSTON MA 02128 U.S. A. + + + + US' PAT + 1AA + 2 AA : :
: At  Sight L/C' MOA+9 : 5140000 : USD' TOD + + + CIF' LOC + 1 +US : 162 : 5 + : : :  San Francisco'
LOC + 8 + US : 162 : 5 + : : : San Francisco' UNS +D' LIN + 1' PIA + 1 + 5911900000' IMD + + + 1AA : :
: FELTBLUSHV  : PET, TP0900' QTY + 1 : 450000 : E A' FTX + AAA + + + 24, B3, L30, T4.5 :
11123=00181EA' MOA + 2 03 : 1215000 :USD' PRI + CAL : 2.7 : PE : CUP : 1: EA' LIN + 2' PI A + 1 +
8483109000' IMD + + + 1AA : : : SHAFT-CAPSTAN  : S420 J2,' QTY + 1 : 300000 : EA'FAX - AAA + + +
D2, L43.5 : 11150-010 00EA' MOA + 203 : 1845000 : USD' PRI + CAL : 6.15 : PE : CUP : 1 : EA  LIN +
3' PIA + 1 + 8483109000' I MD + + + 1AA : : : SHAF T-CA PSAN  : STS420J2,' QTY + 1 : 650000 : EA'
FAX + AAA + + + D2, L17.6 : 11150-00630EA' MOA + 203 : 2080000 : D' PRI + CAL : 6.4 : PE : CUP : 1
: EA'UNS + S' CNT + 1AA : 140000 0 : EA' M OA + 128 : 5140000 : USD' FII + BF + + 42 : : : 01 : : : 신
한은행 본 점' AU T + 6717458432' DTM + 218 : 931116162815 : 20 2' UNT + 44 + I' UNE+1+1'UNZ + 1 +
1
```

XML방식에서의 전자문서는 Business Process 분석하여 CC(Core Comonment)를 만들고 컴퍼넌트 라이브러리를 구성한다.

▌CC와 컴퍼넌트 라이브러리 구성▐

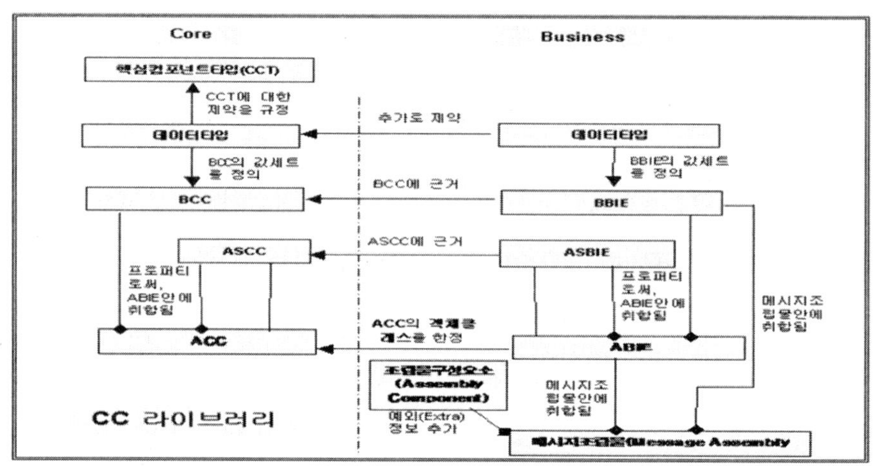

- CCT: Core Component Type
- BCC: Basic Core Component
- ACC: Aggregate Core Component
- BBIE: Basic Business Information Entity
- ABIE: Aggregate Business Information Entity

XML방식에서의 전자문서 구조는 CCT, BCC, ACC, BBIE, ABIE의 구성한 내용을 중심으로 전자문서를 개발한다.

▌전자문서 구조예시▐

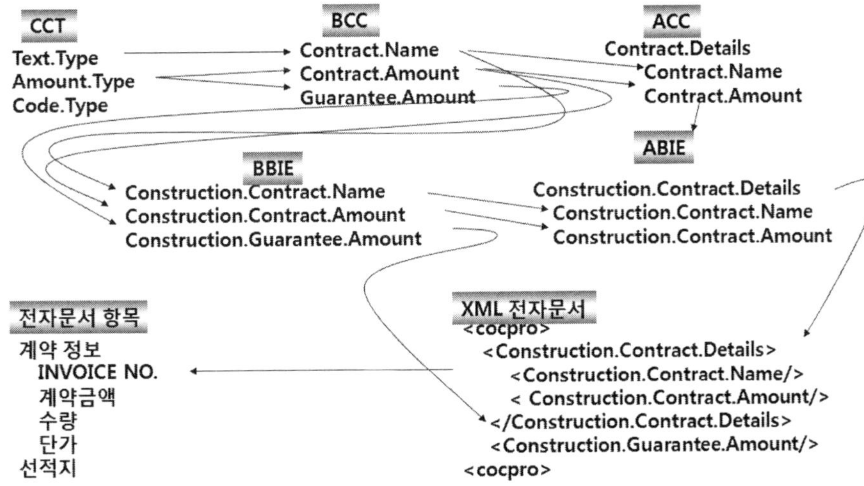

항목 표준화 결과물을 이용하여 XML 스키마로 변환한다. XML 스키마(정의 : 문서의 구조를 정의 / 검증 : 전자문서 항목의 유효성을 검증)는 국내외 관련 표준을 준수하여 개발한다. 국내는 XML 전자문서 개발 가이드라인 ver. 3.0을 적용하고, 국제표준은 XML Naming & Design Rules를 준수하여 스키마를 설계한다.

▌스키마 구조예시▐

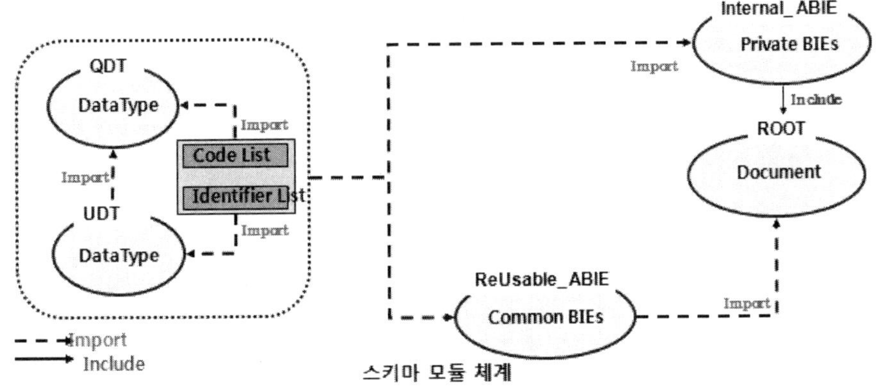

스키마 모듈 체계

3. 전자무역 적용분야

e-Trade시대의 무역공급망관리

학습목표

1. 현재 활용되는 분야에 대해서 살펴보자.
2. 관련 프로세스 및 현황에 대해서 알아본다.

(1) 무역업무 프로세스

무역업무 프로세스는 핵심적으로 계약 이전 무역업무 프로세스인 1)사전정보조사/거래선 발굴, 2)신용조사/상담/계약과 계약 이후 무역업무 프로세스인 3)상역, 4)외환/보험, 5)통관/물류, 6)결제로 구분할 수 있으며, 해당 프로세스 별 세부 업무 기능과 관련된 지원 및 유관기관은 다양하다.

각 단계별로 여러 가지 업무가 발생하고, 이에 따른 매우 다양한 관련기관들이 있다. 이러한 기관들과 좀 더 안전하고 빠르고, 편안한 무역거래가 이루어질 수 있도록 전자무역이 발전하고 있으며, 지속적으로 업무 처리 영역이 확대되고 있는 추세이다. 현재 구매확인서업무, 내국신용장업무는 전자무역을 통해서 의무적으로 활용하고 있다.

▌무역 프로세스 현황 및 세부업무, 관련기관▐

무역업무 프로세스	프로세스별 무역업무 단계 및 상세 업무	관련기관
사전정보조사/거래선발굴	제품분석/선정 → 해외시장조사 → 마케팅 → 거래선발굴	• 무역 e-MP • 오프라인 무역 Enabler
신용조사/상담/계약	거래상담 → 신용조사 → 계약조건협의 → 계약/주문	• 무역 e-MP • 오프라인 무역 Enabler • 신용조사기관
상역	수출입승인/요건확인 → 비자발급 → 상업송장발급 → 원산지증명 → 수출입검사/검역	• 수출입승인기관 • 요건확인기관 • 제품명발급기관 • 검사/검역기관
외환/보험	신용장(L/C)개설/통지 → 내국신용장개설/통지 → 물품매도확약서 → 구매확인서 → 수출보험/적하보험	• 외국환은행 • 수출보험공사 • 보험자
통관/물류	선하증권(B/L)발행 → L/G 및 D/O → 보세장치장반출입 → 수출입신고/통관 → 물류화물정보확인	• 외국환은행 • 선사/항공사 • 보세장치장 • 관세청
결제	내국신용장매입신청/결제 → 수출환어음매입신청/결제 → 외화자금이체 → 해외송금	• 외국환은행 • 은행

전자무역마케팅 부문은 실질적 무역거래 성사 및 사후관리를 위한 마케팅 전략과 모델을 전자적 요소를 통해 구현하고 활용한 무역활동으로, 무역마케팅과 디지털마케팅이 접목된 개념이라 볼 수 있다. 즉 무역마케팅은 해외시장 조사를 통하며 아이템을 발굴하거나 특정품목을 구입할 의사가 있는 바이어를 찾아내어 계약을 체결하고 해당상품을 확보하여 선적한 후 대금을 회수하는 일련의 절차를 의미한다.

현재 Ecplaza, EC21, KITA 등 다양한 민간사업자와 공공기관사업자들이 서비스 형태로 진행하고 있다 또한 UtradeHub에서도 마케팅포탈을 운영하여 서비스를 진행한다.

마케팅포탈의 적용범위는 마케팅정보 종합검색, 콘텐츠 연계 및 관리기능 등이 있다.

시장조사, 상품홍보, 거래선발굴, 신용조사, 거래상담 및 계약 부분의 마케팅 5단계에서 각각의 프로세스를 전자무역마케팅을 통해서 서비스를 제공한다.

시장조사는 KITA, KOTRA, 한국신용조사, 콤파스 등의 기관에서 시장대행조사를 진행하고 있으며 상품홍보는 글로벌e-MP를 통하여 회사등록 및 Catalog를 통한 제품등록, 노출이 최상위로 적용되어 프로모션을 진행한다.

▮무역 프로세스 현황 및 세부업무, 관련기관▮

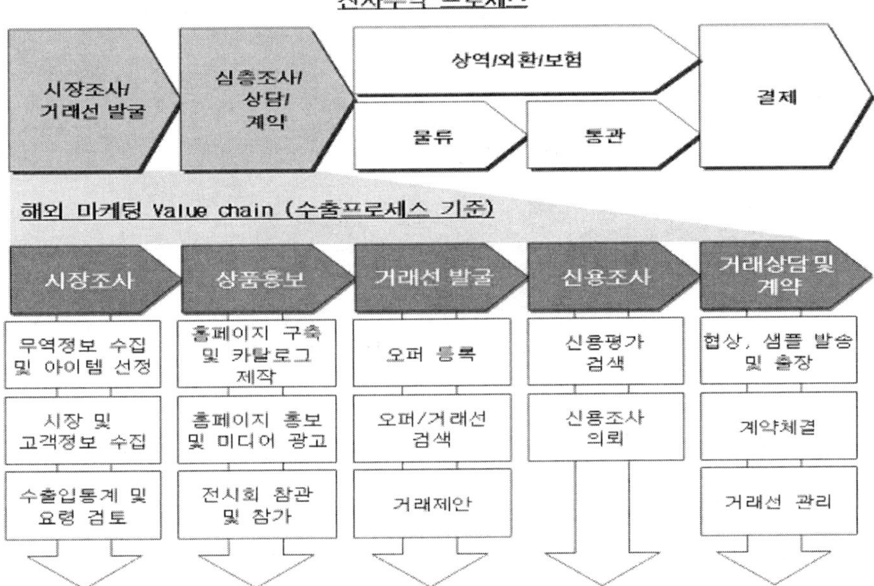

거래선발굴은 등록한 offer, inquiry를 통하여 검색하여 거래를 제안하는 형태로 진행이 되며 신용조사는 신용조사 기관에 의뢰를 통하여 진행이 되고 있다.

거래처 상담 및 계약은 e-MP에서 진행 후 실질적인 금액부문 등의 내용은 off-line에서 직접 만나서 체결하는 것이 일반적이다.

www.ecplaza.net, www.utradehub.or.kr, www.ec21.com 등에서 서비스를 제공하고 있다.

▮e-MP 적용 프로세스▮

온라인을 통한 "One-Stop" 수출지원 서비스 추구

협의의 의미로는 수출유망 아이템을 발굴하는 동시에 바이어를 찾아 계약을 맺을 때까지의 단계만을 무역마케팅으로 지칭하지만, 광의의 의미로는 계약 후 진행되는 제품의 직접 생산이나 로컬확보, 선적, 대금회수, 클레임과 사후관리 등을 포함한다.

또한, 무역마케팅을 최근에는 단순히 상품 또는 서비스를 판다는 것으로만 국한하지 않고, 회사와 제품의 경쟁력 향상을 위해 필요한 원부자재 등을 가장 효율적으로 구입하기 위한 행위도 넓은 의미의 마케팅에 포함시켜 구매마케팅이라는 용어를 사용하는 것이 실무적인 현실이다.

최근에는 Web Promotion 기존의 무역형태를 탈피하여 인터넷을 통해 국내에서 생산된 제품과 서비스를 전세계 바이어에게 집중적으로 홍보 및 무역 전반에 관련된 일련의 경제활동을 말하는 것이라고도 일컫기도 하는 인터넷을 기반으로 한 무역마케팅활동이 전자무역마케팅에서는 주류를 이루고 있는 실정이다.

글로벌 전자무역은 한국의 무역경쟁력 제고를 위하여 중점적으로 이끌고 갈 핵심 전략사업으로 자리매김하고 있다.

기업입장에서 무역업무 프로세스는 사내 ERP시스템과 연계하여 업무 처리를 하고 있으며, 일반적인 업무 프로세스의 형태를 기준으로 자사에 맞는 형태로 Customazing을 통해서 적용하고 있다.

▌ERP와 연계된 수출업무관리▐

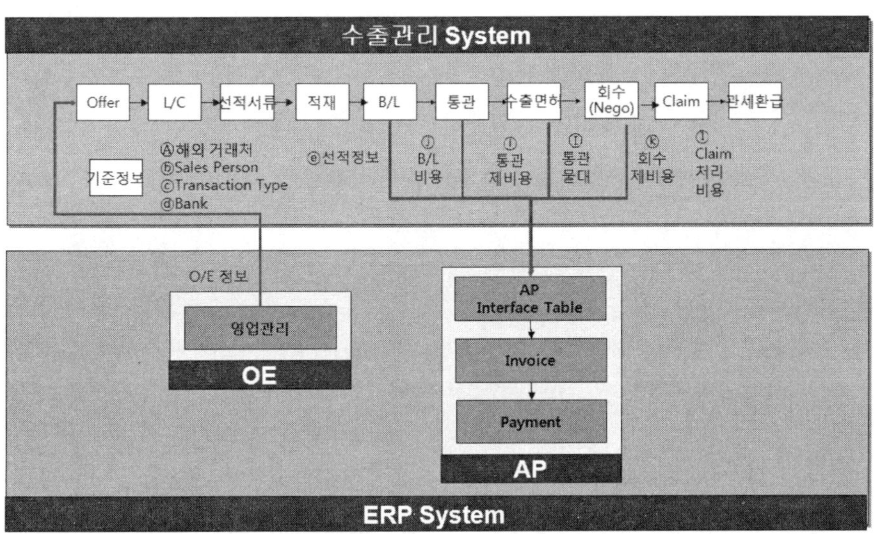

즉 OFFER관리는 ERP의 OE(영업관리)모듈과 연계하여 처리하고 B/L, 통관, 수출신고, 자금회수 부문은 AP(회계관리)모듈과 연계하여 업무 적용을 한다.

Interface Data	Description	Source System	Target System	Trans. Type	Freq / Period	비고
결제비용	환가료, Delay Charge등	수출 시스템	AP	MANUAL	R	
S/O 정보	SO No, Supplier, item, 수량, 통화	OE	수출시스템	BATCH/ MANUAL	R	
수출 통관 제비용 정	통관수수료, 운송비등	수출 시스템	AP	MANUAL	R	
NEGO 제비용 정보	환가료, 우편료	수출 시스템	AP	MANUAL	R	

세부 연계내용은 기준정보 중 CUSTOMER 내역을 수출입관리의 거래처로 인터페이스하고, ITEM MASTER 내역을 수출입관리의 품목관리로 인터페이스한다. 또한 ERP에서의 O/E 내역을 수출입관리로 인터페이스해서 넘겨준다.

수입관리시스템에서는 P/O(주문서)와 ERP의 구매관리, 수입신고, 대금결제, 수입제비용 부분은 AP(회계관리)와 연계하여 업무처리를 한다.

▮ERP와 연계된 수입업무관리▮

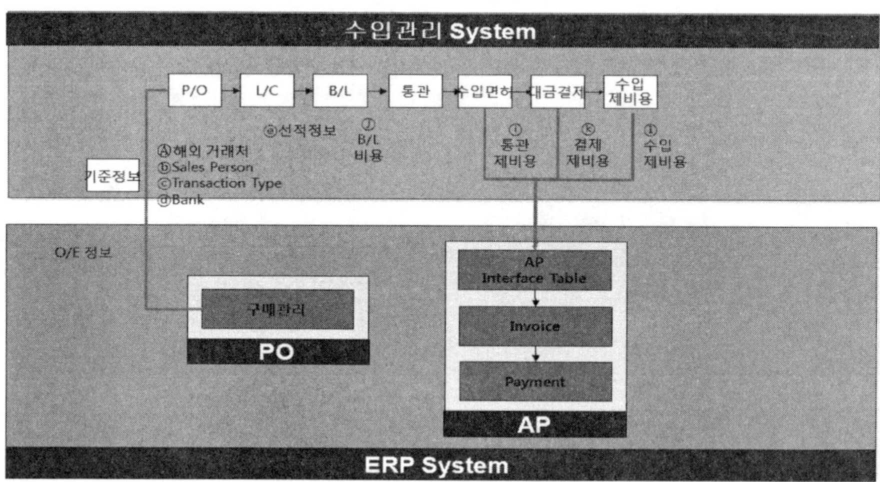

ERP와 연계내역은 다음과 같다.

- VENDOR내역을 수출입관리의 거래처로 인터페이스 한다.(ERP -> 수출입)
- ITEM MASTER 내역을 수출입관리의 품목관리로 인터페이스한다.(ERP -> 수출입)
- ERP에서의 P/O 내역을 수출입관리로 인터페이스해서 넘겨준다.(ERP -> 수출입)
- ERP로부터 넘겨받은 P/O를 근거로 수출입관리의 P/O인 수입개설의뢰서를 작성한다.

- 수입통관 물대 내역으로 AP에 PO MATCHING INVOICE를 생성시켜준다.
- 수입통관 관세/부가세 내역으로 AP에 PO MATCHING INVOICE를 생성시켜준다.
- 수입제비용 내역을 가지고 AP에 비용 쪽 INVOICE를 생성시켜준다.

Interface Data	Description	Source System	Target System	Trans. Type	Freq / Period	비고
P/O 정보	P/O No,Customer,Item,수량,통화,금액 국가코드,P/O Date 등,	PO	수입시스템	BATCH/ MANUAL	D/R	
OPEN 제비용 정보	Term Chgs/Cable Chgs/보험료 등	수입시스템	AP	MANUAL	R	
수입 통관 정보	P/O No.Customer,Item,수량,통화, 금액 등	수입시스템	AP	MANUAL	R	
B/L 정보	P/O No,Customer,Item,수량,통화, 금액,	수입시스템	INVENTORY	MANUAL	R	
수입통관 제비용 정보	관세,부가세,통관수수료,운송비, 등	수입시스템	AP	MANUAL	R	

D사 사례를 기준으로 전반적인 수출업무, 수입업무, LOCAL업무, 관세환급업무 프로세스의 흐름을 살펴보자.

▮ 무역업무 전체흐름도 ▮

업 무 내 용					
수출업무	유관기관	수입업무	유관기관	로컬업무	유관기관
신용장통지	은행	수입승인	협회	물품매도확약서	거래처
(수출승인)	협회, 조합	신용장개설	은행	신용장개설통지	은행
적하보험	보험사	수입화물선취보증	은행	세금계산서	거래처
(원산지증명)	상공회의소	수입요건확인	협회	인수증발급	거래처
수출통관	세관	수입통관	세관	은행NEGO	은행
선적	선사			관세환급	관세청
은행NEGO	은행				
관세환급	관세청				

수출업무 흐름을 살펴보면, 은행, 협회, 보험사, 상공회의소에 관련하여 수출업무 중 많은 비중을 가지고 있다.

▌수출업무 전체흐름도▐

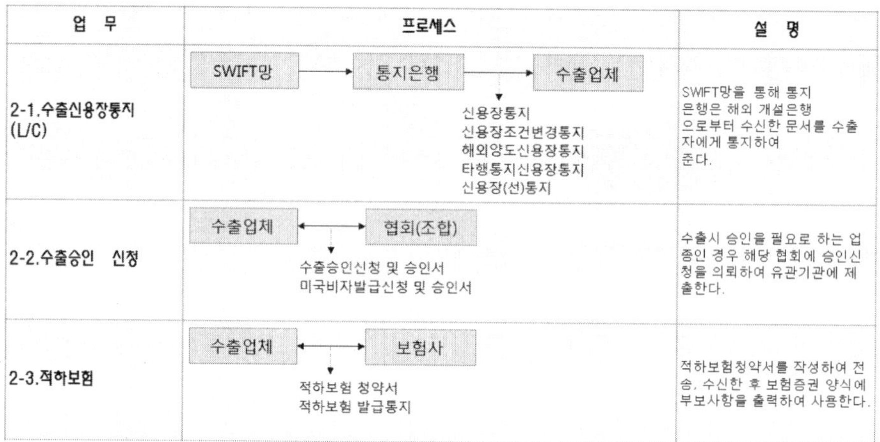

업 무	프로세스	설 명
2-1.수출신용장통지 (L/C)	SWIFT망 → 통지은행 → 수출업체 신용장통지 신용장조건변경통지 해외양도신용장통지 타행통지신용장통지 신용장(선)통지	SWIFT망을 통해 통지은행은 해외 개설은행으로부터 수신한 문서를 수출자에게 통지하여 준다.
2-2.수출승인 신청	수출업체 ↔ 협회(조합) 수출승인신청 및 승인서 미국비자발급신청 및 승인서	수출시 승인을 필요로 하는 업종인 경우 해당 협회에 승인신청을 의뢰하여 유관기관에 제출한다.
2-3.적하보험	수출업체 ↔ 보험사 적하보험 청약서 적하보험 발급통지	적하보험청약서를 작성하여 전송, 수신한 후 보험증권 양식에 부보사항을 출력하여 사용한다.

업 무	프로세스	설 명
2-4.원산지 증명	수출업체 ↔ 상공회의소 원산지증명 신청 및 발급 상업송장 신청 및 발급	원산지확인 대상 물품에 해당시 상공회의소에서 해당 서류를 발급한다.
2-5.은행NEGO	수출업체 ↔ 매입은행 수출환어음매입신청 계산서 입급통지서	수출환어음 매입추심신청서를 은행에 전송하고 은행은 그 결과를 전송한다.

수입업무 흐름을 살펴보면, 은행, 협회, 식약청에 관련하여 많은 비중을 가지고 있다.

■ 수입업무 전체흐름도 ■

업 무	프로세스	설 명
3-1.수입신용장 개설(L/C)	수입업체 ↔ 개설은행 신용장개설 신청 및 응답 신용장조건변경 신청 및 응답	개설의뢰인은 개설신청을 하고 개설은행은 개설의뢰인에게 응답 및 SWIFT망을 통해 해외통지은행에게 전송한다.
3-2.수입승인 신청	수입업체 ↔ 협회(조합) 수입요건확인 신청 및 승인	업체가 수입요건확인, 통관예정보고를 협회에 전송하고, 협회는 접수필증을 업체에 전송한다.
3-3.수입화물 선취보증	수입업체 ↔ 개설은행 수입화물선취보증신청 수입화물선취보증서	개설은행은 신청서에 대한 보증서를 신청인 및 운송인에게 전송한다.
3-4.수입요건 확인	수입업체 ↔ 협회(조합) 수입승인신청 검사/검역 수입승인서 검사/검역	수입업체가 통관전 승인 및 검사 등 수입요건확인이 필요할 경우 유관기관에 의뢰.

LOCAL(내국신용장)업무는 개설업체와 수혜업체 모두가 전자무역을 통해서 업무를 진행하면 계약, 내국신용장 개설부터 은행에 NEGO까지의 모든 프로세스가 전자무역을 통해서 적용이 가능하다.

■ 내국신용장업무 전체흐름도 ■

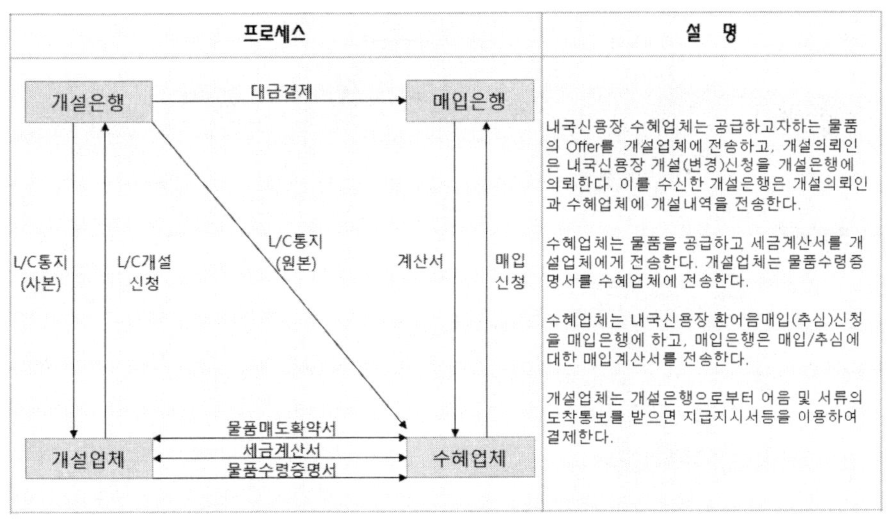

관세환급은 1997년부터 EDI(전자무역)업무로 처리하는 것을 의무화하였고 ERP시스템과 다양한 항목 연계를 통하여 이루어진다.

▌코드관리 연계흐름도▐

업 무	담당부서	관련시스템	관련기관	출력물
1-1.자재코드	자재 I/F → 자재 관리	내부SYSTEM (코드/품명/규격/단위/HS번호)		코드별/품명별/HS번호별
1-2.제품코드	제품 I/F → 제품 관리	내부SYSTEM (코드/품명/규격/단위/HS번호)		코드별/품명별/HS번호별
1-3.BOM코드	BOM 관리	내부SYSTEM ((업무 연계) BOM코드/자재코드/단위소요량)		BOM코드별/자재코드별
1-4.거래처코드	거래처 I/F → 거래처 관리	내부SYSTEM (코드/거래처명/대표자/주소/사업자번호/통관고유번호)		코드별/주소별/거래처명별/사업자번호별

▌수출입신고서관리 연계흐름도▐

업 무	담당부서	관련시스템	관련기관	출력물
2-1.수입신고필증/기납증/분증	수입신고필증 기납증/분증 I/F → (ITEM사항 가공가능) 수입신고필증 기납증/분증 관리	수입시스템	관세사	PO별/신고서별/HS번호별/기간별/SPEC별
2-2.수출신고필증/물반증	수출신고필증/물반증 I/F → (ITEM사항 가공가능) 수출신고필증/물반증 관리	수출시스템	관세사	ORDER별/신고서별/기간별/HS번호별/SPEC별
2-3.인수증	인수증 I/F → 인수증 관리	내부SYSTEM		ORDER별/신고서별/기간별/HS번호별/SPEC별
2-4.분증	분증 → 분증 관리			신고서별/수입(기납/분증)신고서별/기간별/HS번호별/SPEC별

▮ 환급신청 연계흐름도 ▮

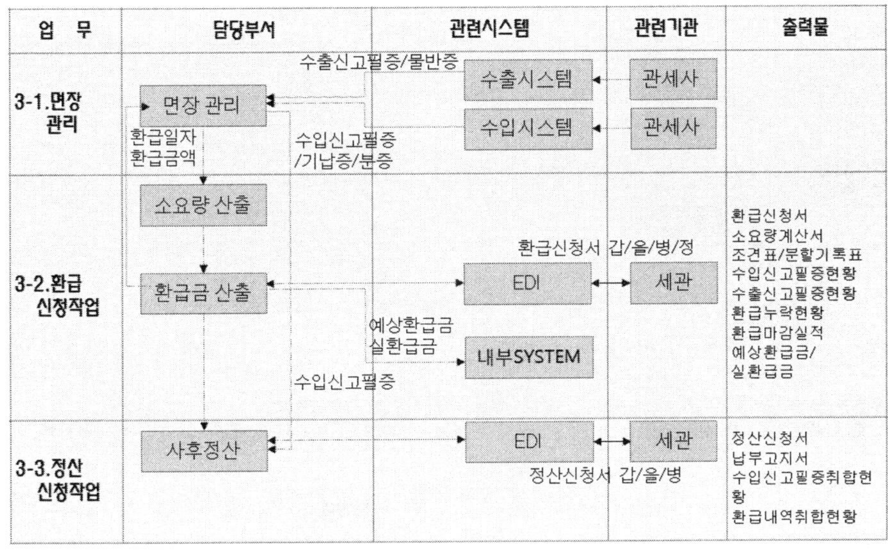

▮ 기납증신청 연계흐름도 ▮

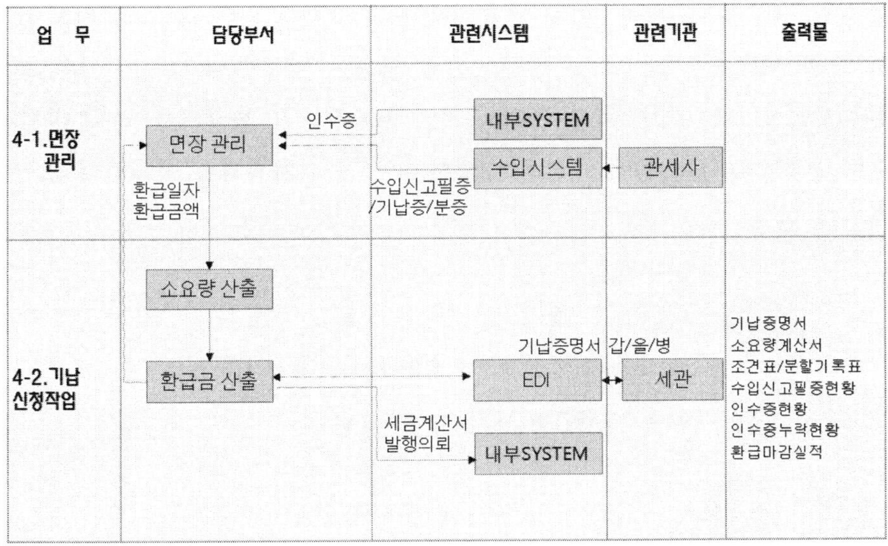

▌분증신청 연계흐름도▌

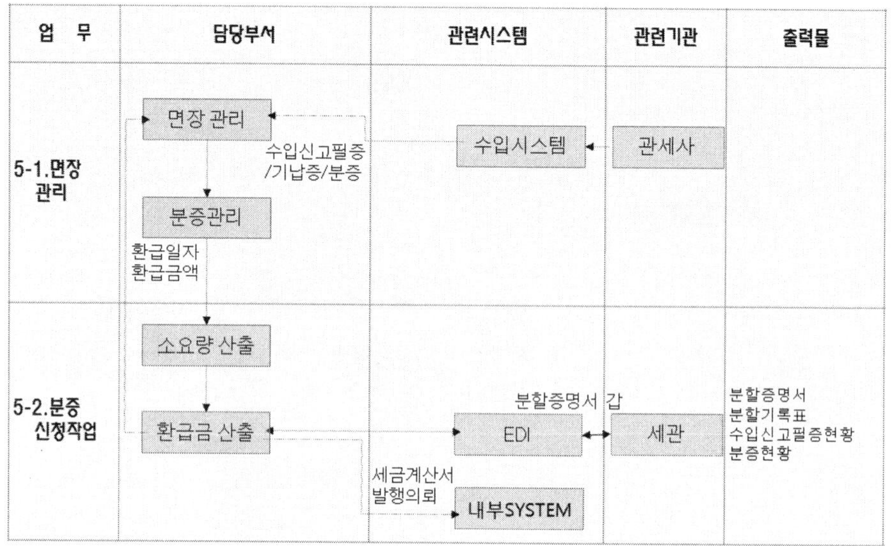

통관업무는 현재 24시간 365일 One Stop서비스가 이루어지고 있으며, 또한 Single Window방식으로 관세청에서는 e-customs 서비스 체계를 통한 통관 서비스를 제공하고 있다. 이에 화주가 직접통관업무를 진행하는 화주직접신고제도에 등록된 업체는 직접 전자통관을 활용하고, 관세사 등 대행사에게 맡기는 업체의 경우 대행사가 직접 전자통관을 진행하여 업무처리를 한다.

▌실시간 통관처리▌

e-customs 서비스 체계를 통한 24시간 통관 서비스

❖ 관세청 시스템은 현재 "1년 365일/ 1일 24시간" 서비스 체제가 구축

서비스 체제	실시간 신고서 처리	▪화주가 인터넷을 이용하여 시간과 장소에 관계없이 "24시간/365일" 실시간으로 신고서 작성과 통관 처리 진행 상황을 확인 할 수 있다.
		▪관세사 역시 인터넷/Mobile 시스템을 이용하여 시간과 장소에 관계없이 실시간으로 "24시간/365일" 통관대행 서비스를 제공할 수 있다.

현재 관세청으로 수출입통관을 진행하는 방법은 관세청에서 직접 운영하는 Single Window를 활용하여 수출입신고를 하는 방법과 기존의 EDI 방식으로 통관업무를 진행하는 2가지 방식을 모두 수용하고 있다. 이는 과거 EDI시스템을 구축하여 운영하는 기업들에게도 원활한 통관업무가 이루어질 수 있도록 하며, 또한 XML방식의 인터넷통관처리방식도 지원함으로써 모든 사용자들이 활용할 수 있도록 구성되어 있다.

▮기업의 수출통관처리업무▮

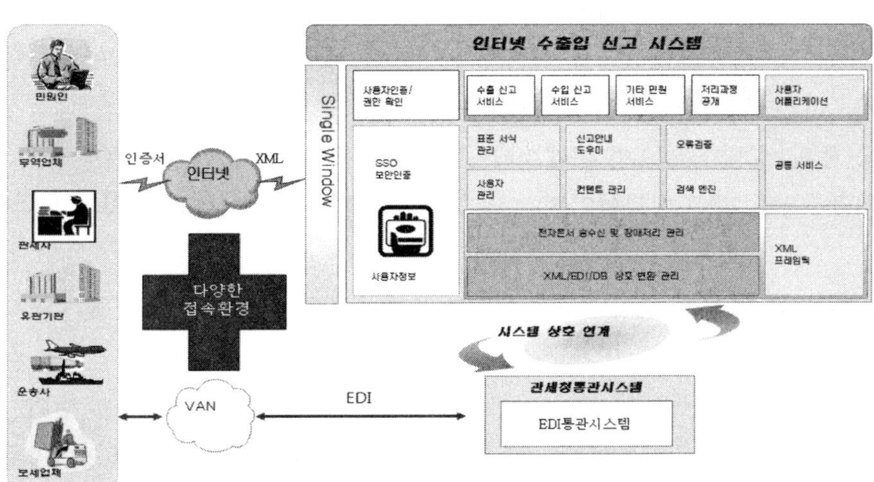

(2) 무역실무 절차

수출업무를 살펴보면 일반적으로 국내에서 생산된 물품을 외국으로 판매하는 행위, 즉 대외 판매의 목적물이 되는 상품을 대상으로 하여 외화나 그에 상응하는 물품을 대가로 외국에 물품을 매각하는 행위를 말한다.

■ 수출이란 ■

내국물품을 외국으로 판매하는 행위

내국물품 → 외국물품

수출절차란 거래선 발굴을 위한 해외시장조사 단계부터 수출계약의 체결과 수출대금이 회수되어 한 건의 수출거래가 종료되는 시점까지 요구되는 일련의 행정적, 법규적 흐름을 의미한다. 수출절차에서는 일반적인 단계로서 수출계약체결, 수출승인, 수출물품제조, 수출통관 및 선적, 대금결제 등의 절차가 있으며 거래형태나 수출품목의 특성에 따라 신용장 수취, 내국신용장 및 구매확인업무, 수출검사, 관세환급 등의 여러 절차가 있다.

신용장 통지란 해외의 신용장 개설은행이 발행한 신용장에 대해 발행사실을 신용장의 수익자(Beneficiary)에게 알리는 것을 말한다. 신용장을 수령하기 위해서는 명판신고서, 법인등기부등본(개인: 주민등록증), 법인인감증명서(개인: 인감증명서), 사업자등록증사본을 지참하고 해당 영업점에 방문하면 수출신용장을 수령 할 수 있다.

그러나 전자무역을 이용하면 은행에 방문하지 않고 표준화된 형식에 따라 작성된 전자문서형태로 데이터 통신망을 통해 직접 출력하여 사용할 수 있다.

■ 전자무역 거래시 비용절감 ■

은행에 직접 방문하여 수령	전자무역 거래 → 직접 출력
• 건당 20,000원	• 건당 10,000원

※ 한국외환은행 기준

수출실무 절차 및 절차 별 **주요 확인사항** 및 **구비서류**에 대해 살펴보면 수출실무 프로세스는 크게 계약 전 단계와 계약 후 단계로 나누어 생각해 볼 수 있다. 계약 전 단계에서는 시장조사 및 거래선 발굴을 위한 Inquiry, Offer 작성, 해외 거래처 신용조사, 제품홍보 수단 결정 등 무역마케팅과 계약 후 단계에서는 외환, 상역, 보험, 통관, 물류, 결제 등의 순서로 진행되며 필요에 따라서 단계가 계약의 성격에 따라 생략될 수도 있다.

▮계약 전 · 후 수출절차▮

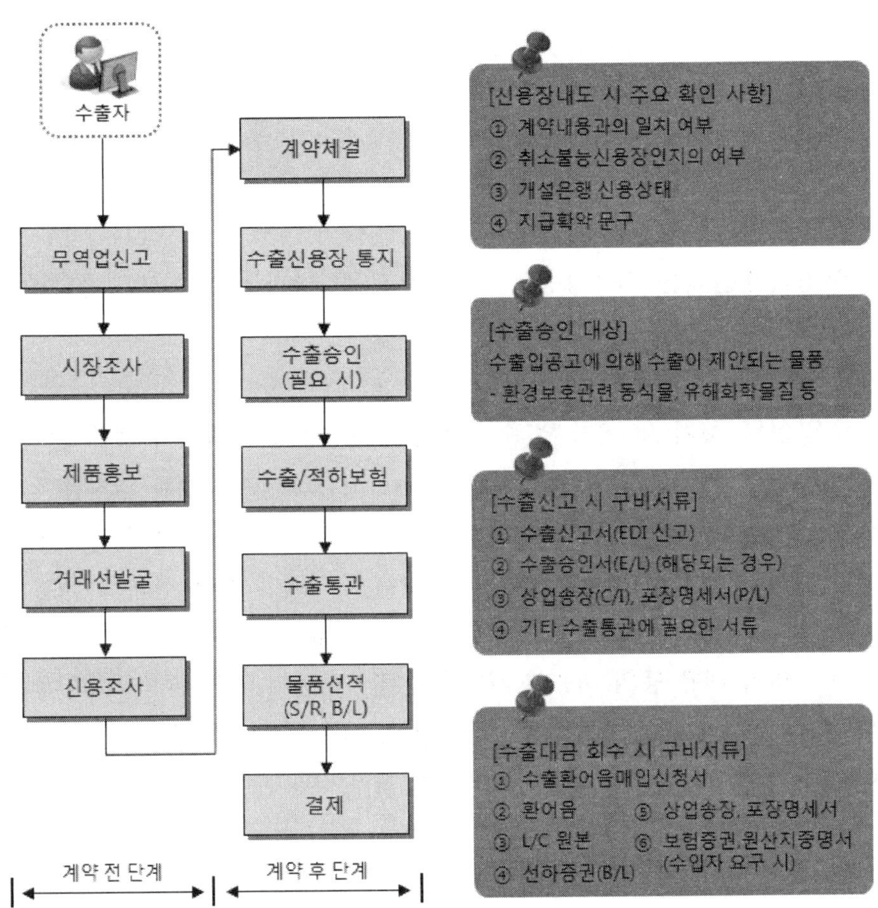

수입업무를 국내의 수입상이 외국의 수출상과 체결하는 매매계약서에 의하여 수출상이 물품을 선적하고 수입상은 동 신용장, D/A, D/P 또는 송금방식 등으로 결제한 후 운송서류를 인도 받아 소정의 통관 절차를 거친 후 물품을 인수하게 되는 일련의 무역 과정을 의미한다. 대외무역법상에는 매매, 교환, 임대차, 사용대차, 증여 등을 원인으로 외국으로부터 국내로 물품을 이동하는 것과 유상으로 외국에서 외국으로 물품을 인수하는 것으로서 지식경제부장관이 정하여 고시하는 기준에 해당된다.

▮ 수입이란? ▮

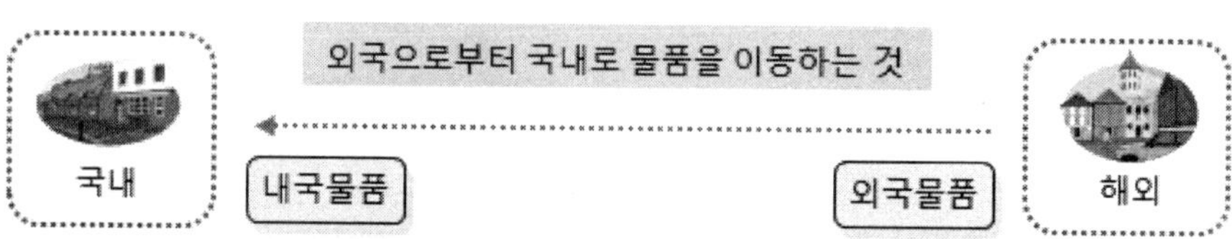

수입거래방식은 신용장방식(L/C), 무신용장방식(D/A, D/P), 송금방식(사전송금, 사후송금)이 있다.

수입실무 절차 및 절차 별 **주요 확인사항** 및 **구비서류**에 대해 살펴보면 수입실무 프로세스는 수출실무 프로세스와 크게 다른 점은 없지만 절차의 순서가 틀린 것에 주의해야 한다. 수입요건확인의 경우 유효기간이 승인일로부터 원칙적으로 1년으로 하고 있어 주의해야 하며 신용장 개설 시에는 결제방법, 선적항/도착항, 선적기일이 유효기일 이내인지 여부, 분할선적과 환적 허용 등의 내용이 계약서와 일치하는지를 꼼꼼히 살펴봐야 한다. 또한 반입신고 후 30일 이내에 수입신고를 해야 하며 기간 경과 시 2% 이내의 가산세가 부과된다는 점을 꼭 알아두어야 한다.

■ 무역 거래방식 ■

신용장방식
Letter of Credit

- 수입신용장(취소불능화환신용장)에 의하여 무역거래가 이루어지는 방식

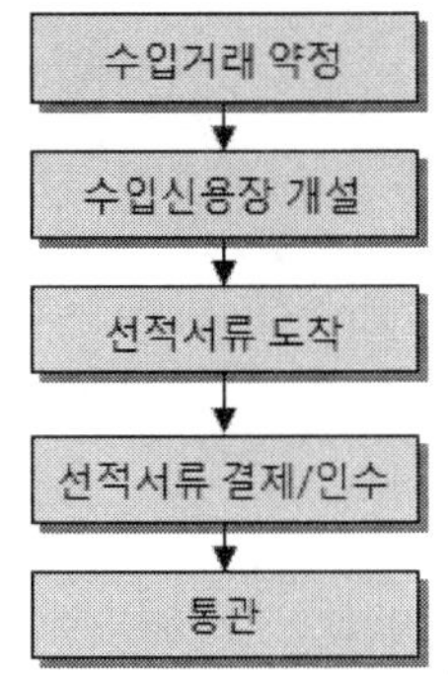

무신용장방식
D/A, D/P

- 거래당사자의 계약에 의하여 무역거래가 이루어지는 방식으로 은행의 여신행위는 없으며 선적서류의 추심 및 대금결제 과정에 관여하는 방식

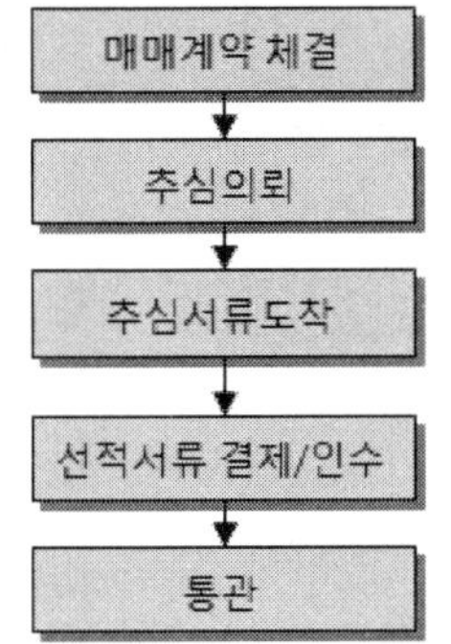

송금방식
Remittance

- 수입대금 결제의 방식의 하나로, 수출/수입 업체 간의 대금결제 방식을 송금을 통해서 처리하는 방식

사전송금방식

- 물품 또는 선적서류의 영수전의 송금하는 방식

사후송금방식

- 선적서류 또는 물품을 영수한 후 물품대금을 송금하는 방식

▮계약 전 · 후 수입절차▮

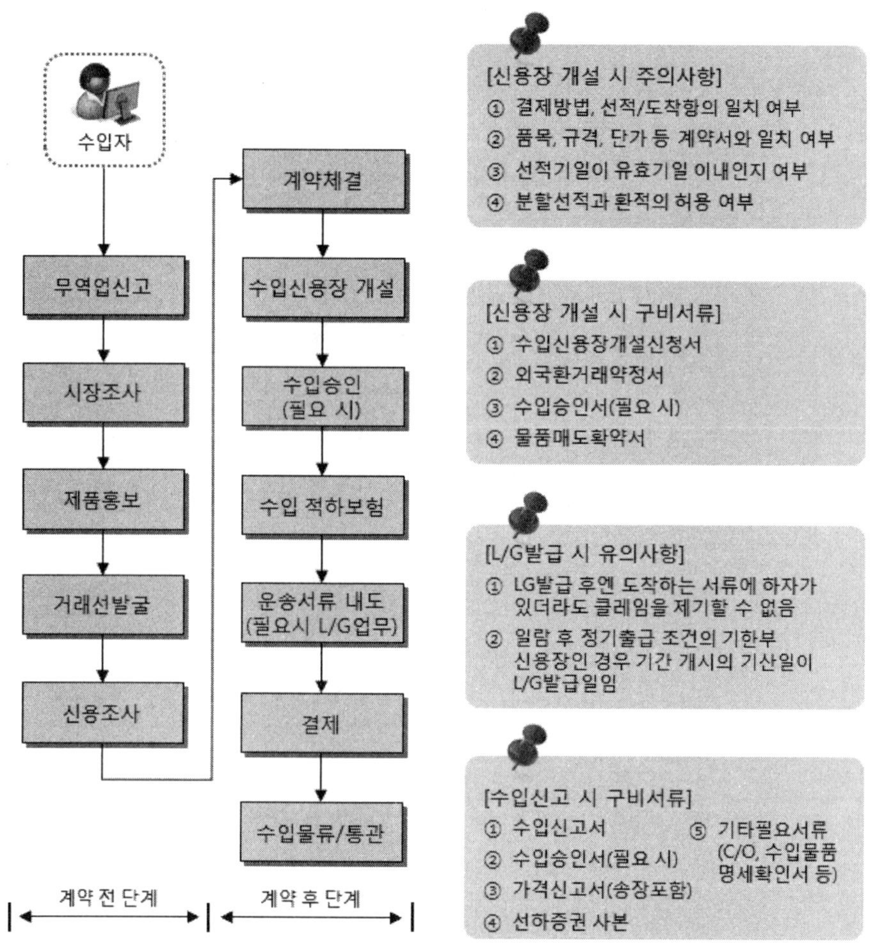

(3) 전자무역 마케팅

해외시장조사를 살펴보면 무역 활동과 관련된 광범위한 영역의 의사결정에 필요한 해외시장의 정보를 체계적으로 수집 · 정리 · 분석하는 과정이다. 즉, 해외의 구매 잠재력을 가진 고객을 찾아내고 기호에 맞는 상품을 개발하여, 효과적인 마케팅 및 유통수단을 연구 · 분석하는 활동을 의미한다.

해외시장조사를 하는 이유는 신속 · 정확한 해외시장 조사는 외국과의 무역거래에 있어서 비용과 위험을 줄이고 이익을 극대화시키기 위해서다.

① 새로운 시장 기회 파악

② 적절한 진입방법 결정

③ 마케팅믹스 전략 수립

④ 마케팅활동 통합 · 조정

⑤ 변화하는 환경에 신속대응

▌해외시장조사 필요성▐

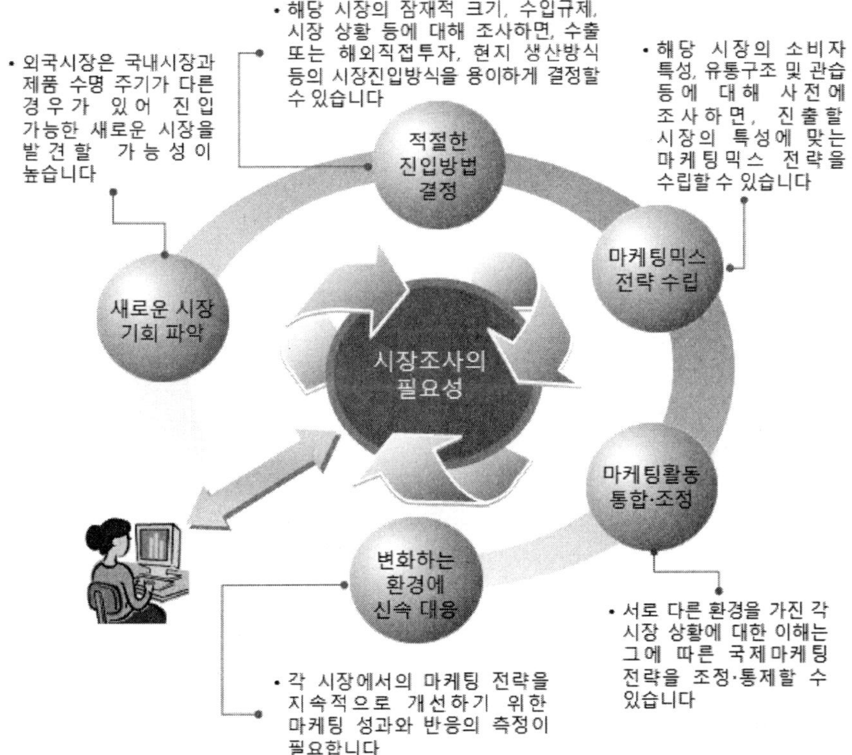

해외상품홍보를 하기 위해서는 우선 시장조사를 통해 수립된 정보를 바탕으로 타켓시장을 설정하고 주력상품을 선정하여 상세 상품홍보계획을 수립해야 한다. 상품홍보계획을 기반으로 회사소개서 및 제품소개서, 카탈로그 제작, 홈페이지 제작 등의 상품홍보 기반구축을 마련하고 거래알선사이트(ECPLAZA, BUYKOREA 등)에 상품을 등록하거나 검색엔진 및 전시회&박람회 등을 활용하여 상품홍보를 실시한다.

■ 상품홍보단계 ■

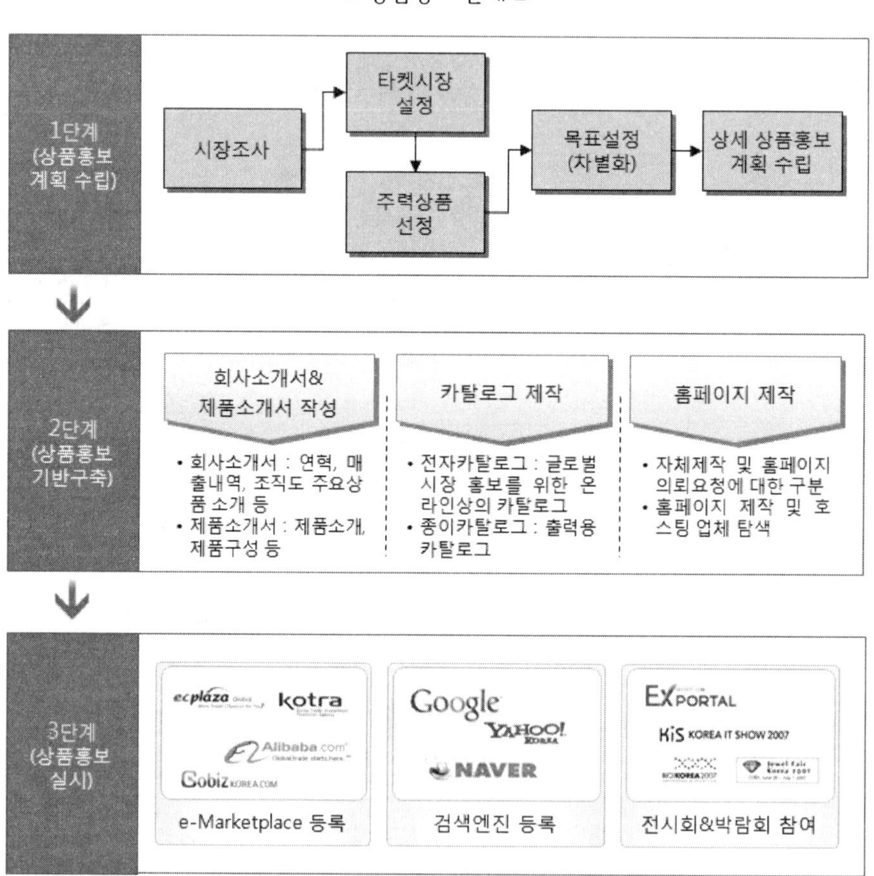

전자카탈로그 등록 및 **판매오퍼제작**을 www.ecplaza.net을 활용하여 따라해 보자.

① ECPLAZA 웹사이트 접속 : http://www.ecplaza.net
② My Products -〉 전자카탈로그 제작
③ Selling Tools -〉 판매오퍼 제작

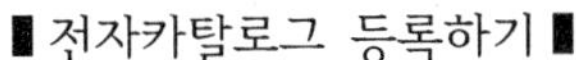
■전자카탈로그 등록하기■

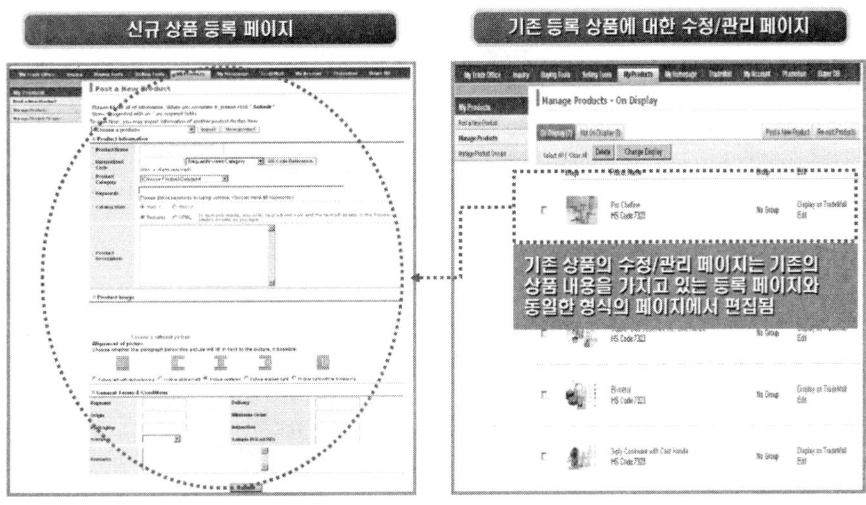

거래선 발굴을 위해 ECPLAZA, BUYKOREA, GobizKorea, Alibaba 등 국내 · 외에 있는 거래알선사이트를 이용할 경우에는 거래알선사이트에서 홈페이지 및 전자카탈로그 등록 및 관리, 오퍼정보, 기업정보, 거래정보 등을 제공하여 손쉽게 이용할 수 있기 때문에 중소규모 형태의 무역업체가 많이 이용한다. 반면에 거래알선사이트를 이용하지 않는 경우에는 별도의 홈페이지 및 카탈로그를 만들고 자체적으로 홍보를 해야 하기 때문에 기업의 규모가 큰 업체가 보통 많이 이용하는 방법이다.

■ 판매오퍼 등록하기 ■

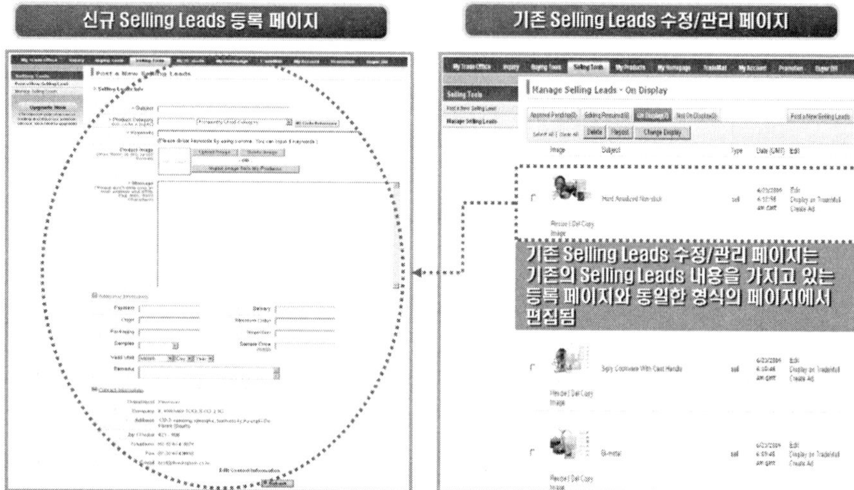

■ 거래알선 사이트를 이용하는 경우 ■

① 수출/수입업자는 전자무역 거래알선 사이트에서 지원하는 서비스를 활용하여 전자카탈로그 제작 및 홈페이지를 구축.
② 거래알선 사이트에서 관심 있는 상품을 선정하여 해당 거래업체의 정보를 확인
③ 수출업체의 경우는 Selling Offer를 작성하고, 수입업체는 Buying Offer를 작성하여 거래알선 사이트를 통해 작성
④ 거래제안서를 작성하여 등록

■ 거래알선 사이트를 이용하지 않는 경우 ■

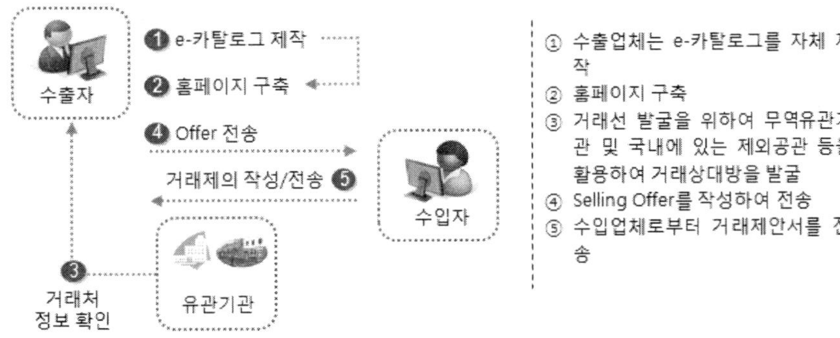

거래선발굴은 거래알선 사이트 활용, 무역유관기관 이용, 해외홍보매체 활용 등 다양한 방법이 있으며, 가장 손쉽고 빠르게 접근하는 방법은 거래알선 사이트를 활용하여 거래선 발굴하는 방법이 있다.

거래선발굴을 위해 www.ecplaza.net을 활용하여 따라해 보자.

① Buyer DB 페이지를 활용하여 거래선 발굴
② Global Buyer DB 검색을 통한 거래제의
③ e-MP 사이트 셀링오퍼 검색을 통한 거래제의

▌Buyer DB를 이용한 방법▐

바이어 발굴을 위한 Buyer DB 관리 페이지

Home > My Trade Office > Global Buyer DB

My Trade Office | Inquiry | Buying Tools | Selling Tools | My Products | My Homepage | TradeMall | My Account | Promotion | Buyer DB

Global Buyer DB
- Search
- Compose Circular Letter
- My Circular Letter
- My Buyer Cart
- Address Book
- Delivery History

Upgrade Now
(To improve your chances of trading and enjoy our premium service, click here to upgrade)

Global Buyer DB

How to send circular letter to the buyers by search at the same time

1. Search
Get most reliable and up-to-date buyer information by keywords easily. EC Plaza Global Buyer DB has 1,270,000 buyers consist of "Buyer List" and "Buying Leads(plus)" acquired from worldwide.

2. Add to "My Buyer Cart"
If you find your interested buyers from the search results, select their check box and add to "My Buyer Cart" for sending them circular letter later.
We provide you with unlimited space for your buyer cart and your buyers on "My Buyer Cart" will remain for 30 days.

3. Compose Circular Letter
Compose circular letters and send them to your interested buyers with easy to use tool.
You can send the C/L to 20 buyers at the same time. It is the easier and most time-saving way for your sales operation.

4. Check Inquiries from the buyers
The responses from buyers are received in your "Inbox" of inquiry. Whenever you get a response from buyer, we give you a notification by email.
This notification is sent to your registered email(Edit email).

* You can check IF YOUR BUYERS OPEN AND READ YOUR CIRCULAR LETTER OR NOT at "Sent Status" in Global Buyer DB.

구성 및 활용 영역

메뉴 구성내용	활용 영역
Search	바이어 검색
Compose Circular Letter	거래제의서(C/L) 작성
My Circular Letter	거래제의서(C/L) 저장 관리
My Buyer Cart	바이어 정보 저장 관리
Address Book	중요 바이어 주소 저장 관리
Delivery History	거래제의서 발송 내역 관리

▌Global Buyer DB 검색방법▐

Global Buyer DB 검색 메뉴

Global Buyer DB 검색 페이지

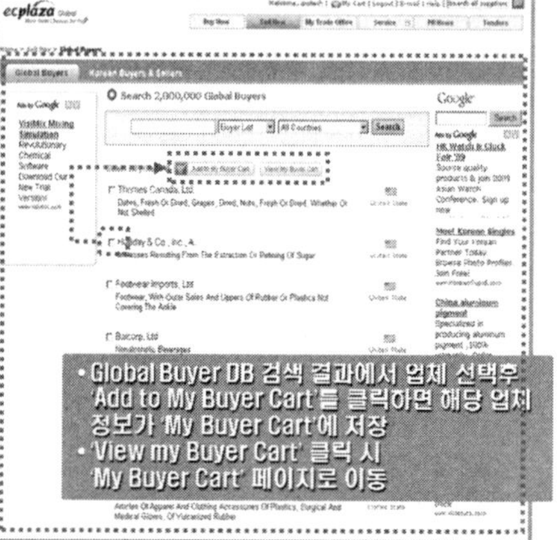

▌Global Buyer DB 검색방법▐

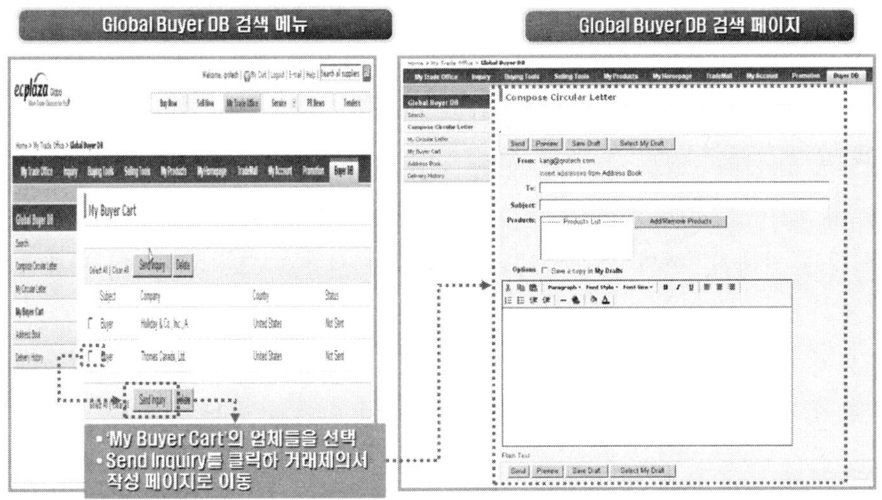

▌e-MP 사이트 셀링오퍼 검색방법▐

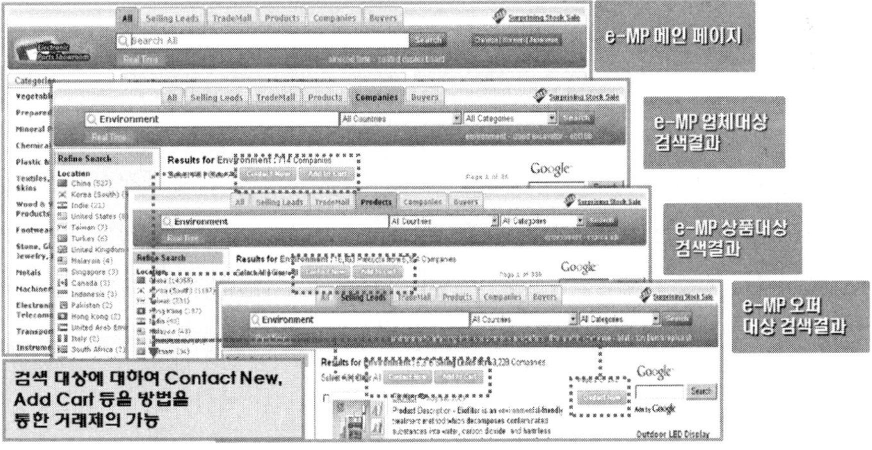

거래알선 사이트를 통해 거래선을 발굴하는데 있어 중요한 것은 양질의 바이어들이 얼마나 있는지를 꼭 확인하여야 한다. 즉 공증되지 않은 바이

어 또는 허위 바이어를 필터링하는 사이트와 글로벌 회원 수가 많은 사이트에서 업무진행을 하여야 한다.

무역계약을 하기 전에 **신용조사**는 반드시 필요하다. 신용조사는 대개 상대방의 거래은행을 통해서 하는 경우가 가장 많으며, 이를 은행조회(bank reference)라고 하며, 상대방과 거래경험이 있는 국내업체, 상대국의 다른 거래처, 현지 상공회의소 등을 통한 신용조사도 가능한데 이를 업계조회(trade reference)라고 한다. 거래의 중요성을 감안하여 상대방의 신용에 대한 보다 상세한 정보를 필요로 할 경우에는 신용조사전문기관을 이용 할 수 있는데, 전세계적으로 가장 널리 알려져 있는 신용조사전문기관으로는 미국의 Dun & Bradstreet International 있고, 우리나라에서는 대한무역투자진흥공사, 신용보증기금, 수출입은행, 한국수출보험공사 등이 신용조사서비스를 제공하고 있다.

신용조회에 있어서 필수적으로 조사내용에 포함해야 하는 것으로 보통 해당업체의 Character, Capital, Capacity 등을 들고 있고, 이를 신용도측정요소로 3C's라 한다.

신용조사 단계에서 수출자에 대하여는 「물품인도 능력」을 수입자에 대하여는 「대금 결제능력」, 그 이행에 대한 신뢰성과 기업의 일반적인 정보를 사전에 조사하여 안전한 무역거래의 발판을 마련하고자 하는 것이 핵심요소이다. 최근에는 D/A, D/P, T/T등의 무신용장 거래방식을 많이 취하고 있어 해외 거래선의 신용조사는 반드시 필요하다.

■ 신용조사 3C's ■

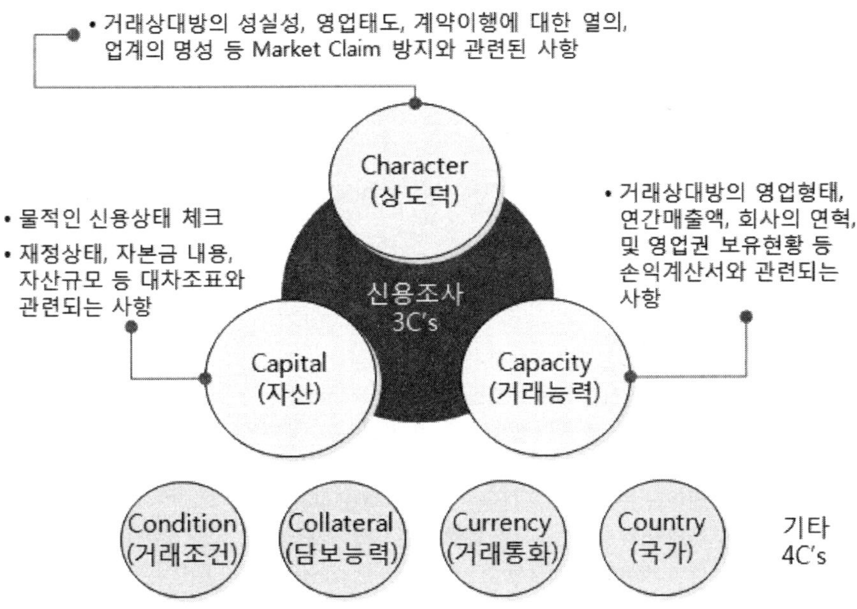

거래제의란 해외 및 국내의 시장조사 및 신용조사를 통해 거래처를 선정하면 우리의 상품을 구매할 의사가 있는지 또는 우리에게 상품을 판매할 의사가 있는지의 의향을 물어보는 것이다. 이러한 거래제의는 간행물 등을 통하여 불특정 다수인에게 광고형식으로 하거나, 동일한 내용의 Form Letter나 Circular Letter를 여러 장 인쇄하여 상대방의 주소와 발신인만을 작성하여 발송하는 방법이 있으나, 통상 개별적인 서신을 작성하여 정중하게 거래제의(Business Proposal)하는 방법을 많이 활용한다.

Circular Letter(거래제의서)는 작성시 주의할 점은 일면식이 없는 외국인에게 자사를 소개하는 첫 번째 서신이므로 이를 받은 상대방으로 하여금 좋은 인상을 갖고 거래관계를 개선할 의사를 가질 수 있도록 작성하여야 한다.

▮ 거래제의서 작성 중 주의사항 ▮

거래제의서 작성 시 주의사항

✓ 상대의 취급품목과 나의 취급품목의 성격이 부합되는가?

- ☑ 발굴한 거래처가 현재 내가 수출 또는 수입하고자 하는 상품을 취급하는지를 정확히 알아야 합니다.

✓ 거래제의서 작성에 부족함이 없는가?

- ☑ 상대방 입장에서 이해하기 쉽도록 작성합니다.
- ☑ 거래제의서를 발송하게 된 경위를 기재합니다.
- ☑ 거래상대방을 알게 된 경위를 기재합니다.
- ☑ 내가 판매 또는 구매하려는 품목을 정확히 기재합니다.
- ☑ 판매 또는 구매의 조건을 정확히 기재합니다.
- ☑ 나의 연락처, 인사, 서명 등을 확실하게 기재합니다.
- ☑ 나의 회사를 과장해서 소개하지 않아야 합니다.

거래제의서를 작성 후 상호 필요한 사항이 발생되면, 수출자의 경우 Selling Offer를 보내서 가격조건, 결제조건, 상품명세 등의 구체적인 내용에 대해서 요청을 한다. 수입자는 무역거래조건 내용의 변경이 필요할 경우, Buying Offer를 작성하여 다시 수출자에게 보내주며, 이러한 여러 번의 협상을 통해서 쌍방합의가 이루어지면 계약서를 작성하여 계약을 체결한다.

Offer(청약)의 구체적인 내용에는 품질조건, 포장방법, 지급조건, 가격, 운송방법, 기타(원산지, 유효기간, 선적기한, 보험종류 등) 등의 내용으로 작성하여 주고받는다.

(4) 신용장과 대금결제

신용장 거래의 구성요소를 살펴보면 기본적으로 관여하는 거래당사자는 개설의뢰인, 개설은행, 통지은행, 수익자이다. 개설의뢰인은 주거래은행에 신용장 개설을 의뢰하는 자로 수입자를 말하며, 개설은행은 수입자의 뜻에 따라 수출자를 수익자로 하는 신용장을 발행해주는 은행을 의미한다. 수익자는 곧 수출자를 의미하는데 일정한 금액의 지급을 보장 받는 편익을 누리는 자이며 통지은행은 신용장 개설은행이 수익자에게 통지해 주는 은행이며, 그 외 지정은행, 확인은행, 상환은행, 양도은행 등이 신용장의 종류 및 내용에 따라 거래당사자가 될 수 있다.

▮신용상의 거래은행▮

한편 무역 거래내용과 진행절차에 따라 동일인이나 동일은행이 다양한 이름으로 불리는 경우가 많은데 정리하여 살펴보자.

거래내용	수출자	수입자
매매 관계	매도인(Seller)	매수인(Buyer)
수출입 관계	수출자(Exporter)	수입자(Importer)
신용장 관계	수익자(Beneficiary)	개설의뢰인(Applicant)
계정책임 관계	대금수취인(Accounter)	대금결제인(Accountee)
화물 관계	선적인(Consignor)	수하인(Consignee)
신용공여 관계	Accreditee	Accreditor

신용장과 D/A, D/P, 송금방식의 차이점을 살펴보면 무역거래의 계약서(Contract)에서 정의하는 계약방식에 의하여 각각의 방식이 적용된다. D/A는 DOCUMENTS AGAINST ACCEPTANCE로 기한부환어음 방식이며 일반적으로는 최대 180일까지 허용되며, 신용장의 Usance방식과 유사하며, D/P는 DOCUMENTS AGAINST PAYMENT로 수출자가 발행한 화환(貨換)어음을 수입자가 지불하여 선적서류를 인도하는 지불인도조건으로 신용장의 At Sight방식과 유사하다.

송금방식은 사전송금과 사후송금으로 나눠 볼 수 있는데 수출자가 물품을 선적하고 수입자가 물품을 인도 받으면 별도의 첨부서류 없이 수입자가 대금을 지급하는 방식으로 본·지사간의 거래 또는 매우 오랫동안 거래를 통하여 상호 믿음이 가는 거래 당사자와의 거래에서 주로 활용된다. 현재 무역거래의 60% 이상은 송금방식을 활용하고 있으며, 그 이유는 신용장 방식에 비해 빠르고, 수수료 절감 차원에서 많이 활용하고 있다.

구분	지급 대상자	주요내용
신용장 방식	지급은행	수출업체가 수출 후 Nego은행에 Nego서류를 제출하여 대금을 수령함
D/A, D/P	수입자	수입자와 수출자가 계약에 의해 은행이 보증하지 않고 직접 거래하는 방식으로 첫 거래가 아닌 자주 거래를 함으로써 서로간의 신용이 있는 상태에서 많이 사용
송금방식	수입자	CWO, COD, CAD, T/T의 송금방식이 있으며, 주로 본사, 해외지사와의 무역 거래 시 사용하는 방식

신용장을 전자무역방식으로 활용하면 어떤 장점이 있을까? 은행에 직접 방문하여 수입신용장 개설을 할 경우, 수입신용장개설신청서 외에 첨부서류(수입승인서, 물품매도확약서 또는 매매계약서, 담보제공증서 등)를 제출해야 되며 수입신용장 원본 수령 시 은행에 직접 방문해서 받아야 하는

불편함이 있다. 또한 해외수익자의 통지기간까지 기간이 오래 걸리는 단점이 있다.

은행에 직접 방문하지 않고 전자무역을 이용할 경우, 첨부서류 제출면제는 물론 은행에 직접 방문하지 않고 사무실에서 L/C원본을 통지 받을 수 있어서 관리비용을 줄일 수 있는 장점이 있다.

▮신용장 거래의 흐름▮

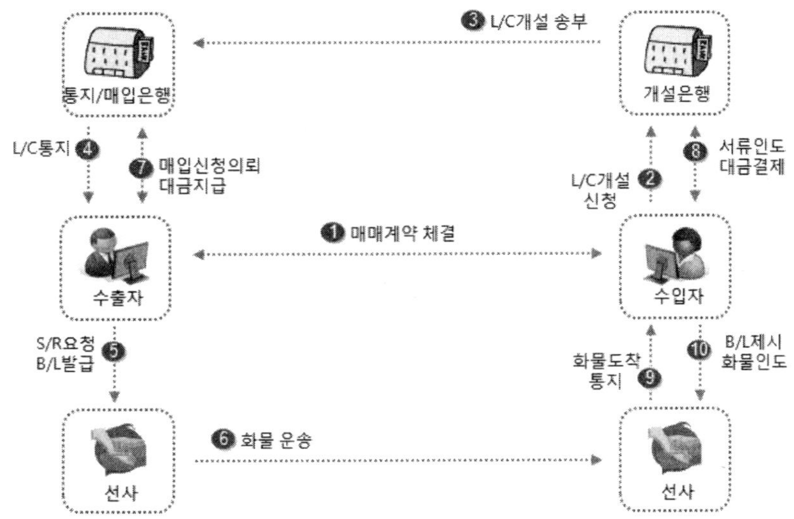

전자무역 도입 전	전자무역 도입 후
신청서 작성 + 첨부서류 제출 - 수입승인서, 물품매도확약서 등	신청서만 작성하여 EDI로 송신 - 첨부서류 제출 면제
L/C원본 수령 시 은행 직접방문	사무실에서 전자무역으로 L/C원본 수신
법정서식 사용에 따른 관리비 증가	A4용지에 Free Format 형태로 출력 됨 - 유관기관에서 원본문서로 인정함
해외수익자로부터 L/C통지기일 까지 장기간 소요	은행이동시간 및 개설은행에서 재입력 절차가 생략되므로 수익자까지 통지 기일이 2~3일 단축

▣ 신용장 개설시 주의사항

① 수익자(수출자), 개설의뢰인(수입자)의 회사명, 주소 등은 약식으로 사용하지 않는 것이 좋다.

② 신용장 금액은 숫자와 문자를 병기하며, 금액 앞에 'about', 'circa' 또는 이와 유사한 표현이 있는 경우 10% 이내에서 과부족을 인정하므로 유의해야 한다.

③ 신용장 금액은 신용장의 한도액을 표시하며, 그 금액 이상으로 환어음을 발행할 수 없게 되어 있다.

④ 선적기일, 유효기일 및 제시기일 표기 시 해석상 오해의 소지가 없도록 월 표시는 문자로 하는 것이 좋으며, 날짜표시 앞에 'to', 'until' 등의 표현이 있을 경우 그날 자체가 포함되나 'after'는 그날이 포함되지 않는다.

⑤ 신용장 양도(Transfer)에 대한 아무런 언급이 없으면 신용장 양도가 불가능하다.

▣ 신용장을 작성해 보기.

수입자의 거래은행이 신용을 대외에 제공하고 수입상을 대신하여 약정된 금액, 기간, 조건에 따라 수출상이 수입상 앞으로 대환어음을 발행하면, 그 어음의 인수 또는 지급에 대해 보증을 하거나 자기 앞으로 어음을 발행하게 하여 그 어음의 인수 또는 지급에 대해 확약하는 증서이다.

▣ 실제로 작성해 보기

① 개설의뢰업체정보

개설의뢰업체정보 | 신용장개설정보 | 주요구비서류 | 저장 | 취소

기본정보	
수신자ID	CODE

개설의뢰인	
개설의뢰인 상호	CODE
개설의뢰인 대표자	
개설의뢰인 주소	
개설의뢰인전화번호	

수익자	
수혜자 상호	CODE
수혜자 주소	
수혜자 계좌번호	

명의인			
명의인 상호	CODE	명의인 대표자	
명의인 전자서명값		명의인 주소	

개설은행	
개설은행명	CODE
개설은행지점명	
개설은행전화번호	

통지은행	
통지은행명	CODE
통지은행지점명	

▣ 항목 설명

■ 수신자ID :

- 해당 수입신용장개설신청서를 EDI로 전송할 경우 수신받는 해당 기관(개설은행)을 조회하여 선택한다.

■ 개설의뢰인 정보 :

- 수출입매매계약서에서 명시된 수입자의 상호, 대표자명, 주소, 전화번호 등을 입력하며 상호를 입력할 때는 가급적 약자는 사용하지 않는 것이 좋다. 개설의뢰인은 수입자, Applicant 등으로도 표시된다.
- 개설의뢰인 정보는 회원가입 시 등록된 기본값으로 표현(자동등록)된다.

■ 수익자 정보 :

- 수출입매매계약서에서 명시된 수익자의 상호, 주소, 계좌번호 등을 입력하며 상호를 입력할 때에는 가급적 약자는 사용하자 않는 것이 좋

다. 수익자는 수출자, Beneficiary 등으로도 표시된다.

■ **명의인 정보 :**

- 통상 개설의뢰인과 동일한 정보를 입력하지만 틀릴경우 명의인 정보를 입력한다.
- 명의인 정보는 개설의뢰인 정보와 동일한 내용이 표현(자동등록)된다.

■ **개설은행 정보 :**

- 개설은행과 관련된 은행명, 은행지점명, 전화번호를 입력한다.
- 개설은행 정보는 은행코드 값을 선택하여 입력한다.

■ **통지은행 정보 :**

- 통지은행과 관련된 은행명, 은행지점명을 입력한다.
- 통지은행 정보는 은행코드 값을 선택하여 입력한다.

② 신용장개설정보

개설의뢰업체정보 | 신용장개설정보 | 주요구비서류 | 저장 | 취소

신용장 개설정보

항목	입력	항목	입력
개설신청일자		개설방법	
유효기일		유효장소	
신용공여주체		기타정보	
신용장종류		개설금액	0 CODE
지급구분		과부족허용율사용여부	
지급조건		과부족허용율	(+) (-)
		부가금액부담	
선적항		최종선적일자	
도착항		선적기간	~
분할선적허용여부	ALLOWED PROHIBITED	환적허용여부	ALLOWED PROHIBITED
원산지 국가	CODE		
가격조건	CODE	가격조건 관련장소	
상품명세			
수입승인번호		수입승인금액	0 CODE
수입용도코드	CODE		

▣ 항목 설명

■ 개설 신청일자 :

- 신용장을 개설(open)하는 신청일자를 입력한다.

■ 개설방법 :

- 신용장 개설방법을 By air mail, By full cable, By short cable 중에서 선택하여 입력한다.
- 신용장의 개설방법은 선적기일, 시황, 자금사정 등을 고려하여 우편에 의한 개설(mail credit)과 전신에 의한 개설(cable credit)의 두 가지 방법이 있으며 전신에 의한 개설은 전문 통지 방식(full cable)과 사전 통지 방식(short cable)으로 나뉜다.
- 우편에 의한 개설은 "By Air Mail" 값을 선택한다.
- 전신(전문통지)에 의한 개설은 "By Full Cable" 값을 선택한다.
- 전신(사전통지)에 의한 개설은 "By Short Cable" 값을 선택한다.

■ 유효기일 :

- 신용장 개설 후 유효한 기일을 입력한다. 수익자가 매입은행 또는 지급은행에 대하여 어음의 지급·인수 또는 매입을 요구하기 위하여 서류를 제시하여야 할 최종 유효기일을 말하며 수출입매매계약에 명시된 신용장 유효기일을 입력해야 하고 신용장 유효기일은 개설은행이 보증하는 기간을 의미하므로 유효기간을 완전하게 입력해야 한다. 신용장을 사용할 수 있는 기한(환어음을 네고할 수 있는 기한)으로 보통 선전기일에 21일을 더하여 정한다. 이 유효기일에 따라 은행에서 Term Charge가 발생되니 너무 기간이 길면 수수료가 많이 나온다는 점을 주의해야 한다.

■ 신용공여주체 :

- 기한부신용장의 신용공여에 대한 주체를 입력한다. usance 신용장인 경

우에 그 자금부담과 이자를 누가 내느냐에 따라서 종류가 나누어 진다.

· 국내 개설은행에 의한 신용공여를 할 때에는 "Banker's" 값을 선택한다.
· 해외 수출업자에 의한 신용공여를 할 때에는 "Shipper's" 값을 선택한다.
· 국내 수입업자에 의한 신용공여를 할 때에는 "Domestic" 값을 선택한다.

■ **기타정보 :**

– 신용장거래에서 특별히 필요한 사항과 요구조건을 입력한다. 즉, 운송서류의 발송 지시사항, 선하증권의 특별입력사항, 신용장의 양도조건과 내용 등을 입력하면 된다.

■ **신용장 종류 :**

– 신용장의 종류를 선택하여 입력한다. 통상 취소불능화환신용장(Irrevocable L/C)을 많이 선택하나 양도가능의 여부와 보증을 위해 발행되는 경우에는 취소불능양도가능화환신용장(Irrevocable transfer L/C) 혹은 취소불능양도가능보증신용장(Irrevocable Transfer standby L/C)을 선택하여 입력한다.

· 신용장에 Revocable이라는 문구가 있으면 취소가능신용장이 되나, 아무표시가 없거나 Irrevocable이라는 문구가 있으면 취소불능신용장으로 취급한다. 취소불능신용장인 경우에는 기본 관계당사자 전원의 서면합의가 없으면 조건변경 및 취소를 할 수 없으며, 취소가능신용장인 경우 취소권의 행사는 매입은행의 매입통지가 개설은행에 도착할 때까지만 가능하다.
· 신용장 상에 transferable이라는 문구가 있는 경우에 한하여 양도가 가능하고, 양도는 1회에 한하여 가능하며 분할선적이 가능한 경우에만 분할양도가 가능하다.
· 신용장 상에 Standyby라는 문구가 있는 경우는 무화환신용장

(Clean L/C)의 일종으로 상품의 대금결제를 목적으로 하는 화환 신용장이 아니고 주로 금융이나 보증을 위해 발행되는 특수한 신용장이다. 보증 신용장은 주로 현지금융을 보증하거나 국제입찰 시 계약보증금, 이행보증금 등을 도달할 때 이용된다.

■ **개설금액 :**

- 본 신용장의 총 금액을 거래통화단위(USD, EUR, JPY, CNY 등)와 금액을 숫자로 입력한다.

■ **지급구분 및 지급조건 :**

- 대금지급에 대한 구분방법과 내용을 입력한다.

· 화환어음조건은 결제조건으로서 화환어음에 의한 결제를 가리키는 경우와 화환어음 그 자체의 조건을 가리키는 경우가 있다. 후자의 경우에는 어음의 만기일, 어음금액, 첨부서류의 종류, 신용장 첨부의 유무, 신용장이 첨부되는 경우에는 신용장의 종류나 발행은행, 신용장이 첨부되지 않은 경우에는 D/A로 하느냐 D/P로 하느냐 등이 이 조건에 포함된다.

· 혼합지급조건은 선지급, 동시지급, 후지급 중 2가지 이상을 혼합한 결제방식으로 Progressive Payment (누진지급조건)이 대표적인 혼합방식이며 중장기연불 수출입방식 플랜트, 조선 등 대형거래에 쓰여진다. 연지급조건은 지정된 연지급은행에 서류를 제시하면 연지금은행은 서류 심사 후 수익자에게 지급확약서를 발급해 주고 만기에 지급을 이행하는 방식

■ **과부족허용률사용여부 및 허용률 :**

- 신용장 총액에서 벗어날 수 있는 허용치 등을 표시하며 선적물품의 정확한 금액 산정이 불가능할 경우(예: 벌크화물-곡류 등) 사용한다. 과부족허용률 사용여부 항목에서 Plus/Minus 코드를 선택하였을 경우,

허용률 항목에 ± 형태로 입력하며, Not exceeding 코드는 최대신용장금액을 명기하였을 경우에 사용한다.

■ **부가금액 부담 :**

- 운임(Freight Costs), 검사비(Inspection Costs), 보험료(Insurance Costs), 이자(Interest) 등이 추가 부가된 경우, 해당 추가 부담항목 및 금액이 발생하였을 경우 입력한다.

■ **선적 및 도착항 :**

- 선적항 및 도착항을 평문형태로 입력한다.
- 수입승인서에 표시된 도착항과 일치하여야 한다. 승인서상의 선적항이 European Ports 등으로 표시되어 있을 경우에는 London port 또는 Hamburg 등으로 I/L 범위내에서 지명으로 표시할 수 있다.

■ **선적일자 및 선적기간 :**

- 선적일자와 선적기간을 입력한다.
- 선적기간이란 그 신용장에 의해 거래되는 화물의 최종 유효선적기일을 말한다.
- 선적기간을 정함에 있어 지정된 선적일자에 From, To가 사용된 경우는 해당일이 포함되고, After, Before가 사용된 경우는 해당일이 포함되지 않는다. 그리고 On or About라는 용어가 지정일자와 함께 표시된 경우에는 ±5일 이내의 기간(끝 날짜 포함)을 선적일자로 본다.

■ **분할선적 허용여부 :**

- 분할선적에 대한 허용여부를 허용(allowed), 금지(prohibited) 중에서 선택하여 입력한다.
- 분할선적 금지(prohibited)의 경우, 나누어 선적해도 안 되지만 과부

족허용률에서 인정하는 범위 ±~%를 벗어나면 분할선적으로 인정되므로 주의해야 한다.

- 분할선적에 대해 신용장에 표시가 없으면 분할선적을 허용하는 것으로 간주하게 됨으로 분할선적이 곤란한 거래에서는 반드시 금지한다는 내용을 신용장상에 포함시켜야 한다.
  · 분할선적을 허용할 때에는 "ALLOWED" 값을 선택한다.
  · 분할선적을 금지할 경우에는 "PROHIBITED" 값을 선택한다.

■ **환적 허용여부 :**

- 환적에 대한 허용여부를 허용(allowed), 금지(prohibited) 중에서 선택하여 입력한다.
- 환적이란 운송수단을 바꾸거나 배를 바꾸는 것을 말하며 직항노선이 없거나 배, 기차, 트럭 등을 섞어서 운송해야 할 상황이 아니면 운송수단을 바꾼다는 것은 분실 혹인 망실의 위험이 높기 때문에 조심해야 된다.
  · 환적을 허용할 때에는 "ALLOWED" 값을 선택한다.
  · 환적을 금지할 경우에는 "PROHIBITED" 값을 선택한다.

■ **원산지 국가 :**

- 거래할 상품의 원산지 국가를 선택하여 입력한다.

■ **가격조건(인도조건) 및 관련장소 :**

- 가격조건을 선택하여 입력하고 가격조건 관련 장소를 평문으로 입력한다.

■ **상품명세 :**

- 거래할 상품이나 용역 등의 명세를 Free Text 형태로 자유롭게 입력한다. 상품에 대한 과다한 명세는 지양하고 명세가 복잡한 경우, 대표적인 상품명세만 적고 Details as per Offer No~ 등으로 표시한다.

■ **수입용도내용 및 수입승인번호 :**

- 해당조합 및 협회에서 수입승인을 받은 품목에 대한 수입승인번호와 승인금액을 입력하고 수입용도내용을 선택하여 입력한다. (단, 수입승인을 받지 않은 품목은 입력할 필요는 없음)

③ 주요구비서류

▣ 항목 설명

■ **주요구비서류 :**

- 운송서류의 종류와 통수 및 요구하는 선적서류의 조건을 입력한다. 기본서류는 상업송장(Invoice), 선하증권(B/L), 보험증권(Insurance Policy)이 있으며, 그 외 부속서류에는 원산지증명서(Certificate of

Origin), 포장명세서(Packing List), 영사송장(Consular Invoice), 검사증명서(Inspection Certificate) 등이 있다.

· 상업송장(Commercial Invoice)은 당해 상품의 명세서인 동시에 대금청구의 역할도 겸하고 있다. 수입자가 필요한 통수를 표시하면 된다.

· 포장명세서(Packing List)에는 필요한 포장명세서 통수를 표시하고 특별한 포장방법을 요구할 때 이에 표시하거나 별도 지시사항을 표시하기도 한다.

· 보험증권의 경우, 가격조건이 C조건(CIP, CIF)가 아닌 경우에는 이 보험증권을 삭제하고 여백에 buyer insurance 또는 insurance to be covered by buyer등과 같은 문언을 입력하여 보험의 부보의무가 수입자에게 있음을 명기한다. 그러나 CIP, CIF인 경우에는 보험증권의 제시가 필수적이므로 수출입매매계약서에서 약정한 적하보험 부보조건을 정확히 입력해야 한다.

■ **주요부가조건 :**

- 본 신용장에 해당되는 주요부가조건을 선택한다.
- "SHIPMENT BY", "ACCEPTANCE COMMISSION & DISCOUNT CHARGES ARE FOR BUYER'S ACCOUNT", "ALL DOCUMENTS MUST BEAR OUR CREDIT NUMBER", "LATE PRESENTATION B/L ACCEPTABLE" 중에서 하나를 선택한다.

■ **수수료부담자 :**

- 수출상이 부담하는 경우에는 Beneficiary 선택하고 수입상이 부담하는 경우에는 Applicant로 입력한다.
- 수입지역 외에서 발생한 모든 은행비용과 수수료 기타 비용을 누가 부담할 것인지를 명시하지 않으면 후에 비용부담의 문제로 신용장거래 당사자간에 분쟁이 발생할 수 있다. 따라서 이러한 비용을 누가 부담

하 것인지 사전에 명확하게 하여야 한다.

■ **확인지시문언 :**

- 본 전송항목내의 지시사항을 수행하는 기관을 나타내는 코드를 선택하여 입력한다.
  · 신용장 확인지시 없이 통지할 경우에는 "WITHOUT" 값을 선택한다.
  · 통지은행에 일임할 경우에는 "MAY ADD" 값을 선택한다.
  · 신용장 확인 요구를 할 경우에는 "CONFIRM" 값을 선택한다.

■ **서류제시기간 :**

- 서류제시기간을 입력한다.
- 모든 신용장은 선적일 이후부터 매입을 위하여 선적서류가 제시되어야 하는 기간을 표시하여야 하나 만약 입력하지 않았을 때에는 선적일 이후 21일 이내에 제시하여야 한다.
- 서류제시기간의 최종일이 은행휴업일인 경우에는 유효기일과 마찬가지로 다음 최초의 영업일까지 연장된다.

▣ 출력서식

취 소 불 능 화 환 신 용 장 개 설 신 청 서
(Irrevocable Documentary Credit Application)

Except so far as otherwise expressly stated, this documentary credit is subject to the "Uniform Customs and Practice for documentary Credits" (ICC Publication No 500) and "Uniform Rules for Bank-to-Bank Reimbursements under Documentary Credits" (ICC Publication No.525

문서/전자문서번호 : 20091207000005

-------------------------------- < 일 반 정 보 > ----------------------------

개설신청일자 : 09-12-07
개설방법 : By Full Cable
개설(의뢰)은행 : 0004
Industrial Bank of Korea
[Tel No.] KANGNAM BR
(희망)통지은행 : 0027
HSBC Newyork Bank
NEWYORK BR
신용공여주체 : Shipper`s
수입승인번호(금액) : IMPORT-03498 USD 1,000,000
기타정보 :

-------------------------------- < 스 위 프 트 > ----------------------------

40A Form of Documentary Credit : 09-12-07
31D Date and Place of Expiry : (date) 09-12-12
(place) HSBC BANK NEWYORK BR
50 Applicant : INCHEON TRADING CO
25 Sinsaeng-dong Jung-gu Incheon
59 Beneficiary : Dream Trading CO.
115 FREEDOM COURT ROCKWALL TEXAS 75032
32B Currency Code,Amount : USD 1,000,000
*39A Percentage Credit Amount Tolerance : (±)5.5(%)
42C Drafts at... :
43P Partial Shipments : PROHIBITED
43T Transhipments : ALLOWED
44A Loading on Board/Dispatch/Taking in Charge at/from ... :
INCHEON
44B For Transportation to... : NEWYORK
44C Latest Date of Shipment : 09-12-12
[Terms of price] Carriage Paid to
[Place of terms of price] INCHEON
[Country of origin] BR
BRAZIL
46A Document Requird :
380 SIGNED COMMERCIAL INVOICE IN 3 COPIES
706 FULL SET OF CLEAN ON BOARD OCEAN BILLS OF LADING MADE OUT TO

MARKED FREIGHT COLLECT AND
NOTIFY
530 FULL SET OF INSURANCE POLICIES OR CERTIFICATES, ENDORSED IN BLANK FOR 110% OF THE INVOICE VALUE, EXPRESSLY STIPULATING THAT CLAIMS ARE PAYABLE IN KOREA AND IT MUST INCLUDE : INSTITUTE CARGO CLAUSE

271 PACKING LIST IN 3 COPIES
861 CERTIFICATE OF ORIGIN
2AB ACCEPTANCE COMMISSION DISCOUNT CHARGES ARE FOR BUYER'S ACCOUNT
71B Charges : ALL BANKING COMMISSIONS AND CHARGES
INCLUDING REIMBURSEMENT CHARGES
OUTSIDE KOREA ARE FOR ACCOUNT OF
BENEFICIARY

```
48   Period for Presentation      : DOCUMENTS TO BE PRESENTED WITHIN
                                    14  DAYS AFTER THE DATE OF SHIPMENT
                                    BUT WITHIN THE VALIDITY OF THE CREDIT
49   Confirmation Instructions    : CONFIRM
------------------------------- < 전   자   서   명   > ------------------------------
신청업체 전자서명 : INCHEON TRADING CO
                    대표이사 KIM IN CHEON
                    3948173627
              [주소] 25 Sinsaeng-dong Jung-gu Incheon
```

이 전자문서는 무역자동화촉진에 관한법률 제2조 제7항, 제10조 제1항 및 동법 시행령 제12조에 의거 발행된 전자문서 입니다.

END PAGE

물품대금결제 방식은 여러 가지 있지만 실무에서 주로 쓰이는 무역대금 결제방식은 크게 송금방식, 추심방식, 신용장방식이며, 국제팩토링방식, 포피팅방식, 오픈어카운트 방식 등의 특수한 결제방식도 있다. 송금방식은 무역물품 대금을 외화로 결제하는 방식을 말하며 물품을 인도하는 시기에 따라 선적 전 송금과 선적 후 송금의 방식으로 나눌 수 있다.

추심방식은 쉽게 설명 하면 신용에 의해서만 거래되는 방식으로 수출자가 수입자의 신용상태만 믿고 먼저 물품과 화환어음을 보낸 후 결제가 이루어지므로 쌍방이 매매계약을 성실히 이행해야 한다.

신용장방식은 취소불능화환신용장에 의하여 대금의 전액을 결제하는 조건으로 선적서류의 첨부를 요하는 수출입거래 중 가장 안전한 방식이다. 신용장 방식과 추심방식의 차이점을 살펴보면 다음과 같다.

▌대금결제 방식▐

• 수출대금 지급에 대한 책임(O) → 은행

• 은행 → 무역대금 지급에 대한 책임(X)
• 은행은 단지 수입업자에게 대금지급 여부를 확인하고 선적서류를 내주어 물품을 찾게 하는 수준에 그칠 뿐 대금지급에 관해서는 책임을 지지 않음

결제방식	종류	내용
송금방식	사전송금방식 (CWO)	수출품이 가치가 있고, 많은 수입자가 원할 때 수출자 입장에서 가상 유리한 방식으로 무서류 방식으로 먼저 공급대금을 받은 후 수출하는 방식
	사후송금방식 (COD, CAD)	COD: 상품인도결제방식으로 귀금속 등 소액거래에 해당하는 방식으로 많이 쓰이며 수입자가 상품을 인도받으면서 대금을 결제하는 방식 CAD: 서류인도방식으로 수출자가 선적 후 서류를 수입자에게 인도하면서 대금을 결제하는 방식
추심방식	D/A	수출자가 물품을 선적 후 거래은행을 통해 추심지시서를 활용하여 의뢰하면, 수입자는 해당 환어음을 인수받고, 만기일에 대금을 지급하는 방식
	D/P	수출자가 선적 후 추심지시서를 통해 의뢰하면, 수입자 거래은행이 수입자로부터 대금을 지급받고, 서류를 인도하는 방식
신용장방식	At Sight L/C	발행된 환어음을 즉시 결제하는 방식
	Usance L/C	발행된 환어음이 기한부신용장으로 만기일에 지급하는 방식. 예를 들어 Usance일 경우 L/C상에는 00 days after sight로 표시 함

▌결제방식에 따른 업무 흐름도▐

신용장(Letter of Credit) 방식

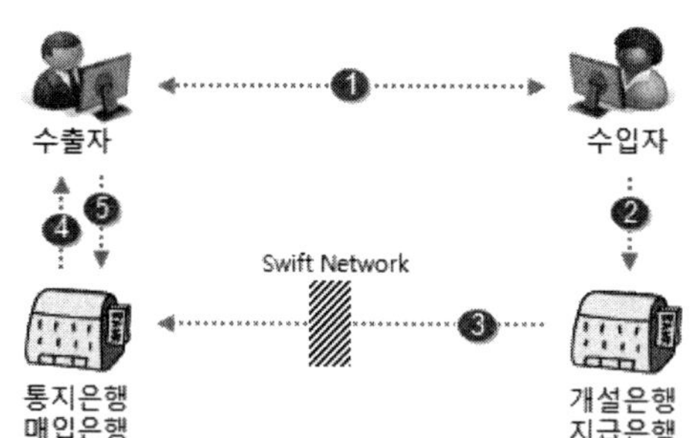

① [매매계약 체결]
② [L/C개설 의뢰]수입자는 개설은행을 통해 수입L/C 개설의뢰
③ [L/C개설]개설은행은 통지은행에 L/C통지
④ [L/C통지]통지은행은 수출자에게 L/C내용 통지
⑤ [매입신청] 전자무역의 경우, 수출자가 수출환어음매입(추심)신청서 문서를 작성하여 은행에 전송

- ④번 이후에 수출자는 수출승인(요건확인) 업무, 원산지증명신청 업무, 적하보험 업무, 수출통관 업무, 물류(S/R, B/L)업무 등을 수행합니다.
- 개설은행이 통지은행으로 신용장내역을 통지할 때는 Swift Network을 통해서 전송되게 됩니다.

추심(Collection) 방식

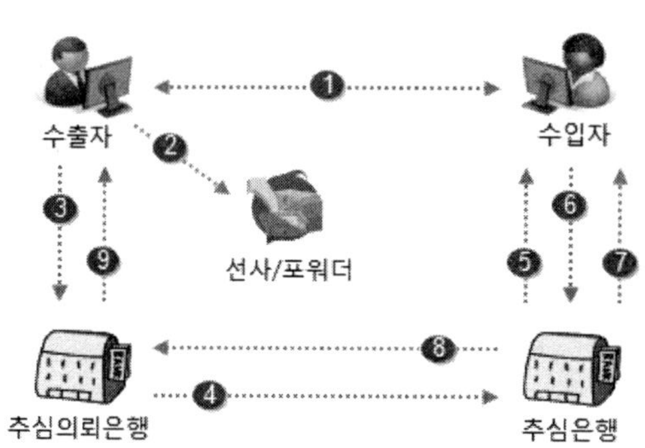

① [매매계약 체결]
② [선적]선사/포워더에게 S/R요청 → B/L 발급 후 선적
③ [환어음, 선적서류 제시]
④ [환어음 및 선적서류, 추심의뢰 요청]
⑤ [선적서류 도착 통지]
⑥ [환어음인수 또는 대금결제]
⑦ [선적서류 인도]
⑧ [대금 송금]
⑨ [수출대금 회수]

- ⑥번에서 D/P의 경우는 은행의 대금지급요청에 대금결제 후 선적서류를 인도하지만 D/A의 경우는 환어음 인수 후에 서류를 인도받고 만기일이 도래하면 대금을 지급합니다.
- D/A조건에서 인수의 의미는 '의사표시와 서명날인'의 행위를 말합니다. 쉽게 말해 일정 기일까지 지급하겠다는 의미를 배서하는 행위라고 보면 됩니다.

(5) 운송 및 보험

무역에서 운송은 내륙운송과 선박, 항공을 이용한 운송을 의미한다. 수출에서는 화주가 포워더 또는 선사에게 선적요청(S/R : Shipping Request)을 하고, 이에 필요한 첨부서류 invoice, Parking List와 Shipping notice를 작성하여 보낸다. 수출하는 물량이 콘테이너 기준으로 선적이 가능할 경우 직접 선사를 이용하여 거래를 한다.

선사는 해당물품에 대해서 선적을 하며, 이때 선하증권(B/L : Bill of Lading)을 발행하며 실무에서는 이를 Master B/L이라고 하며 포워더는 이에 해당하는 물품에 대해서 부킹을 하고 화주에게 선하증권(B/L : Bill of Lading)를 발행한다. 이 때 발행되는 B/L을 House B/L이라고 한다. Master B/L과 House B/L은 같은 용도로 사용하며, 은행에 Nego시 동일하게 원본으로 활용 할 수 있다.

수입에서는 수입하는 물건이 세관에 도착하고, 하역하여 정식 수입통관이 되기 전에 보세창고에 적재한다. 이 때 보세장치장을 이용하게 되며, 반입보고서를 작성하여 반입을 하며, 또한 수입신고 후에는 반출보고를 통하여 보세창고에서 물건을 일반창고로 옮기고, 실무에서는 영업용 장치장을 운영하는 곳에서 보세창고와 일반창고를 같이 운영하므로, 수입통관 후에는 보세창고에서 일반창고로 이동하여 보관한다.

운송 종류	주요 내용
해상운송	운항하는 선박에 의해 수출입 거래되는 상품을 해상으로 운송하는 것으로 대량운송 및 원거리 운송에 적합하며, 오랜 기간 동안 운송에 따라 상품의 변형이나 변질이 없는 경우 주로 활용하며, 항공운소에 비해 상대적으로 운송비가 저렴함
내륙운송	차량운송과 철도운송이 있으며, 혼용하여 운송하는 경우가 있으며, 화물차의 대량보급에 의해 종합적인 운송체계의 역할을 담당함
항공운송	긴급한 상품이나 고가품을 운송하는데 쓰임. 반도체 같은 고가품의 경우 항공운송을 많이 활용 함

복합운송	두 종류 이상의 운송수단에 의해 화물을 운송하는 것이며, 전구간에 통용되는 운임을 적용(Through Rate), 화물이 해상·내수로·육상 등 여러 가지 운송경로를 통해 운송될 때 전구간에 통용되는 선하증권(Through B/L), 단일운송 책임하에 적용되며 장점은 여러 운송경로를 사용하므로 환적이 발생하는데 환적할 때마다 운송계약을 맺어야 하는 번거로움을 없애고 비용도 절감 됨

항공화물에 대해서 화주로부터 화물을 인수함과 동시에 Air Waybill을 발급한다. 해상운송에서의 선하증권(B/L)과 같은 용도로 쓰이며, 기본적인 성격은 B/L과 동일합니다. 항공화물운송장은 IATA(국제항공운송협회)에서 발행하는 양식과 세부적으로 규정되어 있으며 법률적으로는 항공운송에 대한 Warsaw조약(국제항공운송의 통일규칙에 관한 조약)을 준수한다.

Air Waybill은 3통의 원본과 6부 이상의 부본으로 구성되어 있으며, 원본은 항공사, 송화주, 수화주용으로 사용된다.

- 화물의 운송계약체결에 의한 증거서류
- 화주로부터 화물 수령에 대한 수령증
- 운임, 제요금의 명세서 및 청구서
- 세관신고서류
- 운송인에 대한 물품의 취급, 발송, 인도에 대한 지시서
- 송화인이 화주보험에 부보한 보험가입증명서

▌Air Waybill과 선하증권의 차이점▐

Air Waybill	Bill of Lading
Non-negotiable(양도성 없다)	Negotiable(양도성이 있다)
창고에 반입되면 AWB발행	성적 후 B/L발행
기명식	지시식
송화인이 작성	선사가 작성
유가증권이 아닌 단순 화물수취증	유가증권

선적서류란 무역품의 재산권을 완전히 나타낸 것으로서 국제무역계에서 인정되고 있는 상용(商用) 서류를 의미하며, 선적서류는 상업송장, 포장명세서, 운송서류 및 보험서류 등 거래 시마다 요구되는 기본서류와 그 밖에도 주로 신용장상의 이행 조건을 서류화함에 따라 발행하는 보충서류가 있다. 우리나라의 경우 선적방법은 선박과 항공기를 이용하는 2가지 방식이다.

일반적으로 선하증권(船荷證券) · 보험증권 및 상업송장(商 業送狀)의 3가지로 이루어지는데, 국가에 따라서는 그 이외에 영사송장 · 세관송장 · 원산지증명서 · 검사증명서 · 포장명세서 · 중량용적증명명세표 등을 필요로 하는 경우도 있다.

무역실무에서는 invoice, Parking List를 기본적으로 활용하여 포워더 또는 선사에 팩스로 보내주면 운송사가 B/L를 작성하여 화주에게 전달한다. 최근에는 uTradeHub에서 eB/L 업무를 적용하여 선적서류를 간소화하고 선적업무를 진행 할 수 있다.

수출 환어음은 매입은행의 서식이다. 수출자가 선적을 이행하면서 발생하는 여러 가지 서류들(선하증권, 상업송장, 포장명세서, 보험증권, 검사증명서 등등의 제반서류)을 선적서류 또는 선적관계서류라고 말하며, 매입은행에 선적서류 일체를 제시하면서 수출대금을 청구하는 시점에서 매입은행의 수출환어음 서식을 작성하여 함께 제시하면 매입은행은 그 환어음을 매입하는 형태로 업무진행이 되면서 수출대금을 수출자에게 지급한다. 그래서 NEGO를 '수출환어음매입'이라고 해석을 하게 되는 것이다.

수출환어음 서식은 간단하므로 네고금액, 신용장개설은행, 개설신청인, 결제은행 정도의 간단한 내용만 작성하면 된다. 참고로, 신용장의 종류가 매입신용장(= by negotiation) 이 아니라, (연)지급신용장(=by (deferred) payment)인 경우에는 원칙적으로 무어음 신용장이기 때문에 이 경우에는 '수출환어음매입'이 아니라 '선적서류매입'이라고 한다. 그래서, 은행의 네고신청서의 제목을 보시면, '수출환어음(선적서류)매입 신청서'라고 되어 있다. 그럼 환어음 서식화면과 환어음의 주요 당사자에 대해 간략히 알아보자.

▮ 선적서류 ▮

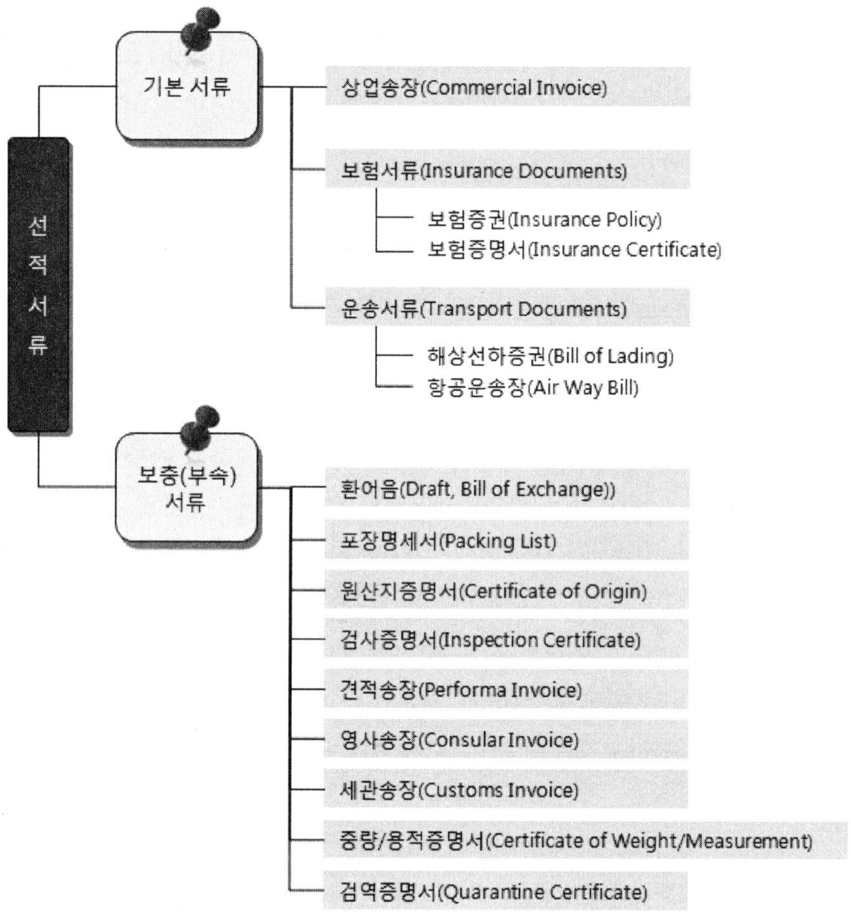

선적서류

- 기본 서류
  - 상업송장(Commercial Invoice)
  - 보험서류(Insurance Documents)
    - 보험증권(Insurance Policy)
    - 보험증명서(Insurance Certificate)
  - 운송서류(Transport Documents)
    - 해상선하증권(Bill of Lading)
    - 항공운송장(Air Way Bill)
- 보충(부속) 서류
  - 환어음(Draft, Bill of Exchange))
  - 포장명세서(Packing List)
  - 원산지증명서(Certificate of Origin)
  - 검사증명서(Inspection Certificate)
  - 견적송장(Performa Invoice)
  - 영사송장(Consular Invoice)
  - 세관송장(Customs Invoice)
  - 중량/용적증명서(Certificate of Weight/Measurement)
  - 검역증명서(Quarantine Certificate)

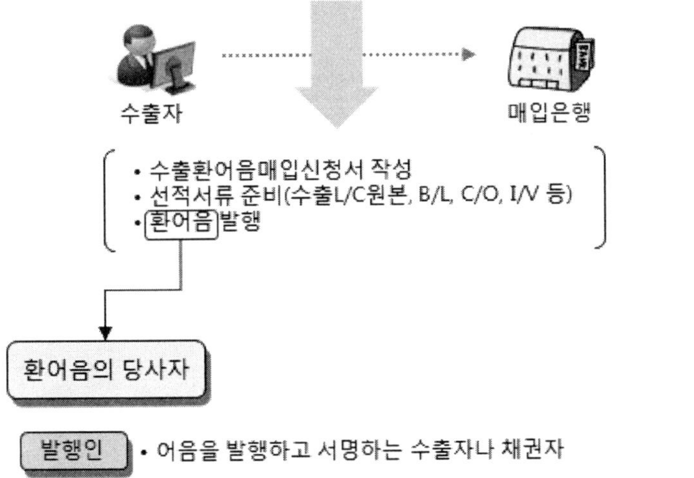

발행인 • 어음을 발행하고 서명하는 수출자나 채권자

수취인 • 자유매입신용장에선 매입은행이 됩니다. 옆 그림에선 PAY TO이하에 기재되는 자를 말한다.

지급인 • L/C방식에선 개설은행 또는 상환은행이 되고 D/A, D/P에선 수입자입니다. 옆 그림의 양식에선 DRAWN UNDER이하가 지급인이 된다.

▮수출환어음 샘플▮

어음번호
금액
지급 만기일 표시
발행일
발행지
문자금액
수취인
Charge the same to account of
지급인과 지급지
신용장 번호
신용장 발행일자
신용장 개설은행
발행인의 기명날인

BILL OF EXCHANGE

①NO. 123456 BILL OF EXCHANGE, ② MAY 10, 2007 ③ SEOUL, KOREA
④FOR US$53,200.-
⑤AT XXXXX SIGHT OF THIS **ORIGINAL** BILL OF EXCHANGE(SECOND OF THE SAME TENOR AND DATE BEING
PAY TO ⑥ WOORI BANK OR ORDER THE SUM OF
⑦ SAY US DOLLARS FIFTY THREE THOUSAND TWO HUNDERED ONLY:

VALUE RECEIVED AND CHARGE THE SAME TO ACCOUNT OF ⑧ TOKYO SUPPLY LTD.

⑨DRAWN UNDER THE MIISUBISHI BANK, LTD. HEADOFFICE TOKYO, JAPAN
⑩L/C NO. U-1041509 ⑪DATED APRIL 17, 2007
⑫TO THE MIISUBISHI BANK, LTD.
HEADOFFICE, TOKYO

⑬ K.K. TRADING C

상업송장은 수출자와 수입자 간의 거래계약 및 매매계약 조건 사실을 입증하는 대표적인 선적서류로써 수출자가 작성하며 선적한 물품의 명세서로서의 역할 외에 대금청구서 등의 역할도 겸하고 있다. 상업송장은 선하증권과 함께 무역거래 시 필수적인 선적서류 중 하나이지만 그 자체가 청구권을 갖는 서류는 아니고 다만 거래이행 및 계약의 사실만을 입증해주는 서류이다.

또한 상업송장은 거래상품의 주요사항을 상세히 명기한 것으로 수출자에게는 수출통관에 필요하므로 통관용 상업송장을 작성하여 세관에 제출하게 되는 역할과 대금 청구할 때 네고서류로 활용되며, 수입자에게는 매입명세서로서의 역할을 하여 수입 신고 시 과세가격의 증명자료가 된다.

또한 수입 국가에 따라 상공회의소에서 확인란 것을 요청 하는 경우가 있는데 이는 일반 업체에서 작성한 것을 상공회의소에서 확인 하는 용도로 쓰인다.

상업송장은 물품의 품명, 수량, 단가, 가격 등이 표시되며 **포장명세서**는 품명, 수량, 순중량, 총중량 등을 자신들의 양식에 맞게 작성을 한다. 상업송장이 포장명세서는 많은 모든 항목이 유사하나 상업송장은 상품의 각각의 단가와 금액을 표현하나 포장명세서는 상품의 포장단위의 표시를 말하며, 상업송장의 보조역할을 한다.

▌상업송장과 포장명세서 차이▐

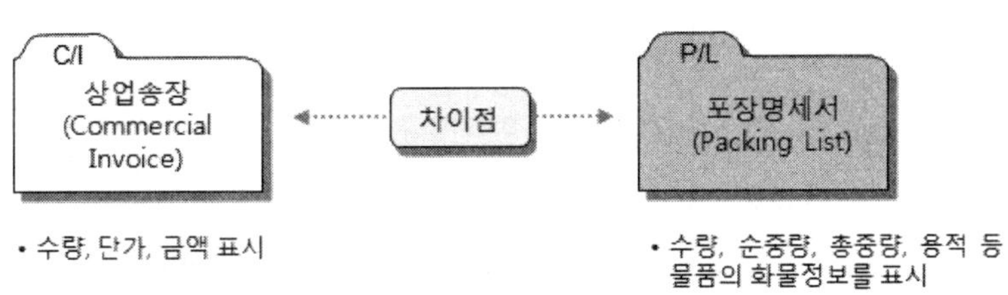

상업송장은 그 용도에 따라 상거래용으로 작성되는 상업송장(Commercial Invoice)과 영사관에서 작성되거나 세관용으로 작성되는 공용송장(Official Invoice)으로 구분할 수 있는데 일반적으로 말하는 송장은 전자의 상업송장을 의미한다.

상업송장의 주요 기능

1. 국내상거래에서 사용되는 송장과 달리 국제무역에서는 구매서의 역할을 하므로 거래물품의 주요사항인 계약상품의 정확한 규격(Specification of Goods) 및 개수, 포장상태 및 화인(Marks)등이 상세하게 표시되어야 한다.
2. 송장은 CIF나 CRF의 경우 선하증권이나, 보험증권이 계약과 일치되었음을 증명하는 등 특정 거래계약의 존재 및 이행의 사실을 입증하는 증거자료가 된다.

3. 계약상품의 단가, 부대비용, 할인료, 지불방식, 지불시기 등을 구체적으로 명기한 매매계산서 및 대금청구서로서 송장상의 발행금액은 환어음(Bill of Exchange)의 발행금액과 일치하여야 한다.
4. 송장은 모든 무역거래의 필수서류이다. 무역결제는 대부분이 환어음으로 이루어지며 수출지 은행에서 환어음을 매입할 때나 수입지 은행에서 대두(T/R)로 수입물품을 수입업자에게 인도할 때 화환어음의 담보물권이 되는 서류에는 이들 담보물 의 명세서 및 계산서의 역할을 하는 송장이 포함되어야 한다.

구분		내용
상업송장	견적송장	수입허가, 외화배정 등을 받기 위한 수입상의 요청에 의해 수입상에게 장차 그가 매입할 화물에 대해서 시산적으로 작성 발송하는 송장 수출상이 거래를 유발 촉진하기 위한 수단으로 사용
	선적송장	선적된 화물의 내용과 가격을 명시한 서류로 목적에 따라 다음의 4가지로 분류됨 - 수출송장(Export I/V) - 위탁 판매송장 - 매입 위탁 송장 - 견본송장
공용송장	세관송장	수입지 세관이 수입화물에 대한 ① 관세가격의 기준을 결정할 목적, ② 덤핑유무를 확인하기 위한 목적, ③ 쿼터품목의 통상 기준량의 계산목적, ④ 수입통계의 목적 등으로 사용되는 송장 국가별로 세관이 요구하는 양식이 상이하므로 소정의 양식에 따라 작성해야 함
	영사송장	수입물품 가격을 높게 책정함에 따른 외화도피나 낮게 책정함에 따른 관세포탈을 규제하기 위하여 수출국에 주재하고 있는 수입국 영사의 확인을 받아야 하는 송장. 이는 주로 몇몇 후진국에서 이용되고 있으나 점차 폐지되는 추세

적하보험을 청약하는 이유는 해상운송 중의 화물은 각종 위험에 노출되어 있으며 항해 중 악천후를 만나 침몰해 버리는 일도 많다. 침몰과 같은 대 사고는 드물다고 해도 선창 내에 해수가 침입하여 당하는 사고는 빈번히 발생하며, 선박간의 충돌이나 선박화재 등도 종종 나타난다. 해상운송에 부수해서 발생하는 이러한 각종의 위험에 의해 화물 기타의 재산이 손해를 입은 경우에 보험을 인수한 보험자가 그 손해를 보상할 것을 약속하고, 보험가입자 즉 보험계약자가 그 대가로서 보험료를 지불하는 의무를 부담하는 것을 내용으로 하는 계약이다. 그럼 적하보험에 관련하여 중요한 몇 가지 사항에 대해 알아보자.

적하보험은 무역조건에 따라 보험의 부도 당사자가 정해진다. 무역조건이란 국제간 무역에 있어 거래당사자 간의 의무와 한계를 각각 명시하는 것으로 현재 INCOTERMS(무역용어의 해석에 관한 국제규칙)상 개정된 무역조건을 기준으로 삼고 있다. 무역 조건은 거래당사자 간의 비용부담관계를 비롯하여 보험계약의 성립요건인 피보험이익의 존재여부를 규정하는 소유권의 이전시점을 결정하는 중요한 요소로서, 소유권(피보험 이익)을 가지고 있는 당사자나 무역조건상 보험료를 부담해야 하는 측이 보험부보 당사자가 된다.

■ 적하보험 의미 신약관과 구약관 ■

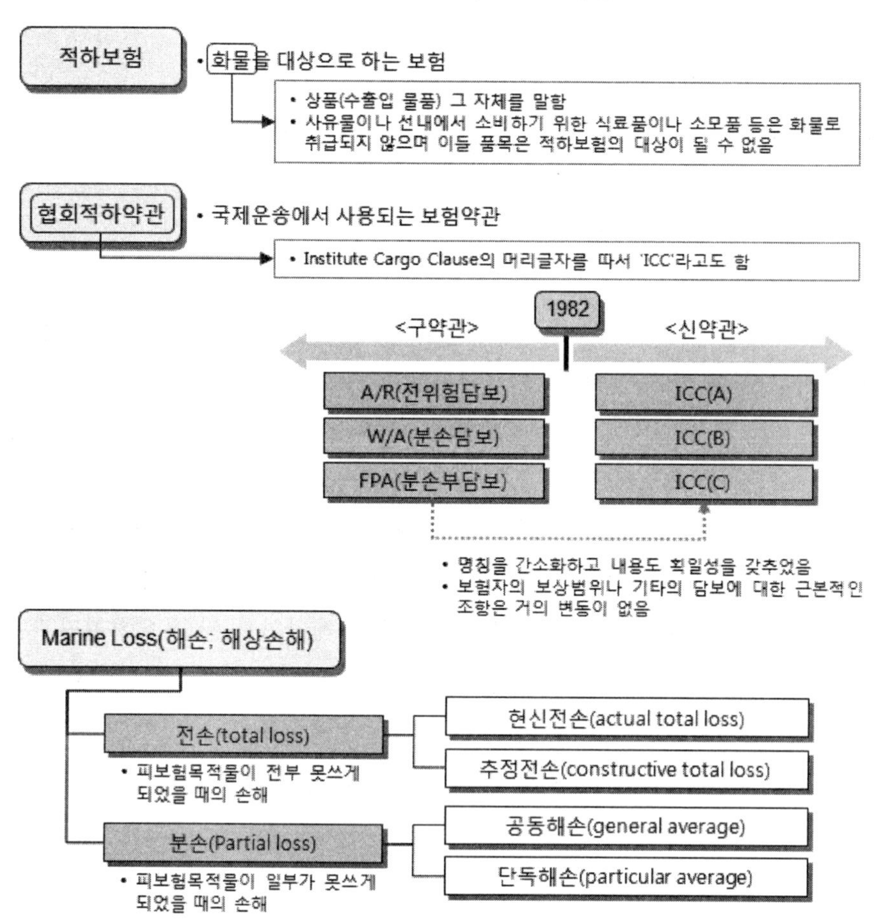

▌부보조건에 대한 적하보험 가입▌

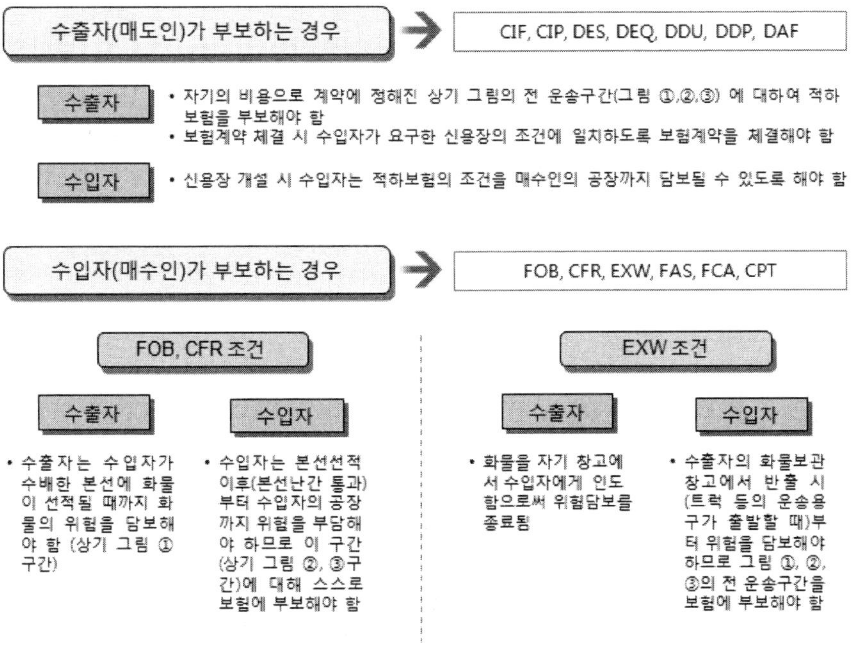

수출자(매도인)가 부보하는 경우 → CIF, CIP, DES, DEQ, DDU, DDP, DAF

수출자
- 자기의 비용으로 계약에 정해진 상기 그림의 전 운송구간(그림 ①,②,③) 에 대하여 적하보험을 부보해야 함
- 보험계약 체결 시 수입자가 요구한 신용장의 조건에 일치하도록 보험계약을 체결해야 함

수입자
- 신용장 개설 시 수입자는 적하보험의 조건을 매수인의 공장까지 담보될 수 있도록 해야 함

수입자(매수인)가 부보하는 경우 → FOB, CFR, EXW, FAS, FCA, CPT

FOB, CFR 조건

수출자
- 수출자는 수입자가 수배한 본선에 화물이 선적될 때까지 화물의 위험을 담보해야 함 (상기 그림 ① 구간)

수입자
- 수입자는 본선선적 이후(본선난간 통과)부터 수입자의 공장까지 위험을 부담해야 하므로 이 구간(상기 그림 ②, ③구간)에 대해 스스로 보험에 부보해야 함

EXW 조건

수출자
- 화물을 자기 창고에서 수입자에게 인도함으로써 위험담보를 종료됨

수입자
- 수출자의 화물보관 창고에서 반출 시(트럭 등의 운송용구가 출발할 때)부터 위험을 담보해야 하므로 그림 ①, ②, ③의 전 운송구간을 보험에 부보해야 함

▣ 보험조건과 보상범위

적하보험에서 적용되는 보험조건은 신협회적하약관에 따른 ICC(A), (B), (C)와 구협회적하약관에 준한 ICC(F.P.A.), (W.A.), (All Risks) 등 세가지가 있으며 이외에 우리나라 실무에서 사용중인 것으로 TL (Total Loss)가 있다.

▣ 신협회적하약관 (Institute Cargo Clause(NEW)상 보험조건

1982년 1월 1일부터 시행된 신협회약관은 기본약관으로 ICC(A), ICC(B), ICC(C) 약관이 있으며 이는 구약관과 담보상 다소 차이가 있다.

신약관 종류	내용
ICC(C) (Institute Cargo Clause C) = ICC (FPA) 유사	① 화재 또는 폭발 ② 본선 또는 부선의 좌초, 교사, 침몰, 전복 ③ 육상운송용구의 전복 또는 탈선 ④ 본선, 부선 또는 운송용구와 물 외의 다른 물체와의 충돌 또는 접촉 ⑤ 피난항에서의 화물의 하역 ⑥ 공동해손 희생손해 ⑦ 투하 ⑧ 쌍방과실 충돌약관에 의한 손해 ⑨ 담보위험으로 인한 행해종료시 양하, 입고, 계반비용 ⑩ 공동해손, 구조비. 단, 면책위험으로 인해 발생되는 것 제외
ICC(B) (Institute Cargo Clause B) = ICC (WA) 유사	ICC(B)에서는 ICC(C)에서 담보하는 위험에 추가위험을 담보 ①ICC(C) 조건 일체 ② 지진, 화산의 분화, 낙뢰 ③ 투하 또는 갑판유실 ④ 본선, 부선, 선창, 운송용구, 컨테이너, 지게자동차 또는 보관장소에 해수, 호수, 강물이 침입 ⑤ 본선 또는 부선으로의 선적 또는 하역작업중 바다에 떨어지거나 갑판에 추락한 화물의 포장 당 전손
ICC(A) (Institute Cargo Clause A) = ICC (All Risks) 유사	약관상 규정된 면책사항을 제외한 위험으로 인하여 발생한 손해를 담보하는 조건으로 적하보험 조건 중 가장 담보범위가 넓은 조건 ① 피보험자의 고의적 비행 ② 통상적인 누손, 부족손, 자연소모 ③ 포장불완전 또는 부적합 ④ 피보험 목적물의 고유의 하자 또는 성질 ⑤ 지연 ⑥ 선박소유자, 관리자, 용선자 또는 운항자의 채무 불이행 ⑦ 원자력, 핵무기의 사용 ⑧ 선박, 부선의 불내항 ⑨ 화물의 안전 운송을 위한 선박, 부선, 운송용구. 콘테이너 및 리프트밴의 부적합 단, 피보험자 또는 그 사용인이 상기 사실을 알고 있을 경우에 한함 ⑩ 전쟁, 내란, 혁명, 모반, 반란, 또는 이로 인해 발생한

	국내 투쟁, 교전국에 의해 또는 교전국에 대하여 행해진 적대행위 ⑪ 포획, 나포, 강류, 억지, 억류(해적행위 제외) ⑫ 유기된 기뢰, 어뢰, 폭탄 기타 유기된 전쟁병기 ⑬ 동맹파업자, 직장폐쇄 또는 노동분쟁소요와 폭동에 가담한 자의 행위 ⑭ 동맹파업,직장폐쇄,노동분쟁,소요,폭동의 결과, 테러리스트, 정치적 동기 행위

■ 구협회적하약관(Institute Cargo Clause)상 보험조건

구약관 종류	내용
F.P.A (Free From Particular Average) : 단독해손부담보조건	① 현실전손 및 추정전손 ② 본선 또는 부선의 침몰 (Sinking), 좌초 (Stranding), 대화재 (Burnt)로 인한 단독해손. 이 경우 면책비율과 인과관계를 불문하고 보상합니다. ③ 선적, 환적, 하역 중의 매포장당 전부손해 ④ 화재 (Fire), 폭발, 본선 및 부선의 물이외의 물체와의 충돌, 접촉으로 인한 단독해손 ⑤ 피난항에서 적하의 양하에 정당하게 기인한 단독해손 ⑥ 공동해손 ⑦ 손해방지비용 ⑧ 중간기항항이나 피난항에서 양하, 창고보관 및 계반을 위한 특별비용
WA (With Average) : 분손담보조건	WA 조건은 FPA조건에서 담보하는 위험에 추가하여 FPA조건에서 보상해주지 않는 즉, 해상고유의 위험 중의 하나인 악천후(Heavy Weather)로 야기된 단독해손 또는 해상위험 중 투하나 강도로 인한 단독해손을 보상하여 주는 조건
A/R (All Risks) : 전위험담보조건	전위험을 담보하는 조건이나 모든 손해나 멸실을 담보하는 것은 아니며, 약관상 규정된 면책사항을 제외한 위험으로 인하여 발생한 손해를 담보하는 조건으로 적하보험 조건 중 가장 담보범위가 넓은 조건임. 약관상 규정되어 있는 면책사항은 다음과 같다. ① 보험계약자 또는 피보험자의 고의 또는 불법행위로 인한 일체의 손해

	② 보험목적물의 고유의 하자 또는 성질에 기인한 손해 ③ 운송지연으로 인한 손해 ④ 전쟁, 폭동, 파업 등으로 인한 손해 ⑤ 위험요건을 구비하지 않은 사유에 의한 손해 즉, 통상적인 손해 상기 면책사항 중 전쟁, 폭동, 파업으로 인한 손해는 전쟁 및 동맹파업 특별약관을 첨부하여 담보할 수 있다.

수출보험의 사전적 의미로는 수출거래에 수반되는 여러 가지 위험 가운데에서 해상보험과 같은 통상의 보험으로는 구제하기 곤란한 위험 즉, 수입자의 계약파기, 파산, 대금지급지연 또는 거절 등의 신용위험(Commercial Risk)과 수입국에서의 전쟁, 내란, 또는 환거래 제한 등의 비상위험(Political Risk)으로 인하여 수출자, 생산자 또는 수출자금을 대출해준 금융기관이 입게 되는 불의의 손실을 보상함으로써 궁극적으로 수출진흥을 도모하기 위한 비영리 정책보험이다.

수출보험의 경우는 수출자, 생산자 또는 수출자금을 대출해준 금융기관이 입게 되는 불의의 손실을 보상함으로써 궁극적으로 수출 진흥을 도모하기 위한 비영리 정책보험이며, 수출자가 원할 경우 보험을 청약한다. 주로 전쟁이 빈번한 지역이나, 중동지역 등 수출하는데 있어 수출품의 유실의 위험도가 높을 경우 수출보험공사에 보험청약을 할 수 있다.

한국무역보험공사에서 다양하게 보험을 취급하고 있으며, 그 중 무역업체와 긴밀한 관계가 있는 보험은 단기수출보험으로 개별보험과 포괄보험 크게 2가지로 나눠 볼 수 있다.

▮수출보험 적용단계▮

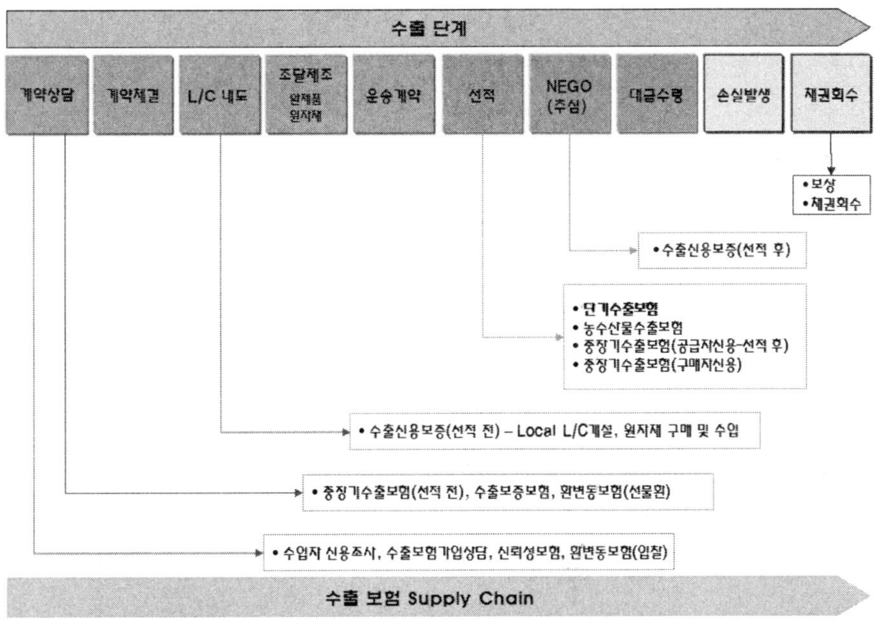

* 단기수출보험 : 수출보험공사의 업무 중 무역업체에서 가장 필요로 하는 보험

▣ 수출보험의 주요기능

1. 수출거래상의 불안제거 기능 :

수출보험은 수출거래에 따른 수출자의 위험부담을 해소하여 준다는 측면에서 수출거래의 환경 및 조건을 국내상거래의 경우와 동일한 정도로 유리하게 조성하는데에 1 차적인 기능을 가지고 있다. 즉 수입국에서 발생하는 비상위험 또는 신용위험 등으로 인하여 수출불능이 되거나 수출상품의 대금회수가 어렵게 되어 수출자나 생산자 등이 입게 되는 손실을 보상함으로써 안심하고 수출활동을 할 수 있도록 하는 기능을 갖는다.

2. 금융보완적 기능 :

수출보험은 수출대금 미회수위험을 담보하므로 금융기관으로 하여금 수출 금융을 공여하게 하는 금융보완적 기능을 가진다. 즉 수출금융에서는 수출대금의 회수가능성 여부가 대출심사의 중요한 기준이 되는바, 수출보험에 의하여 이를 해결할 수 있으므로 금융기관은 수출자에게 담보요건 등에서 보다 유리한 조건으로 과감하게 수출자금을 공급할 수 있게 된다.

3. 수출진흥 정책수단으로서의 기능 :

수출보험은 수출무역, 기타대외거래의 촉진 및 진흥을 위하여 정부의 지원하에 운영됨에 따라 보험요율 등을 정함에 있어 장기적 차원에서의 수지균형을 목표로 하여 가능한 한 저율로 책정하는 한편 보상비율 등에서는 최대한 수출자에게 유리한 형태의 보상제도를 채택하는 등 수출경쟁력을 강화시키고, 결과적으로 수출을 촉진시키는 역할을 하게 되는 수출진흥 정책수단으로서의 기능을 갖는다.

수출보험의 이러한 기능은, 각국간 수출지원 경쟁이 심화되고 있는 가운데 수출금융 및 세제상의 우대조치 등의 직접 수출지원수단에 대한 국제적 규제가 강화되고 있어 국제적으로 용인되고 있는 간접지원수단인 수출보험의 역할이 더욱 중요해지고 있다.

4. 해외수입자에 대한 신용조사 기능 :

수출보험은 효율적인 인수 및 관리를 기하고 보험사고를 미연에 방지하기 위해 다각적으로 해외수입자의 신용상태와 수입국의 정치경제사정에 관한 조사활동을 하게 되는 바, 이러한 해외수입자 및 수입국에 관한 신용정보를 제공하여 수출자로 하여금 효과적으로 활용할 수 있도록 함으로써 수출자의 신규수입선 확보와 수출거래 확대에 기여함과 동시에 건전한 수출거래를 유도하는 부수적 기능을 가지고 있다.

▣ 전자무역 서비스 대상

포괄보험에 가입된 업체를 대상으로 5가지의 업무를 서비스로 하고 있다.

1. 수출보험청약신청
2. 수출보험결과통지서

3. 수입자신용조사의뢰서
4. 신용정보자료통보서
5. 신용조사통보서

(6) 수출 · 입 통관 및 물류업무

수출통관이라 함은 수출하고자 하는 물품을 세관에 수출신고 한 후 신고수리 받아 물품을 외국무역선(기)에 적재하기까지의 절차를 말한다. 수출하고자 하는 모든 물품은 세관의 수출통관절차를 밟아야 하는데 당해 물품을 선(기)적 하기 전까지 당해 물품의 소재지 관할세관장에게 수출신고를 하는 수리를 받아야 한다. 일반적인 수출신고는 수출물품을 적재하기 전에 하여야 하나, 수출물품의 특성을 고려하여 다음의 경우에는 적재 후에 수출신고 할 수 있다.

수출신고를 하는데 있어 방법은 관세사에 의뢰하여 진행하는 방법과 화주직접신고(자가통관)로 하는 방법이 있으며, 통관 건수가 많을수록 화주직접신고를 하는 것이 비용 및 시간의 절감을 얻을 수 있다.

수출신고의 보완은 신고사항의 보완 수출신고서 기재사항이나 제출서류가 미비한 경우로서 수리 이후에 보완이 가능하다고 세관장이 인정하는 경우에는 사후적인 보완이 가능하다.

신고취하는 수출신고인 스스로 신고를 철회하는 것으로서 수입자 사정으로 인해 수출물품을 인수하기 어려운 상황이 발생하는 경우 등에 있게 되는데, 이는 정당한 사유가 있는 경우에 한하여 세관장의 승인을 받아야 하며, 취하시점은 수출신고 이후부터 당해 물품을 선적한 선박이 출항하기 전까지이다.

신고각하는 세관장이 직권으로 수출신고의 효력을 무효화시키는 것으로서 세관장으로부터 신고사항의 보완을 요구받고 지정된 기간 내에 보완하지 않는 경우 등이 이에 해당한다. 신고가 각하된 경우에는 물론 수출이 불가능하다.

수출신고수리는 최소 수출신고일로부터 30일 이내에 선적항의 보세구역에 반입되지 않은 물품에 대하여는 수출신고의 수리가 취소된다. 수출신고가 수리된 물품은 세관장의 보세구역 반입 연장승인을 받는 경우를 제외하고는 수출신고일로부터 30일 이내에 선적항의 보세구역에 반입하여야 하며 수출 신고가 수리된 물품은 언제든지 외국으로 갈 선박에 선적시킬 수 있다.

▮수출신고의 보완 및 각하, 수출신고 취하▮

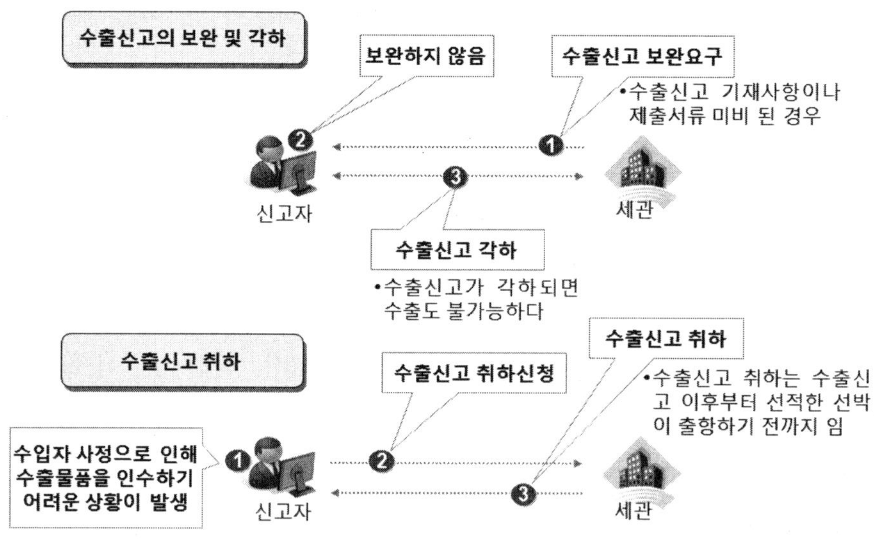

▣ 수출신고의 흐름

수출신고는 원칙적으로 전자무역방식과 관세청 Single Window방식에 의해 진행되고 있으며 예외적인 경우에 한해 수출신고서 및 증빙서류를 세관장에게 제출하도록 하고 있다.

수출통관은 화주직접신고(자가통관)와 관세사의뢰통관 방법이 있으며 관세청 C/S시스템을 통해 자동수리, 서류심사 후 수리, 물품검사 후 수리 등의 방법으로 신고수리를 해주고 있다.

■ 전자통관 업무흐름 ■

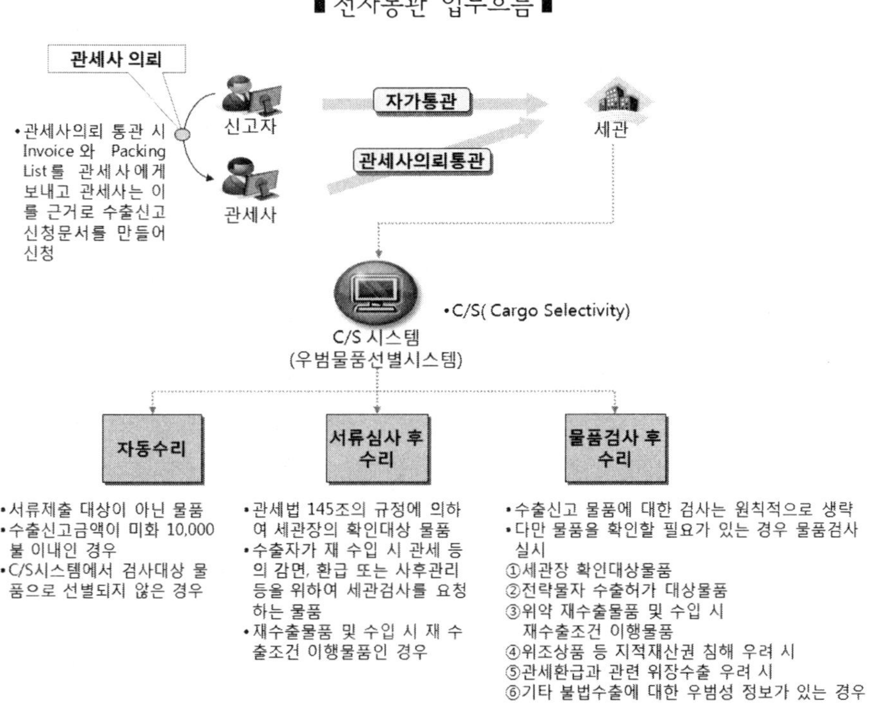

전자무역을 활용하는 방법 외에 관세청에서 http://portal.customs.go.kr을 오픈하여 관세사 및 화주직접신고하는 업체들이 많이 활용하고 있는 추세이다. 관세청에서 인터넷통관으로 직접 수출신고를 처리할 수 있는 사이트로써 수출신고 외에 관련 통관정보 등을 제공하고 있다.

관세청에서 제공하는 Single Window방식의 http://portal.customs.go.kr는 송수신에 대한 전송료가 무료이기에, 월사용 건수가 적은 업체나 관세사 등 대행업체들이 많이 사용하고 있는 추세이다. 단점은 기업의 내부 시스템

(Legacy)와 연계처리가 불가능하기 때문에 건수가 많은 업체의 경우 사용의 불편함이 있다.

▣ 화주직접신고의 장점.

화주직접신고하는 방법은 2가지가 있다. 첫번째는 통관EDI시스템을 구입하여 사무실의 PC에 설치하여 수출신고, 임시개청, 수출정정신고 등을 하는 것이고 두번째는 관세청 통관포탈사이트를 활용하는 방법으로 http://portal.customs.go.kr/ 에 가입하여 웹에서 직접 수출신고를 하는 방법이 있다. 과거에는 첫번째 방법으로 많이 활용하였으나 지금은 관세청 통관포탈사이트도 많이 사용하고 있다. 그 이유는 통관EDI시스템을 구입하여 적용시 S/W구매비용, 유지보수비용 그리고 전송료가 발생하는데 관세청통관포탈사이트를 활용하면 그러한 비용이 절감 된다. 다만 ERP를 보유하고 있으며, 통관건수가 많은 기업의 경우 ERP에서 생성된 데이터를 통관EDI시스템과 Interface하여, 적용하는 것이 업무의 효율성이 높고 사용자 입장에서 편리함으로 첫번째 방법을 많이 활용한다.

과거에는 관세사 자격증을 보유하고 있는 사람을 채용하여 업무를 하여야 했으나, 지금은 그러한 규제는 없고 신고제도로 변경되어 직접 신고를 할 수 있으므로 기업 입장에서는 비용절감 측면에서 중소기업들도 많은 도움이 된다.

	관세사 이용	화주직접신고 이용
처리시간	관세사에 요청하여 처리하므로 상대적으로 많은 시간이 소요	수출신고 후 5분 이내에 처리결과 확인
비용	수출신고 건당 약 1만5천원	KTNET이용시 : 전송료 170원 /1KB 1건 전송시 약 1,500원 통관포탈사이트 : 전송료 발생 무료

적용방법	기업에서Invoice, PackingList를 팩스로 관세사에 보내면 관세사에서 수출신고 후 기업 수출신고서 교부	기업에서 직접 입력한 후 수출신고를 신청하여 수신 받은 수출신고서를 출력하여 사용

▌화주직접신고시 비용절감 효과▌

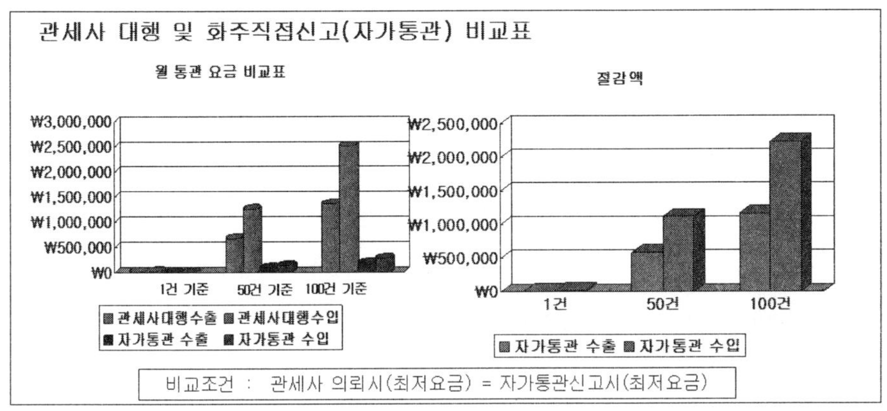

화주직접신고 시 작성하는 내용의 양에 따라 금액은 변동되나 일반적으로 평균적인 기준금액으로 적용 함.

▣ 수출신고를 하고 수리를 받아야 하는 시점

물품을 수출하고자 하는 자는 수출하고자 하는 물품을 선박 또는 항공기에 적재하기 전까지 수출하고자 하는 물품의 소재지를 관할하는 세관장에게 수출신고를 하고 수리를 받아야 한다.

또한 수출신고는 수출물품의 소유자(화주 또는 완제품 공급자)나 수출입통관을 전문으로 하는 국가공인자격인(관세사, 통관취급법인 또는 관세사법인)이 전자자료교환방식에 의한 수출통관 시스템을 사용하여 전자문서로 수출신고서를 작성하여 관세청 통관시스템에 전송하면 된다.

▮통관신고 방법▮

▣ 수출신고 내용 정정

전송한 수출신고내용에 대하여 전산으로 오류사항을 통보 받거나 신고내용을 정정하고자 하는 경우에는 신고번호가 부여되기 전까지는 수정한 내용을 포함한 신고자료를 당초의 제출번호에 의하여 다시 전송하면 되고, 신고번호가 부여된 후에 정정사항이 발생한 경우에는 수출신고정정승인신청서를 작성하여 신고한 세관장에게 제출하면 된다.

화주직접신고로 수출신고 정정시 주의할 점은 정정을 자주하게 되면 세관에서 기업에게 벌점을 부과하여 일정기간동안 화주직접신고를 못하게 된다. 정정내용은 품목이 추가되거나, 수량이 변경되거나, 품목이 빠질 경우에 정정신고를 한다.

▮정정 처리방법▮

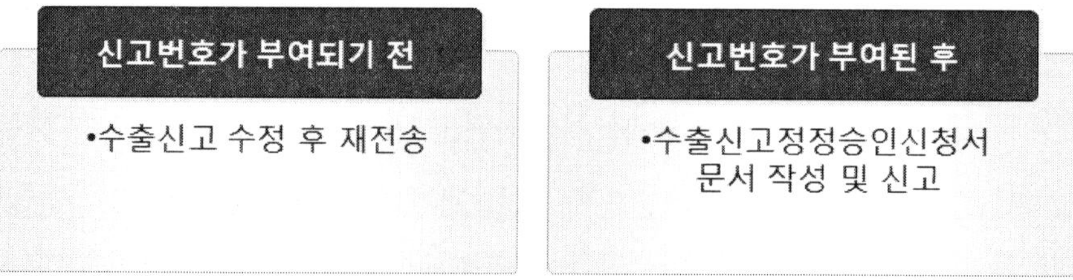

▣ 수출통관 전체 흐름

▌수출신고 및 선적요청(S/R)과 선하증권 발급에 대한 전체적인 흐름도▐

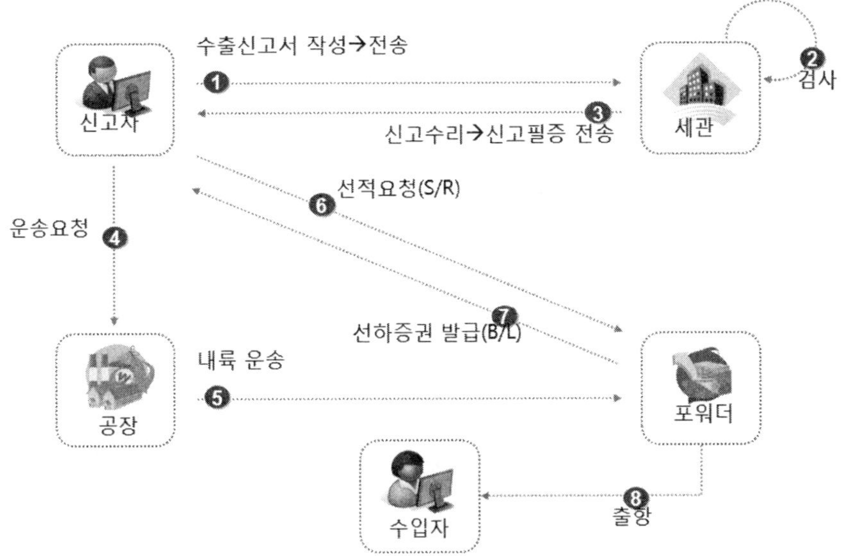

① 신고자(화주 또는 관세사)는 수출신고서를 작성하여 관할지 세관에 전송한다.

② 수출신고서를 수신 받은 해당 세관은 관세청 통관시스템에서 전송 받은 수출신고서를 검사한다.

③ 관세청 통관시스템에서 검사 완료 된 수출신고 건에 대해 수출신고필증을 신고자에게 다시 전송한다.

④ 수출신고필증을 받은 신고자는 수출물품이 있는 공장에 운송요청을 지시한다.

⑤ 공장에서 수출물품을 출고하여 포워더로 이동한다.

⑥ 신고자는 선적요청서(S/R: Shipping Request)를 포워더에게 전송한다.

⑦ 선적요청서를 수신 받은 포워더는 수출물품을 선적하고 선하증권(B/L: Bill of Lading)을 발급한다.

⑧ 포워더는 수입자 도착항으로 수출물품을 운송한다.

※ 수출신고필증을 받은 수출자는 30일 이내에 수출물품을 선적해야 한다.

▣ 수출신고 된 물품에 대한 신고서의 처리방법 3가지

화주(기업)이 수출신고를 하면 세관에서는 해당품목에 따라서 자동처리, 즉시처리, 검사후 처리하는 3가지 방법으로 수출신고에 대한 처리를 한다. 일반적인 품목으로 지속적으로 수출하는 경우에는 대부분 자동처리 대상이다.

▌수출신고서 처리방법▐

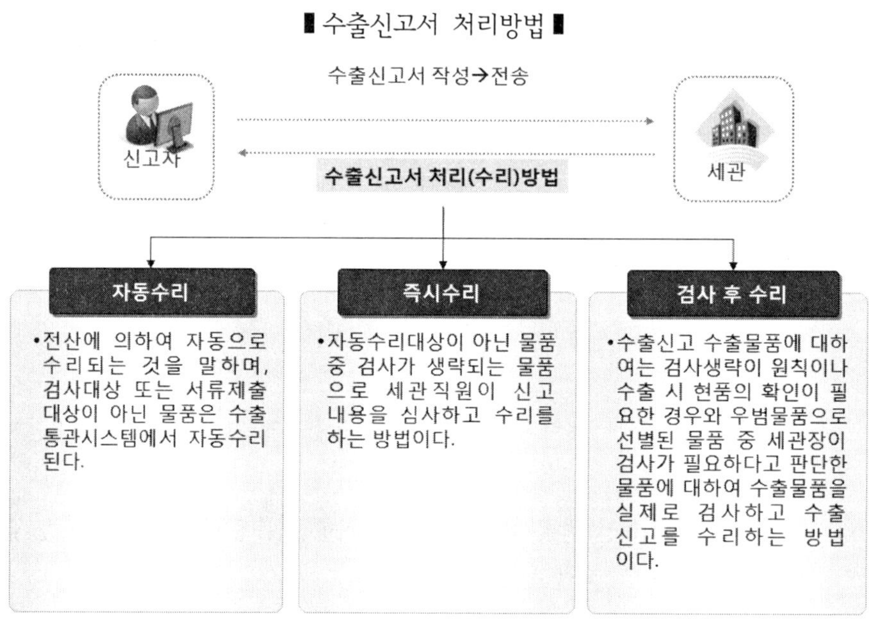

그럼 수출신고 시 수출신고서를 세관에 제출하여야 하는 물품 (서류제출 대상물품)은 어떤 것이 있을까?

☑ 법 제 226조(허가, 승인 등의 증명 및 확인)의 규정에 의한 세관장 확인물품 및 확인방법 지정 고시 중 수출신고 수리 전에 요건구비의 증명이 필요한 물품 다만, 수출승인기관과 전산망이 연계된 품목은 제외

☑ 계약내용과 상이한 물품의 재수출 또는 재수출조건부로 수입통관 된 물품의 수출

☑ 수출자가 재수입시 관세 등의 감면, 환급 또는 사후관리 등을 위하여 서류제출로 신고하거나 세관검사를 요청하는 물품 수출통관시스템에서 서류제출대상으로 통보된 물품

수입통관하는 모든 수입물품은 세관에 수입신고를 하여야 하며, 세관에서 수입신고를 수리하여야 물품을 국내로 반출할 수 있다. 수입신고는 우리나라에 물품이 도착되기 전에도 가능하다. 이러한 신고를 출항 전 수입신고, 입항 전 수입신고라 한다. 수입을 하고자 할 때에는 해당하는 물품이 관련법령에 의해 수입요건(검사, 검역, 허가, 추천 등)을 구비하여야 하는지를 우선 알아보아야 한다.

왜냐하면 요건구비대상에 해당되는 물품은 요건확인 기관(검사, 검역, 추천기관 등)의 확인을 받고 해당 구비서류를 갖추어야 세관의 통관이 가능하기 때문이다.

▌수입통관 개요▐

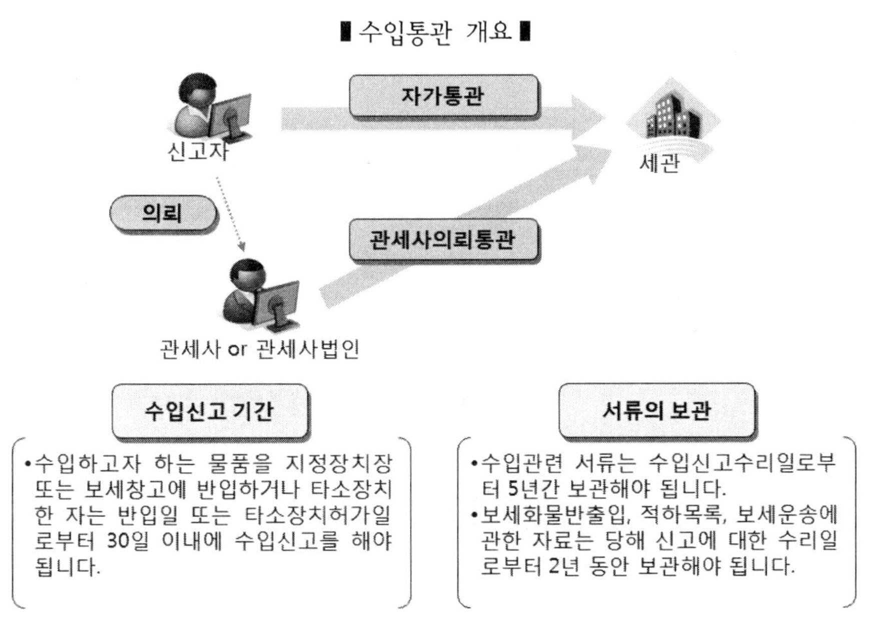

일반적으로는 수입통관 업무의 경우 수출통관업무보다 복잡하고 까다로

워서 실제 화주직접신고하는 화주(기업)는 소수에 불과한다. 또한 관련 세부규칙이 자주 변경되는 부분이 있어서 업무를 이해하는데 있어 화주는 어려운 부분이 많이 있기에 관세사를 대행하는 경우가 90% 이상 된다.

▣ 수입통관 절차흐름도

수입통관 절차라 함은 수입하고자 하는 물품을 세관에 수입신고 한 후 필요한 경우 심사와 검사를 거쳐 수입신고수리를 받고 수입물품을 인수한 후 신고수리 후 15일 이내에 관세 등을 납부하기까지의 일련의 절차를 말한다. 그럼 다음을 통해 수입통관 절차흐름도에 대해 알아본다.

▮수입통관 절차▮

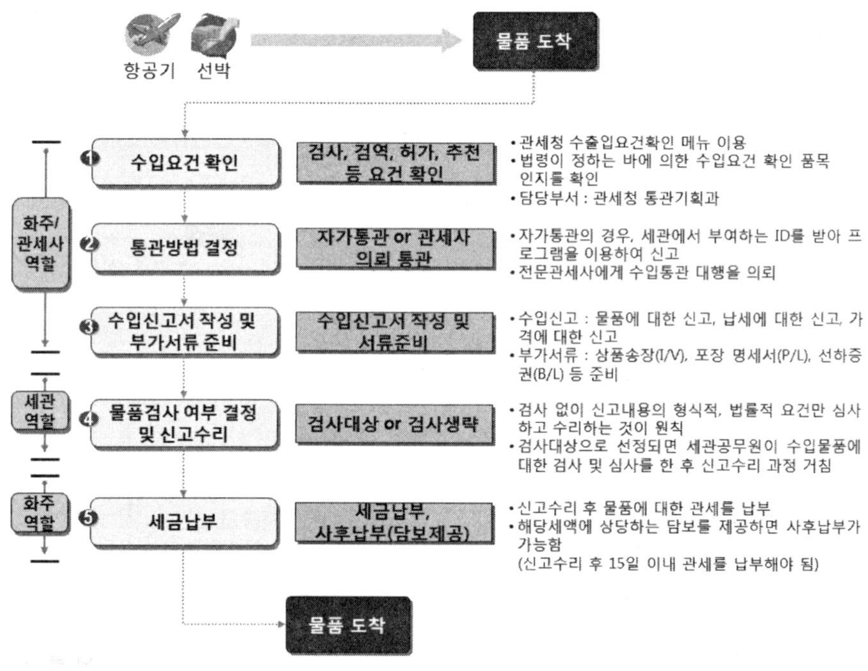

▣ 수입신고

수입신고는 우리나라에 물품이 도착되기 전 뿐만 아니라 선박 (항공기)이 도착한 후 보세 구역에 도착하기 전, 보세구역에 장치한 후 어떠한 시점에서도 신고가 가능하다.

▌수입신고 시점 ▌

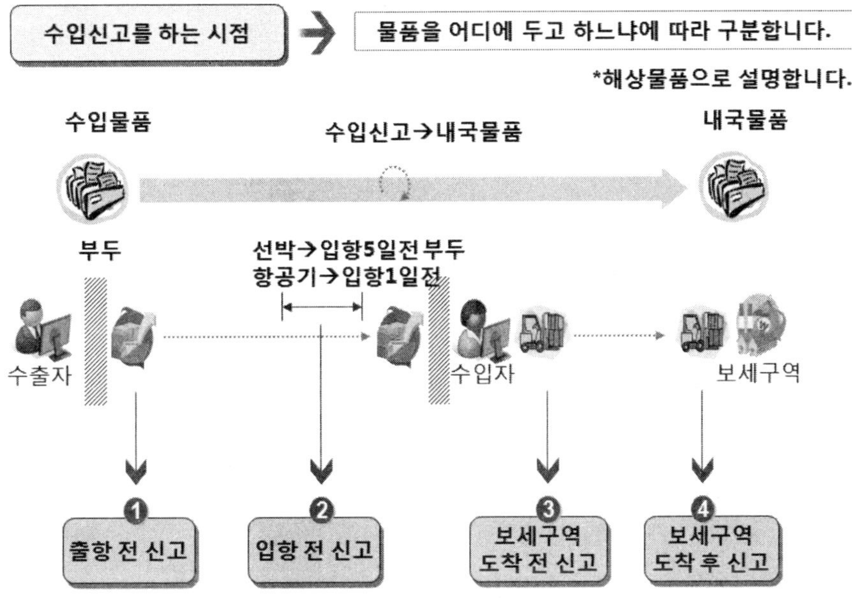

구분	주요내용
출항 전 신고	출항 전 신고는 수입하고자 하는 물품을 적재한 항공기 또는 선박이 당해 물품을 적재한 공항 또는 항구를 출발하기 전에 수입신고를 하는 것을 말하는데 항공기로 수입되는 물품 또는 일본, 중국, 대만, 홍콩으로부터 선박으로 수입되는 물품은 출항전신고가 가능하며, 수입물품을 적재한 선박이 도착할 입항예정지 세관장에게 수입신고를 하여야 한다.
입항 전 신고	입항 전 신고는 수입하고자 하는 물품을 적재한 항공기 또는 선박이 선적 지 공항 또는 항구에서 출항 한 후 우리나라 항구(공항)에 입항하기 전에 수입신고 하는 것을 말하는데 출항

	전 신고와 같이 수입물품을 적재한 선박(항공기)이 도착할 입항예정지 세관장에게 수입신고를 하여야 한다.
보세구역 도착 전 신고	보세구역도착 전 신고는 수입하고자 하는 물품이 우리나라 항구 또는 공항에 도착한 후 보세창고에 입고하기 전에 수입신고 하는 것을 말하는데, 이때의 보세구역이란 보세창고는 물론 부두 밖 컨테이너 보세창고 및 컨테이너 내륙통관기지, 선상도 포함하여 지칭한다.
보세구역 도착 후 신고	보세구역도착 후 신고는 수입하고자 하는 물품이 우리나라 항구 또는 공항에 도착한 후 보세창고에 반입한 이후에 수입신고 하는 것을 말한다. 수입물품을 반입한 보세구역 관할 세관장에게 수입신고를 하여야 한다.

▌수입통관 업무 프로세스▐

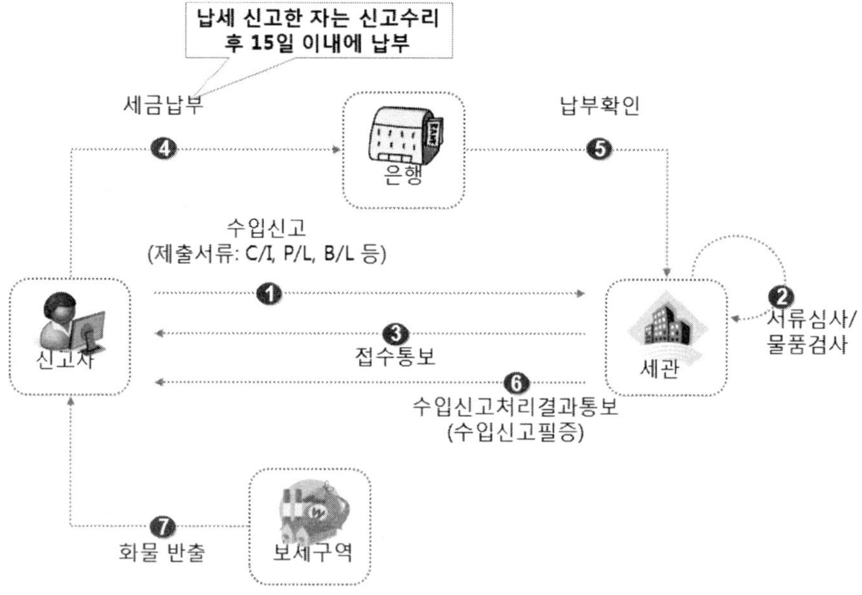

① 신고자(화주 또는 관세사)는 수입신고서를 작성하고 제출서류(C/I;상업송장, P/L;패킹리스트, B/L;선하증권 등)를 준비하여 관할지 세관에 전송한다.

② 수입신고서를 수신 받은 해당 세관은 관세청 통관시스템에서 전송 받은 수입신고서에 대해 서류심사 및 물품검사를 한다.

③ 관세청 통관시스템에서 해당 수입신고 건에 대해 접수통보를 신고자에게 전송한다. (오류 시 오류통보 전송)

④ 신고자는 은행을 통해 해당 수입신고건의 세금을 납부한다.

⑤ 은행은 수입신고 세금납부 내역을 세관에 전송한다.

⑥ 세금납부 내역을 확인한 세관은 수입신고처리결과(수입신고필증)를 통보한다.

⑦ 보세구역에 있는 화물을 반출한다.

※ 수입신고의 취하는 원칙적으로 할 수 없으나 수입된 물품이 위약물품이나 우리나라에서 수입 금지조치를 내렸거나 운송도중에 손상, 변질 등이 일어났을 경우에 한하여 세관장의 승인을 얻어 취할 수 있다. (관세법 제250조) 그러나 장치장에서 물품을 반출한 이후에는 정당한 이유가 있다고 하더라도 취하할 수 없으며 수입신고 수리된 물품이라도 수입신고 취하승인을 얻으면 그 신고수리의 효력이 상실된다.

▣ 서류심사 대상일 경우의 프로세스

관세청 전산시스템에서 서류 심사 건을 선별하여 서류제출대상으로 확정하면 신고인 에게 서류제출통지를 한다. 신고인은 관련서류를 취합하여 세관에 직접 방문해서 관련서류에 대한 확인을 받는다.

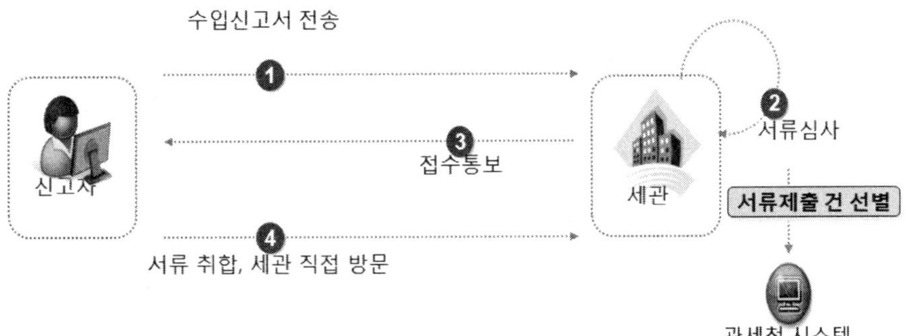

▣ 가격신고 제출대상 프로세스

수입신고서 작성 시 가격신고서 제출대상일 경우에는 가격신고서를 작성하여 수입신고서와 함께 관세청에 송신한다.

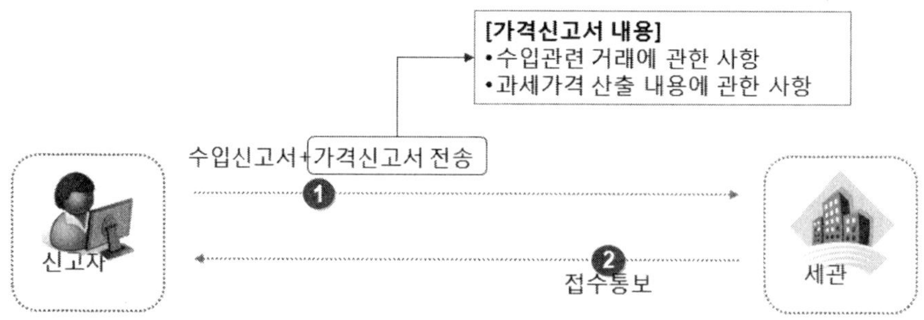

▣ 관세감면/분납/용도세율적용 대상 프로세스

일반적으로 수입물품에 대하여는 국가재정 수입확보 및 국내산업보호 육성을 위하여 관세가 부과되는 것이 원칙이나 특정한 국가정책 목적을 달성하기 위하여 일정한 요건을 갖춘 특별한 경우에 관세의 일부 또는 전부를 면제, 분할납부, 용도에 따라 세율을 적용하는 건인 경우 감면/분납/용도세율적용 신청서를 작성하여 세관에 제출한다. 감면/분납/용도세율적용 신청서를 보내는 시점은 수입신고에 대한 접수통보를 받은 이후 시점에 송신하여야 한다.

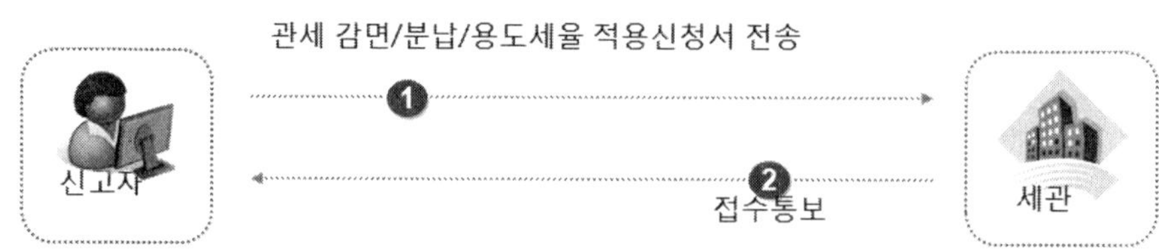

▣ 가격신고

관세의 납세의무자는 수입신고를 하는 때에 세관장에게 당해 물품의 가격에 대한 신고를 하여야 하며, 이러한 가격신고는 가격신고서에 의하여야 한다. 관세법은 수많은 수입자의 거래관계내용을 일일이 확인할 수 없는 문제점과 대부분의 수입자가 성실한 납세를 할 것을 예견하여 수입자가 스스로 자기의 거래 내용을 밝히고 법령에 적합한 세액을 신고하도록 규정하고 있다.

그러나 모든 수입물품에 대해서 가격신고를 해야 되는 건 아니며 가격신고 제출 생략가능 물품을 경우, 가격신고의 제출이 생략된다. 그럼 가격신고 제출 생략가능 물품과 필수제출 물품에 대해 알아본다.

구분	내용
가격신고 제출 생략가능 물품	① 과세가격이 미화 1만불 이하인 물품(단, 특별소비세, 주세, 교통세가 부과, 분할 신고한 물품은 제외) ② 성실자율심사업체로 지정된 업체가 수입하는 물품 ③ 수입통관 사무 처리에 관한 고시상의 수입신고 생략물품, 간이신고 대상물품, 목록통관 특송 물품, 간이신고 특송물품 ④ 종량세 적용 물품(단, 가격에 따라 세율이 달라지는 물품은 제외) ⑤ 정부 또는 지방자치단체가 수입하는 물품, 정부조달물품, 정부투자기관이 수입하는 물품 ⑥ 관세와 내국세 등이 모두 부과되지 않은 무세 또는 면세인 물품 ⑦ 방위산업용 기계, 그 부분품 및 원재료 ⑧ 수출용 원재료 ⑨ 특정연구기관이 수입하는 물품
가격신고 제출 필수 물품	① 법 제30조 1항 제1호 내지 제5호의 규정에 의하여 가산할 금액이 있거나 법 30조 2항 제1호 내지 4호 규정에 의하여 공제할 금액이 있는 물품 ▣ 가산요소(예시) - 수수료, 중개료(구매수수료 제외) - 용기 포장비

	- 생산지원비 - 로열티 및 권리사용료 ▣ 공제요소(예시) - 수입장소 도착 후 운송관련 비용 - 수입 후 행해진 건설, 설치, 정비, 유지 또는 수입물품관련 기술지원 금액 - 기타 계약과 관련 없이 구매자 자신의 필요에 의해 사용된 검사비용, 구매수수료, 교육훈련비 - 수출세 등 ② 법 31조 내지 제35조 의한 과세가격을 결정하는 물품(2방법 이하) 다만, 수입신고생략물품, 간이신고대상물품, 목록통관 특송 물품은 제출을 생략 ③ 법 제39조에 의한 부과고지 대상 물품(단, 이사화물은 해당 없음) ④ 잠정가격신고물품 수입신고수리전 세액심사대상 물품(체납업체, 불성실신고인, 농수산물 등 가격변동이 심한 물품 중 관세청장이 지정한 물품)

▣ 관세감면 및 분할납부 제도

일반적으로 수입물품에 대하여는 국가재정 수입확보 및 국내산업보호 육성을 위하여 관세가 부과되는 것이 원칙이다. 그러나 특정한 국가정책 목적을 달성하기 위하여 일정한 요건을 갖춘 특별한 경우에 관세의 일부 또는 전부를 면제하는 것을 관세의 감면이라 한다.

또한 특정한 물품에 대하여 부과된 관세를 일정기간 분할하여 납부할 수 있는 분할납부 제도가 있다. 관세는 수입신고 수리 전 또는 수리 후 15일 이내에 관세의 전액을 납부 하여야 하나, 중요산업에 소요되는 시설기계류 등의 관세납부에 따른 수입자의 자금부담을 완화시켜 설비투자를 촉진하기 위하여 이 제도가 마련된 것이다. 다음을 통해 관세감면 신청 시기와 구분, 그리고 사후관리 실시에 대해 알아본다.

관세감면과 분할납부 대상은 학술연구용품, 종교용품/장애인용품, 정부용품, 시설기계류, 중소제조업체 물품 등이 있다.

또한 분할납부기간은 분할납부승인금액에 따라 최장5년까지 허용될 수 있으며 관세법 시행규칙 제59조 제2항의 별표4의 납부기간과 방법을 참조하자.

▌관세감면 및 분할납부▐

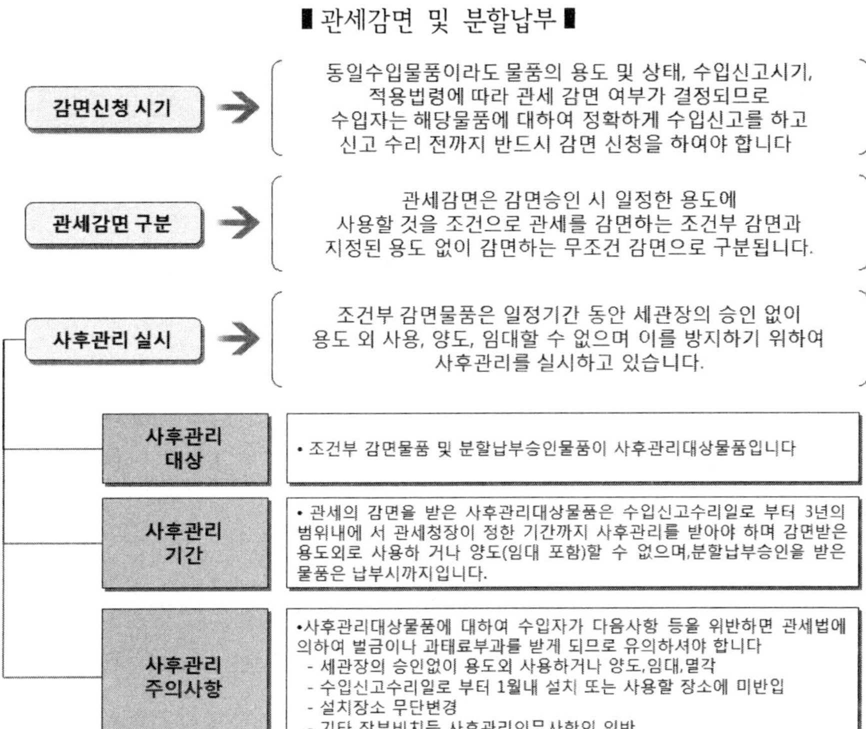

구분	내용
관세감면대상	종교용품/장애인용품
	정부용품
	환경오염방지물품
	재수출 면세
관세분할납부대상	시설기계류
	중소제조업체물품

수입물류는 외국화물을 적재한 선박이나 항공기가 국내에 입항하여 하선 또는 하기, 보세운송, 보관, 통관 등의 절차를 거치면서 최초의 수입화물이 중간과정에서 불법 유출됨이 없이 적법하게 통관되어 화주에게 인도될 수 있도록 하는 과정이다.

수입물류는 일반적으로 입항, 하선(하기), 입항지 보세구역 반입, 보세운송, 내륙지 보세구역 반입 등 5단계를 거치면서 진행된다.

적하목록 신고 후에 세관에서 부여 받는 화물관리번호를 기초로 관세청의 화물추적정보시스템에 모든 내용이 기록되기 때문에 화주는 화물관리번호만 알면 시스템을 이용하여 쉽게 화물의 현재상태(보세운송 중, 도착완료여부)를 알 수 있다. 그럼 수입물류가 진행되는 5단계에 대해 알아본다.

▌수입물류 흐름도▐

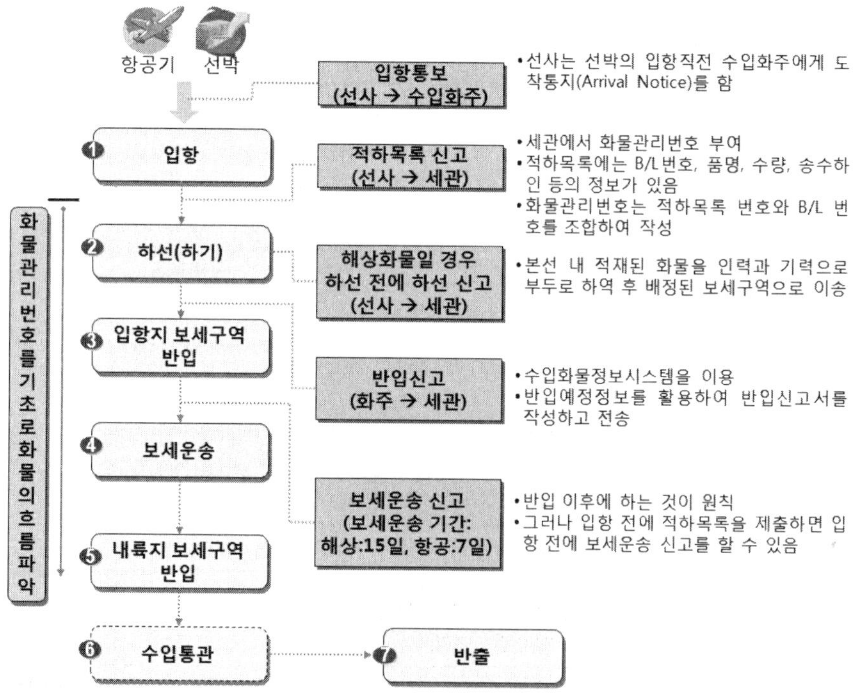

보세운송이란 외국으로부터 수입하는 화물을 입항지에서 통관하지 아니하고 세관장에게 신고하거나 승인을 얻어 외국물품상태 그대로 다른 보세구역으로 운송하는 것을 말한다.

이러한 보세운송은 수입화물에 대한 관세가 유보된 상태에서 운송되는 것이므로 운송에 제약이 따른다.

▮보세운송 예시▮

서울에 공장(포항)을 가진 화주가 포항 항에 도착된 화물을 통관하는 데에는 2가지 방법이 있습니다.

① 포항에서 통관을 한 후 내국화물상태로 서울로 운송하는 경우

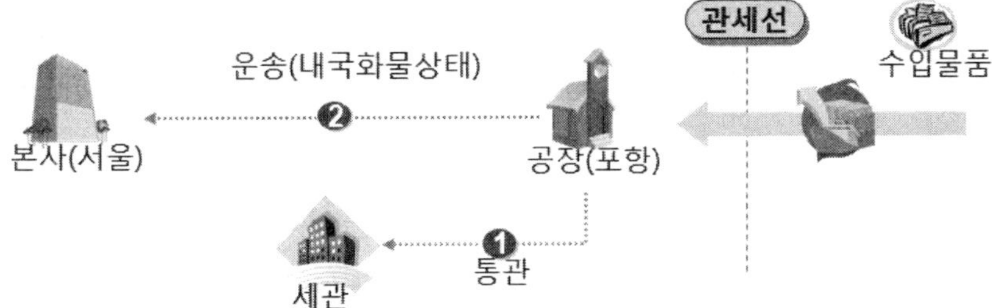

② 포항에서 통관을 한 후 내국화물상태로 서울로 운송하는 경우

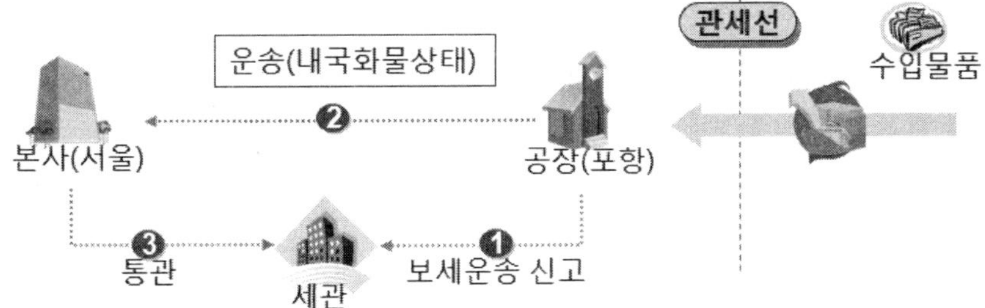

- 이와 같이 보세운송을 하여 서울에 물품을 옮겨 놓은 후에 통관을 하게 되면 화주에게 편리한 면이 있지만, 보세운송 할 물품을 세관에 신고(승인신청)를 한 후 보세운송 하여 목적지 세관의 보세구역 등에 반입한 후에 관할세관장에게 도착보고를 해야 하는 번거로움이 있다.

- 그러나 보세운송신고(승인신청)와 도착보고 등의 업무가 수입화물 전산시스템에 의하여 이루어지고 있으며 적하목록 등을 사전에 입수하면 하선(기)전에 보세운송신고가 가능하므로 보세운송으로 인한 수입화주의 불편사항은 거의 없다.

(7) 관세환급업무

관세환급이란 세관에 납부한 관세를 어떠한 사유로 되돌려 받는 것을 말하며 그 종류는 되돌려 받는 사유에 따라 여러 가지가 있으나 일반적으로 관세환급이라 지칭되고 있는 환급특례법에 의한 관세환급은 우리나라 수출물품에 대한 국제 가격경쟁력을 제고시키기 위한 수출지원제도로서 수출용원재료를 수입하는 때에 납부하였거나 납부할 관세 등을 관세법 등에 불구하고 수출 등에 제공하였을 경우 수출자 또는 수출물품의 생산자에게 되돌려 주는 제도를 말한다.

일종의 수출을 활성화 하기위한 보조금 정책으로 기업들에게는 매우 유익한 제도이다.

▣ 관세환급 진행 시 사전에 확인해야 될 사항

관할지 세관에 관세환급 방법에 대하여 신청이 되었는지 확인해야 한다. 만약 관세환급을 한 번도 하지 않았다면 관할지 세관에 방문하여 간이정액환급 적용 또는 비적용 승인 신청을 해야 한다. 승인신청이 안된 경우 아래 사항을 확인한 후, 본 신청서 및 소요량산정 방법을 관할지 세관에 신고 해야 한다.

간이정액환급율표은 관세청에서 확인 할 수 있으며 1만원 당 환급액이 정액으로 고시된다. 개별환급의 경우 수출신고서에 기재된 품목을 생산하는데 있어 원자재를 직접 수입하거나, 구매승인서 및 내국신용장로 구매를 할 경우 물품거래증명서(인수증)을 받게 되는데 각 소요되는 원자재를 각각 소요량을 계산하여 관세환급을 받는다.

▌정액환급과 개별환급▐

간이정책환급 적용 대상	개별환급 적용 대상
•중소기업기본법 제2조의 규정에 의한 중소기업자로서 전년도 총 환급실적(기초원재료납세 증명서 발급실적 포함)이 3억원 이하인 자가 제조한 수출물품은 국가가 정한 수출품 H.S코드에 따라 일정한 금액을 환급 받을 수가 있다.	•정액환급율표의 적용대상이 되지 않는 수출품목이나, 간이환급율표상의 금액에 비하여 현저히 차이가 날 경우, 물품에 제조하는데 소요된 원재료의 수입 시 납부한 관세 등의 세액을 소요원재료별로 확인, 합계하여 환급금을 산출 하는 방법 이다.

▣ 관세환급 효과

1) 외국으로부터 수입되는 원재료가 수출 등에 제공된 후 환급시까지 관세 등의 금액에 상당한 자금부담을 주게 되므로, 이런 자금 부담이 없는 국산원재료의 사용 개발을 촉진할 수 있다.
2) 수입물품에 부과하는 관세 부담을 제거하여 수출 물품의 국제경쟁력을 높이고, 수출지원 및 촉진의 효과를 볼 수 있다.
3) 현행 관세환급제도가 실시됨에 따라 사전면세제도는 폐지되었고, 모든 수입물품에 대하여 수입시에 관세를 부과, 징수함으로써 사후관리 절차가 필요 없게 되어 환급업무에 대한 절차가 간소화 되었다.

관세환급 업무는 **간이정액환급**과 **개별환급**으로 나눌 수 있으며, 수출용 원자재 국내거래 증명방법에는 기초원재료납세증명서, 수익세액 분할증명서, 평균세액증명서 등이 있다.

▌관세환급 업무의 종류▐

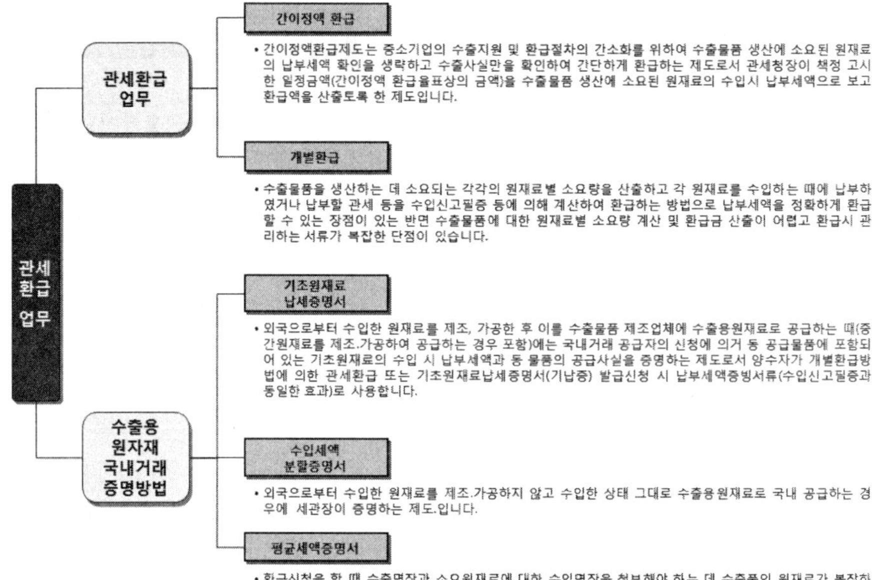

▣ 관세환급 업무흐름도

흐름도

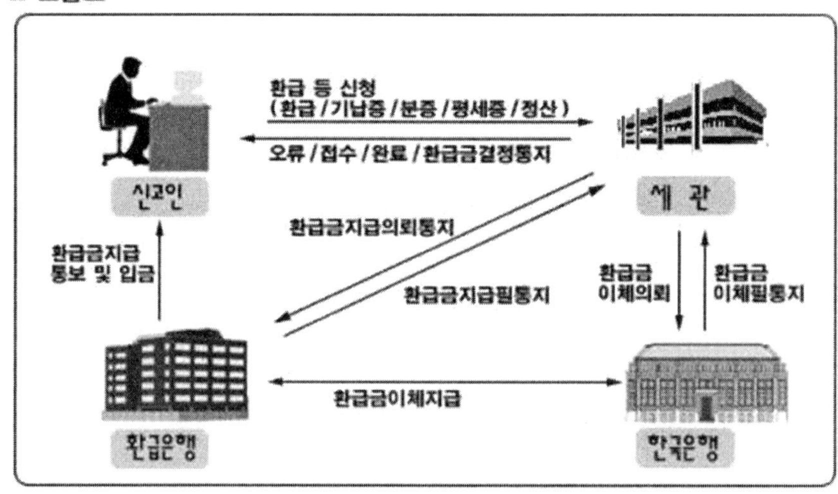

관세환급신청시 화주 또는 대행사(관세사)에서 전자문서를 작성하여 세관으로 전송하면, 관세청 시스템에서 수출신고내역과 수입신고내역을 cross check하여 이상 유무를 확인한 후 오류 및 접수, 완료, 환급금결정통지를 신청인에게 보내주고, 한국은행에 환급금에 대해 지급지시를 하여 신청인이 개설한 환급신청 계좌로 환급금을 이체하여 대금 지급을 완료한다.

- 오류통보 : 내용상의 오류 및 과다환급 신청 등 논리적인 검증을 통해서 문서상의 오류 발생시 오류 통보를 함
- 접수통보 : 환급신청이 이상 없이 접수되었다는 통보
- 완료통보 : 접수 후 내용 검증을 통하여 이상 없는 건에 대해서 관세청 내부적으로 업무 처리를 함
- 환급금지급통보 : 세관에서 한국은행에 환급금 지급을 지시한 후 신청인에게 환급금지급통보를 함

▣ 관세환급업무 관련 전자문서

송신문서	내용
관세환급신청서 (갑, 을, 병, 정)	갑 : 수출신고된 total내용 및 환급신청 내역 을 : 수출신고서별로 수량, 금액을 각각 작성 병 : 수입신고서 및 인수증 내역을 각각 작성 정 : 부산물 발생시 부산물에 대한 명시
기초원재료납입증명서	갑 : 납품업체에 납품한 양도내역 을 : 수입신고에 관련된 계산근거내역 병 : 부산물 내역
분할증명서	분할 양도내역
평균세액증명서	갑 : 평균세액대상내역을 각각 작성 을 : 수입신고서 내역

현재 우리나라는 관세환급 업무를 100% 전산을 통해서 이루어지고 있다. 1997년 5월부터 EDI로 서비스를 시작하였고, 2000년대에 들어서서는

EDI서비스와 함께 관세청에서 인터넷통관포탈 서비스를 통해서 추가적으로 관세환급 업무가 이루어지고 있다.

또한 관세환급 업무의 경우 업무의 표준화가 이루어져 있기 때문에 많은 기업들이 직접 관세환급 S/W를 활용하여 환급업무를 진행하고 있다. 개별환급의 경우 환급신청서 1건은 같은 HS번호와 같은 월에 발생한 수출신고서를 모아서 1건의 관세환급 신청을 한다.

또한 자재 및 제품을 등록하고 환급BOM을 구성하면 소요량계산서 및 조건표, 분할사용기록표, 관센환급 신청서(송신문서)가 자동으로 만들어 주기에 매우 편리하게 활용할 수 있다.

▣ 소요량 산출하기

수출물품을 생산 하는데 소요 되는 원재료의 양인 단위실량과 생산 과정에서 정상적으로 발생 되는 소모량을 포함한 양을 말하며 관세 환급금을 산출 하는데 가장 기본 적인 요소이다.

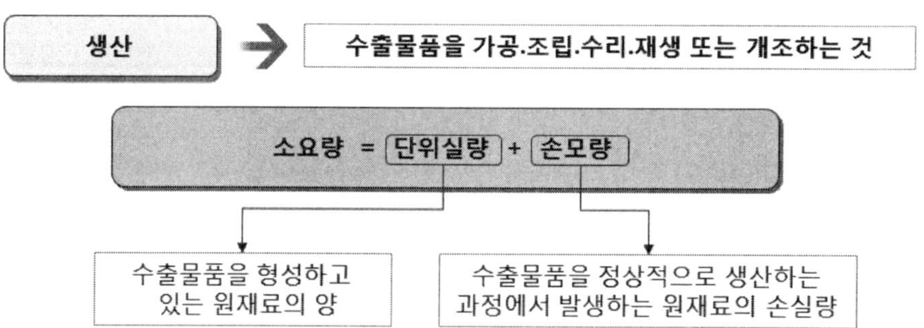

소요량의 종류에는 자율소요량과 표준소요량이 있다. 2가지 방법의 차이점에 대해 알아본다.

▣ 자율소요량

- 자율소요량이란 환급신청자(수출자 또는 생산자)가 수출 물품을 생산하는데 소요 되는 원재료의 소요량을 생산 현장에서 실제 사용 되는 양을 기준으로 스스로 산정한 양이다.
- 수출 물품의 생산에 소요 되는 원재료의 종류별 양은 기업이 현실적으로 쉽고, 정확하게 산정할 수 있을 것이므로 이를 관세청에서도 수용한 것이며 관세청에서는 과다 환급 방지를 위하여 최소한의 산정 및 관리에 대한 기준과 절차만 정하고 있다.(소모량의 인정 범위, 산정 방법 신고 등)
- 자율소요량 제도의 도입 배경은
  1)기업관리 소요량과 환급소요량의 동일화
  2)기업경영의 여건 변화
  3)소요량 관리 여건의 변화
  4) 기존 제도에 의한 관리, 운영상의 한계 등

▣ 표준소요량

- 표준소요량이란 소요량계산 업무의 간소화 등을 위하여 필요하다고 인정하는 경우 관세청장이 수출물품별 평균 소요량을 정하여 고시한 소요량을 말하며 현재는 표준 소요량을 별도로 고시 하지 않고 있다.

▣ 소요량 산정방법

소요량 산정방식은 단위실량 산정, 단위설계 소요량 산정, 수출 건 별 등 총 소요량 산정, 일정기간 별 단위소요량 산정, 1회계연도 단위소요량 산정 방식으로 크게 5가지가 있으며 화주가 자신에게 맞는 방식을 선택하여 적용한다.

1) 단위실량 산정

- 수출물품을 구성하고 있는 실제 원재료의 양인 단위실량 만으로 소요량을 산정하는 방법 즉, 단위실량은 수출물품(견본)을 분해하여 실측하거나, 수출물품 1단위를 생산하는데 사용 되는 설계도면상의 원재료의 실 면적이나 부품내역서상의 실량 등을 말한다.
- 손모량이 적은 기계류, 전자제품 등 부품조립에 의해 생산 되는 수출물품에 적합한 방법, 손모량에 대한 환급을 포기하고 단위실량만 환급을 받는다.

2) 단위설계 소요량 산정

- 수출물품을 생산 하는데 있어 가장 기본이 되는 자료인 제조사양서상의 원재료 중 환급을 받고자 하는 원재료의 종류별 양을 의미 한다.
- 제조사 양서상 손모량이 표시된 경우 계산 근거가 객관적이고 확인이 가능해야 한다. 제조사양서에 의해 자재의 수급량이 결정되는 업체로 손모량이 안정적인 비료, 염료, 페인트 등 화약제품 류를 생산하는 업체에 적합한 방법이다.

3) 수출건 별 등 총소요량 산정

- 수출계약 건 별 또는 수출 건 별로 수출 물품을 생산하는데 사용한 원재료의 종류별 총량으로 소요량을 산정하는 방법으로 당해 수출 물품의 실제 소요량을 의미한다.

  소요량이 불안정한 농, 림, 축, 수산물 가공업체, 시제품 생산 단계 업체, 수출 계약서 별 생산 관리가 용이한 업체에 적합한 방법이다.

4) 일정기간 별 단위소요량 산정

- 일정기간(1~6개월)동안 생산된 수출물품 1단위에 대한 단위실량과 평균 손모량으로 소요량을 산정 한다. 수출물품을 생산한 기간이 1년 미

만인 업체, 제품 수명 주기가 비교적 단기간인 품목을 생산하는 업체에 적합하다.

- 일정 기간별 단위 소요량은 수출물품에 원재료가 물리적으로 결합 되거나, 화학적으로 분해되어 통합 되는데 따라 산정 방법이 구분된다.

5) 1회계연도 단위소요량 산정

회계연도 동안 생산된 수출 물품 1단위에 대한 단위실량과 평균손모량으로 소요량을 산정 한다. 제품의 수명 주기가 장기적인 석유화학제품, 철강제품, 타이어, 피혁 등을 생산하는 업체, 환급액이 많은 대기업, 국세청 생산 수율 및 원단위보고서 제출업체에 적합하다.

- 회계연도 단위 소요량도 수출물품에 원재료가 물리적으로 결합되거나 화학적으로 분해되어 통합 되는데 따라 산정 방법이 구분된다.

▣ 환급신청 방법(개별환급)

수출물품을 생산 하는데 소요 되는 원재료의 양인 단위실량과 생산 과정에서 정상적으로 발생 되는 손모량을 포함한 양을 말하며 관세 환급금을 산출 하는데 가장 기본 적인 요소이다.

▣ 환급신청서의 서식구성 및 작성방법

관세환급신청서는 갑, 을, 병, 정지로 구성되어 있다.

- 환급신청서(갑)은 환급신청인과 수출물품의 총환급액의 기재 및 환급을 신청하는 수출 신고건(수출 신고필증 또는 수출에 갈음하는 서류)이 10건 이하일 경우에 그 내역까지 기재할 수 있는 서식이다.
- 환급신청서(을)은 환급을 신청하는 수출신고건이 10건을 초과할 경우 환급신청서 (갑)지에 이어서 추가로 기재하는 서식이다. 즉 수출신고서 내역을 기재한다.

- 환급신청서(병)는 환급을 신청하는 수출신고건의 갑, 을지의 수출물품에 대한 소요원자재 별로 환급금의 계산근거와 잔량을 기재하는 서식으로 소요량계산서상 소요원자재별로 란을 구분하여 작성한다. 수입신고서 및 물품수령증명서(인수증)의 내역을 기입한다.
- 환급신청서(정)는 수출물품 제조과정에서 부산물이 발생되는 경우 발생된 부산물의 내역과 환급 신청서(병)지의 계산근거 내역에서 부산물에 대하여 공제된 금액을 기재토록 하여 추후 부산물이 수출 등에 제공되었을 경우 환급금을 산출할 수 있도록 하여주는 서식이다.

▌환급신청 흐름▐

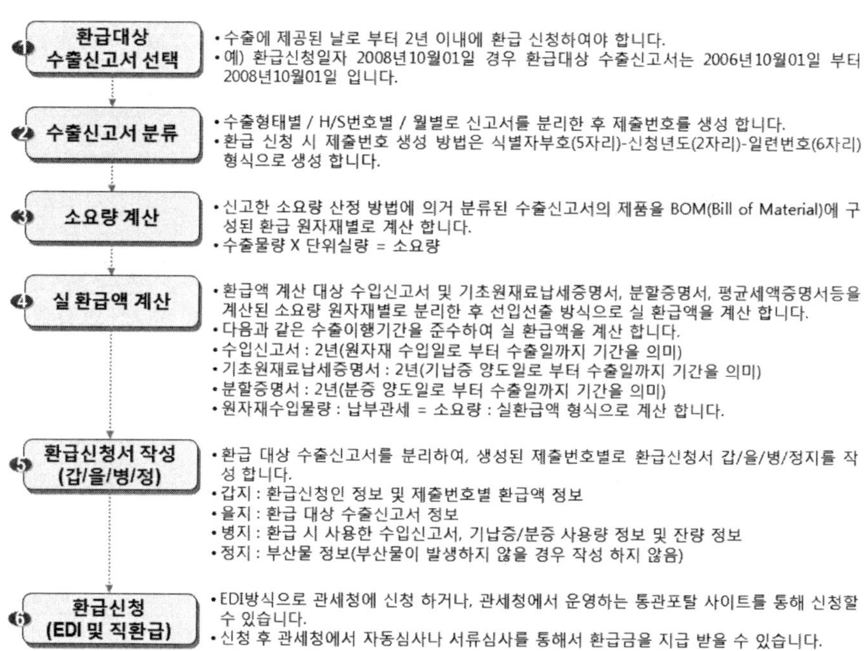

▌환급신청서 양식▌

환급신청서(갑)
환급신청서(을)
환급신청서(병)
환급신청서(정)

〈작성방법〉

- 환급신청서는 수출물품의 H.S 10단위별로 수출물품이 수출등에 제공된 월별로 구분 작성한다.
- 2012.7.1 ~ 2012.7.31 까지 동일한 H.S 단위의 물품을 50건 수출하였

을 경우 50건의 수출에 대하여 1건의 환급신청서를 작성할 수도 있으며 10건씩 5건으로 환급신청서를 따로 작성할 수 있다.

- 환급신청서는 수출물품의 제조자별로 환급방법(연산품정액, 간이정액, 개별환급) 별로 각각 구분하여 작성한다.
- 수출물품의 H.S 10단위가 동일하더라도 수출형태가 다를 경우 수출형태별로 구분하여 환급신청서를 작성한다. (H.S 10단위가 같은 품목이 수출도 하고 보세공장에 물품공급도 하였을 경우 각 수출형태별로 별도의 신청서를 작성)
- 정액환급(연산품정액, 간이정액) 신청시에는 환급신청서 병지(계산근거) 및 정지(부산물내역)는 작성하지 않는다.
- 부산물이 발생되어 병지(계산근거)에서 부산물비율을 공제하였다 하더라도 부산물이 전부내수판매 되고 수출되지 않아 공제하였던 부산물에 대한 세액의 환급이 필요 없는 경우에는 정지(부산물내역)는 작성할 필요가 없다.

▣ 기납증/분증 발급신청서 작성방법

기납증과 분증의 차이점은 **수입한 물품의 가공유무**에 따라 기납증과 분증을 작성한다. **기납증**은 수입한 자재를 가공하여 내국신용장 개설업체는 구매확인서 개설업체에게 납품을 할 경우 기납증을 작성하고, **분증**은 수입한 자재를 가공하지 않고 일부만 나눠서 납품을 할 경우 분증을 사용한다.

▣ 기초원재료납세증명서 발급 절차

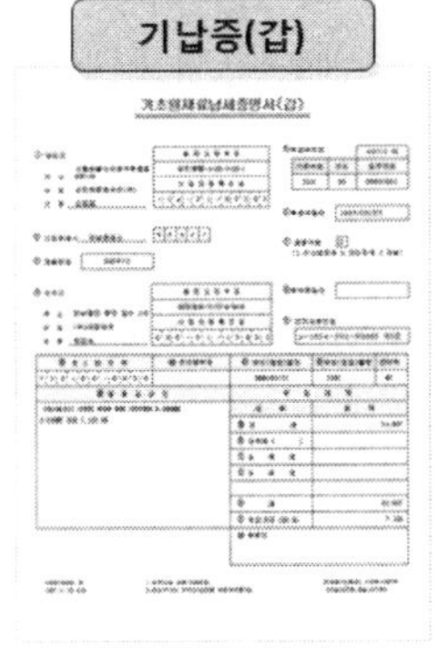

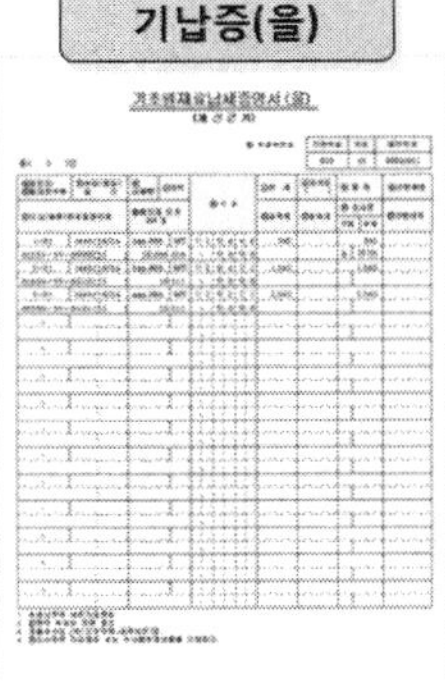

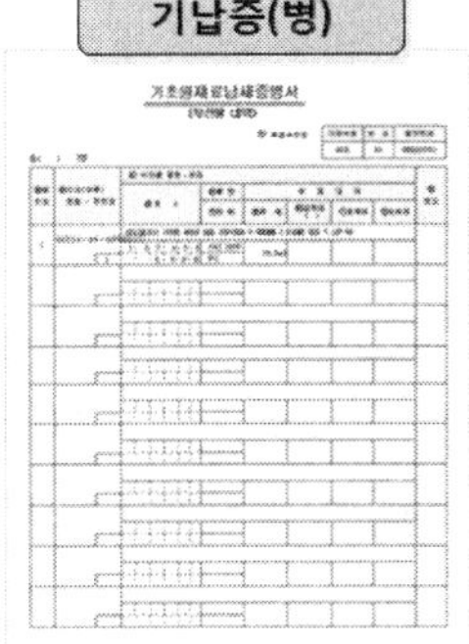

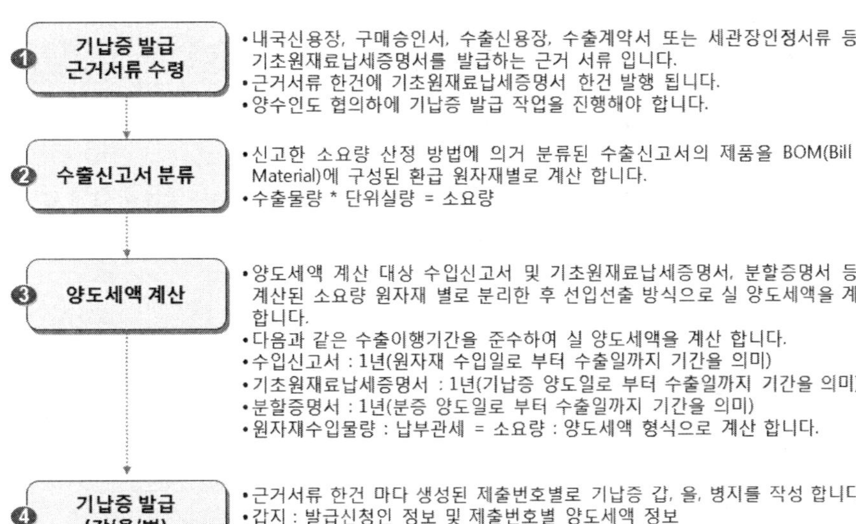

〈작성방법〉

- 기초원재료납세증명서(갑) : 내국신용장(구매확인서)에 의해 공급하는 물품의 내역 및 총 양도세액을 기재하는 서식이다.
- 기초원재료납세증명서(을) : 공급물품의 소요원재료별로 산출한 세액 및 수입신고필증 등의 원재료에 대한 잔량을 기재하는 서식이다.

- 기초원재료납세증명서는 품목별(HS 10단위)로 구분하여 작성한다.
- 한건의 내국신용장등에 의하여 거래되는 물품이 2회 이상 분할하여 공급되는 경우에는 최초물품의 거래된 날에 당해 수출용원재료가 전량 거래된 것으로 보아 신청서류를 작성하여야 하나 신청인이 원하지 않을 경우에는 양도일별로 별개의 건을 신청할 수 있다.
- 2건이상의 내국신용장등에 의하여 원재료가 공급되었으나 그 양도일자가 같은 경우에는 1건으로 발급신청할 수 있다. 다만 내국신용장 등의 건별로 물품인수증이 발행될 경우에는 각각 별건으로 신청해야 한다.

▣ 분할증명서 발급 절차

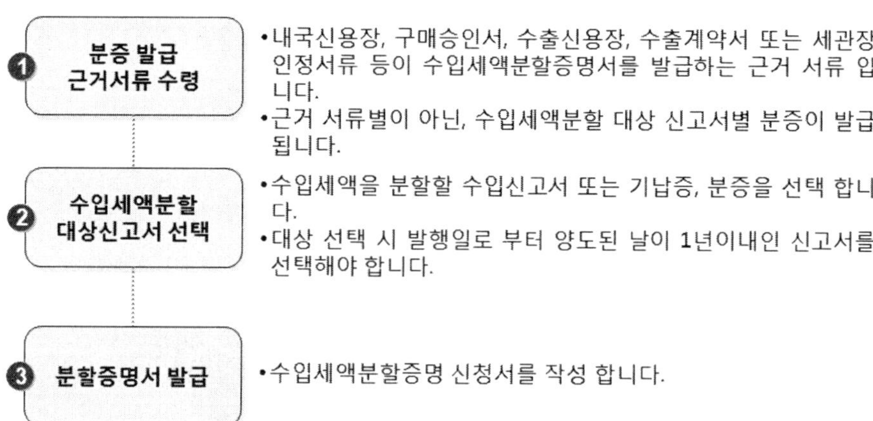

〈작성방법〉

- 수입(구매)한 원재료를 제조 · 가공 없이 수출품등을 제조 · 가공하고자 하는 자에게 양도하거나 관세환급 또는 기납증발급을 신청하는데 수입신고필증(기초원재료납세 증명서 및 평균세액증명서 포함)의 분할이 필요한 경우 사용되는 서식이다.
- 수입신고필증(기초원재료납세증명서 및 평균세액증명서 포함)란별 양도일별로 각각 구분하여 작성하되, 여러 계약건(환급사무처리에 관한 고시 제3-6조 제2항에서 규정한 서류)으로 물량이 양도되었으나 양도

일이 같은 1건의 수입신고필증 등을 분할하고자 하는 경우에는 1건으로 발급신청 할 수 있다

▣ 시스템을 활용하여 관세환급 받기

- 기초코드 : 환급에 필요한 각종 코드를 환급신청 전에 등록한다.
- 수출신고서 등록 : 환급대상 수출신고서를 등록한다.
- 수입신고서 등록 : 수입물품 또는 기납증 받은 것을 등록한다.
- 인수증 등록 : 기납증 발행을 위해서는 등록한다.
- 세액계산 : 환급신청을 위하여 세액계산을 계산한다. 이때 계산은 선입선출법에 의해서 작업이 이루어진다.
- 환급신청서 자동생성 : 수출신고서 월별, 동일품목별로 분류하여 자동생성한다.
- 소요량증명서 : 실제 환급에 사용되는 소요량을 계산하여 생성된다.
- 조견표 : 수출내역과 수입내역이 연결되어 수출현황을 검토할 수 있다.
- 환급누락현황 : 수출은 되었으나 수입자재가 부족한 내역을 확인
- 제품별 환급현황 : 환급에 적용된 제품별로 확인
- 수입수출 연결현황 : 수출신고서와 수입신고서의 연결현황 확인
- EDI전송 : 환급신청서를 세관에 전송한다.

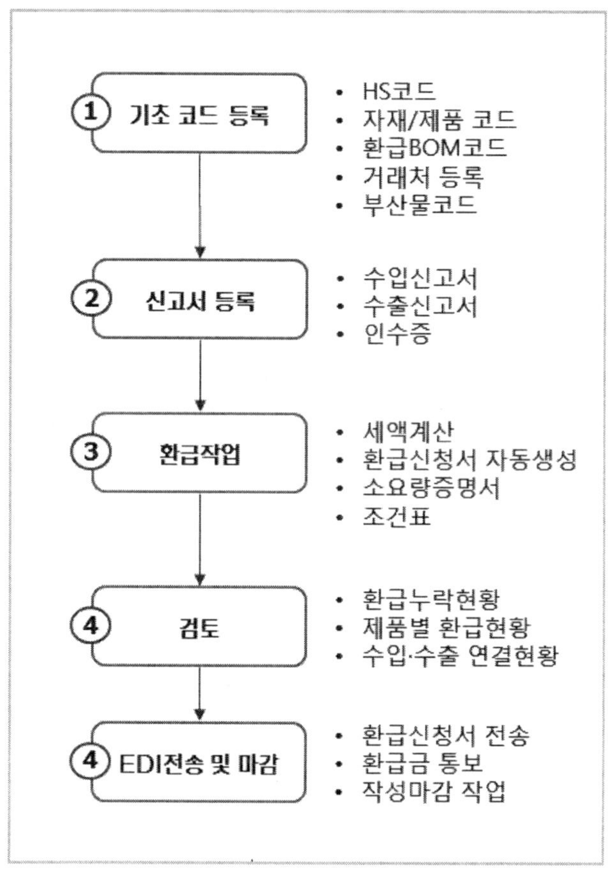

(8) 부대비용관리 및 클레임관리

수출을 하는데 있어 수출품의 원가 대비 판매 이익률은 매우 중요하다. 좋은 제품을 비싸게 팔 수 있다면 이익이 극대화 된다. 그러나 사전원가 계산 및 부대비용계산을 적절하게 하지 못하면 간접비가 과다하게 발생하여 이익이 줄어들거나 손해를 볼 수도 있다.

무역에 발생하는 각종 비용에 대해서 알아보면 원가계산에 많은 도움이 된다. 즉 가격조건이나 인도조건 등에 따라 발생하는 부대비용이 차지하는 위치가 수입을 하는 것이 더 좋을 지, 국내에서 유통하는 것이 좋을지 결정하는 요소가 된다.

▣ 어떤 방법이 더 이익일까?

예를 들어 한국의 J패션은 청바지를 제조, 판매하는 소규모 의류회사로 청바지 원단을 국내 업체에게 구입해서 자체 공장에서 제조, 동대문시장 등 대형 도매시장에 납품하고 있다. 최근 원자재값 상승으로 제품 생산에 필요한 비용은 날로 증가되는데 경기악화로 인한 소비심리는 둔화되어 청바지 가격을 올리지도 못하는 어려운 형편에 처해 있다.

이에 J패션은 중국에서 보다 저렴한 원단을 수입해서 제조하는 방안을 고민하고 있다. 알아본 바로는 국내 원단과 품질 면에서는 전혀 차이가 없었다. 과연 원단을 수입하는 것이 더 저렴할까? 만약 원단을 국내업체에게 구매하는 것과 중국에서 수입하는 것에 대한 비용이 다음과 같다면 J패션은 어느 것을 선택하는 것이 더 유리한 지 알아 본다.

▌비교해 보기▐

국내에서 구매	
• 원단가격 (10Kg당) :	1,000,000원
• 내륙운송료 :	30,000원
•총 비 용	1,030,000원

중국에서 수입	
• 원단가격 (10Kg당) :	850,000원
• 해상운송료 :	50,000원
• 적하보험료 :	45,000원
• 수입관세 :	68,000원
• 내륙운송료 :	30,000원
•총 비 용	1,043,000원

위에서 본 예와 같이 실제 물품의 가격은 저렴하더라도 그 물품을 얻기까지의 비용이 더 발생한다면 결국 손해를 볼 수밖에 없다. 특히 무역은 타

국과의 거래이기 때문에 물품의 이동거리가 길고, 이에 대한 위험부담이 있으며, 각 나라의 세관을 통과해야 하므로 무수히 많은 비용들이 발생하며, 이는 모두 다 물품의 실제 유통가격에 영향을 끼치는 요소가 되므로 무역에 있어서 비용 절감은 상당히 중요한 부분을 차지한다.

앞서 살펴보았던 계약의 여러 조건들은 모두 다 이런 비용들을 얼마만큼 절감할 수 있는 지에 대한 조건이라 이야기해도 과언이 아니다. Incoterms 뿐만 아니라 L/C, T/T 등에 따른 은행 수수료, 각종 증명서 발급 수수료, 화물 수송에 따른 각종 운반료 등이 모두 다 비용에 포함되며, 무역의 형태에 따른 중계무역, 임가공무역 등에서 발생하는 커미션, 가공비 등도 비용에 포함되며, 계약 시점의 환율과 네고 시점의 환율 차이로 인한 환차손도 모두 다 비용으로 볼 수 있다.

따라서 무역 계약 시점에서 이러한 모든 비용들을 파악하여 총 소요비용을 예측할 수 있어야만 제대로 된 계약을 체결할 수 있으며, 이는 물품을 구매하는 경우 즉, 수입이나 물품을 판매하는 경우 즉, 수출 양쪽 모두에게 해당한다.

▣ 수출에서 발생하는 비용

수출 시에는 가격조건이나 결제방식에 따라 다음과 같은 비용들을 합산해야 한다.

비용	설명
제조원가	원부자재 소용비용, 생산비용(또는 임가공비), 수출포장비용 등
운송료	가격조건에 따라 부담해야 하는 내륙운송비, 해상운송비, 항공운송비
창고료	제품생산(혹은 구입)후 내륙운송 전까지 혹은 내륙운송 후 선적전까지 소요되는 창고료
통관수수료	관세사에게 지급하는 통관대행수수료
보험료	적하보험료, 수출보험료

은행수수료	신용장통지수수료, 환가료, less charge, delay charge 등
기타 비용	에이전트 커미션, 각종 증빙서류 발급수수료 등

▣ 수입에서 발생하는 비용

수입 시에는 가격조건이나 결제방식에 따라 다음과 같은 비용들을 합산해야 한다.

비용	설명
물품대금	수출자에게 직접(송금) 또는 은행(신용장 또는 추심)을 통해서 지급하는 물품대금
운송료	가격조건에 따라 부담해야 하는 내륙운송비, 해상운송비, 항공운송비
보세창고료	물건이 항구(공항)에 도착한 후 통관절차를 거쳐 물건을 찾을 때까지 발생하는 창고료
통관수수료	관세사에게 지급하는 통관대행수수료
관세 및 세금	세관에서 부과하는 관세 및 품목에 따라 부과되는 특별소비세, 주세, 교육세, 농어촌특별세
은행수수료	Cable Charge, Term Charge, Delay Charge, 송금수수료 등
기타 비용	에이전트 커미션, 각종 증빙서류 발급수수료 등

▣ 해상운송 시 일반적으로 발생하는 비용 항목

- 터미널화물처리비(THC : Terminal Handling Charge) : 화물이 CY에 입고된 순간부터 본선의 선측까지, 반대로 본선의 선측에서 CY의 게이트를 통과하기까지 화물의 이동에 따르는 비용.
- CFS 작업료(CFS Charge) : 선사가 컨테이너 한 개의 분량이 못 되는 소량화물을 운송하는 경우 선적지 및 도착지의 CFS에서 화물의 혼적 또는 분류작업을 하게 되는데 이때 발생하는 비용.

- 서류발급비(Documentation Fee) : 선사에서 선하증권(B/L)과 화물인도지시서(D/O)의 발급 시 소요되는 행정비용을 보전하기 위해 신설한 비용.
- 체선(화)할증료(Port Congestion Surcharge) : 입출항 선박의 수에 비해 항구의 하역능력이 부족하여 하역작업을 위한 대기시간이 길어짐으로 인해 선사 측에 추가적인 경비가 발생할 경우에 일정기간 동안 화주에게 부과.

▣ 무역부대비용 계산해 보기

- 무역에서 원가계산은 수출입 업체가 물품을 수출입 할 때 발생하는 비용 즉, 원가 항목을 분석하여 수출입 단가를 산출하는 것을 의미하는 것으로 회사의 이익 실현에 저해되는 물품 및 불합리한 원가 사항을 제거하고 매출에 따른 예상 이익과 판매 계획을 정확하게 수립하는데 필요한 정보를 제공한다.
- 따라서 비용 항목 하나라도 빠짐없이 정확하게 계산해야 하며 환율 등 어떤 기준치가 필요한 경우 정확하고 객관적 타당성이 있어야 한다. 또한 무역 원가계산은 포괄적인 계산이므로 상대편 국가의 전반적인 상황, 관세, 부대비용, 보험료 계산 , 운송 등 국제 물류비용을 정확히 산출해 낼 수 있어야 한다.
- 이러한 무역원가 분석을 통하여 어느 비용 항목에서 원가 절감이 가능한 지, 어느 항목에서 원가에 영향을 미치는 지 자세히 분석하여 개선하여야 한다.

▌원가계산의 목적▐

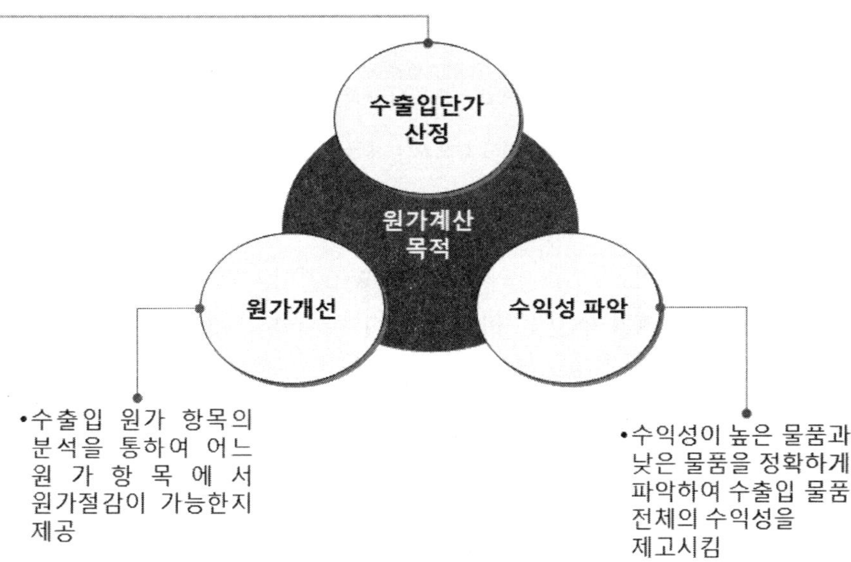

▣ 주요 가격 조건 별 수출입 부대비용 계산방법

수출자 및 수입자 입장에서 각각의 비용부담을 살펴보자. 가격조건은 크게 E그룹, F그룹, C그룹, D그룹으로 나눠서 볼 수 있으며, 그 중 우리나라에 가장 많이 쓰이는 가격위주로 설명을 하고자 한다.

[수출자 부담 비용]

EXW	제조원가(자사제품 수출 시) 또는 공장도 가격(타사제품 수출 시)
FOB	EXW 가격 + 수출지 내륙운송비 + 수출지 창고료 + 수출 통관비
CFR	FOB 가격 + 해상(항공) 운임료
CIF	CFR 가격 + 적하보험료

[수입자 부담 비용]

EXW	물품대금 + 수출지 내륙운송비 + 수출지 창고료 + 수출 통관비 + 해상(항공)운임 + 적하보험료 + 수입지 창고료 + 세금 + 내륙운송비
FOB	물품대금 + 해상(항공)운임 + 적하보험료 + 수입지 창고료 + 세금 + 수입지 내륙운송비
CFR	물품대금 + 적하보험료 + 수입지 창고료 + 세금 + 수입지 내륙운송비
CIF	물품대금 + 수입지 창고료 + 세금 + 수입지 내륙운송비

위에서 보는 것처럼 수출자의 경우 EXW조건이 가장 유리하고, 다음은 FOB, CFR, CIF 조건 순으로 비용이 많이 발생하는 것을 알 수 있다.

수입자의 경우에는 CIF조건이 가장 유리하고, CFR, FOB, EXW 조건 순으로 비용이 많이 발생하는 것을 알 수 있다.

▌가격조건에 따라 수출자가 부담하는 범위▐

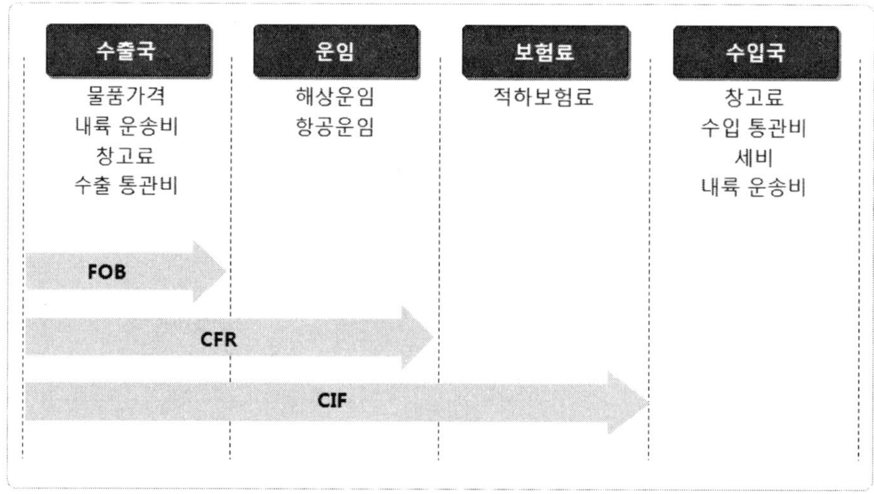

무역거래를 하다 보면 예기치 못한 **클레임**이 발생하는 경우가 있다. 클레임이란 당사자간의 거래계약에 따라 이행하면서 그 계약의 일부 또는 전부의 불이행으로 말미암아 발생되는 손해를 상대방에게 청구할 수 있는 권

리를 말한다. 클레임의 종류와 발생원인에 대해 알아보자.

▮클레임 종류▮

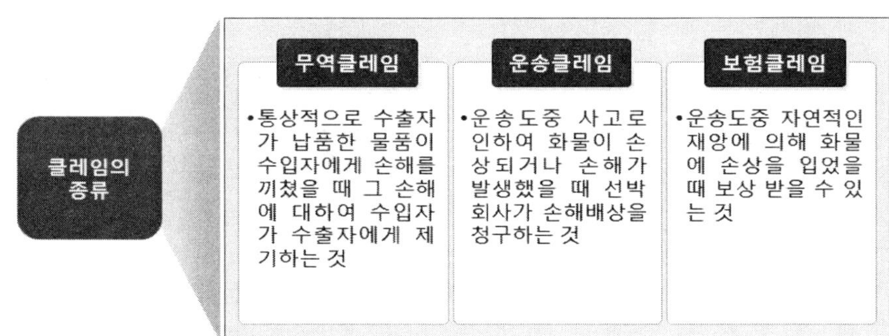

▣ 클레임은 왜 발생 될까?

무역클레임은 발생 원인에 따라 **직접적 요인**과 **간접적 요인**으로 나눌 수 있다. 직접적인 요인으로는 품질불량, 수량부족, 선적/운송에 관한 내용, 보험에 관한 내용, 선적불이행이나 선적 지연, 불완전 보험계약 체결, 대금의 지급 지연이나 지급거절, 신용장의 미 개설이나 지연, 거래알선에 따른 수수료 미지급 등이 있으며, 간접적인 요인으로는 당사자간의 의견차이, 언어의 차이, 각국의 상관습의 차이, 신용조사의 부족, 운송중의 위험, 가격덤핑, 국가마다 법령 등이 있다. 다음을 통해 직접적인 요인 중 많이 발생되는 몇 가지에 대해 알아본다.

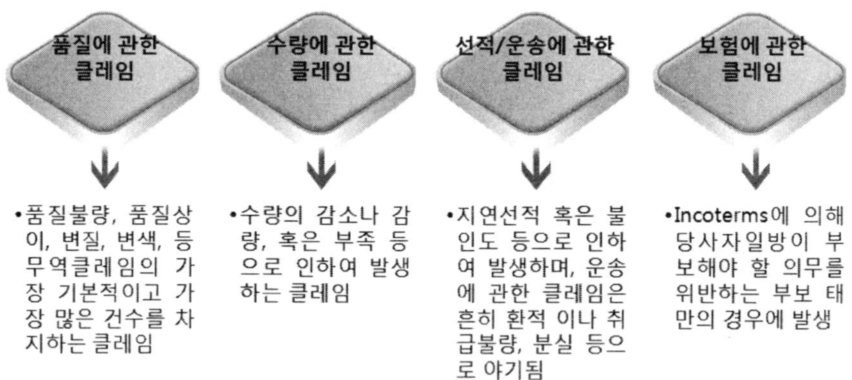

▣ 무역클레임의 예방책

무역클레임의 발생은 그 해결에 있어 당사자 쌍방의 시간과 비용이 수반하게 되어 원활한 무역거래에 지장을 초래하게 된다. 따라서 사전에 무역클레임이 발생하지 않도록 예방하는 것이 중요하다. 그 예방대책으로 다음과 같은 점에 주의할 필요가 있다.

▮예방책▮

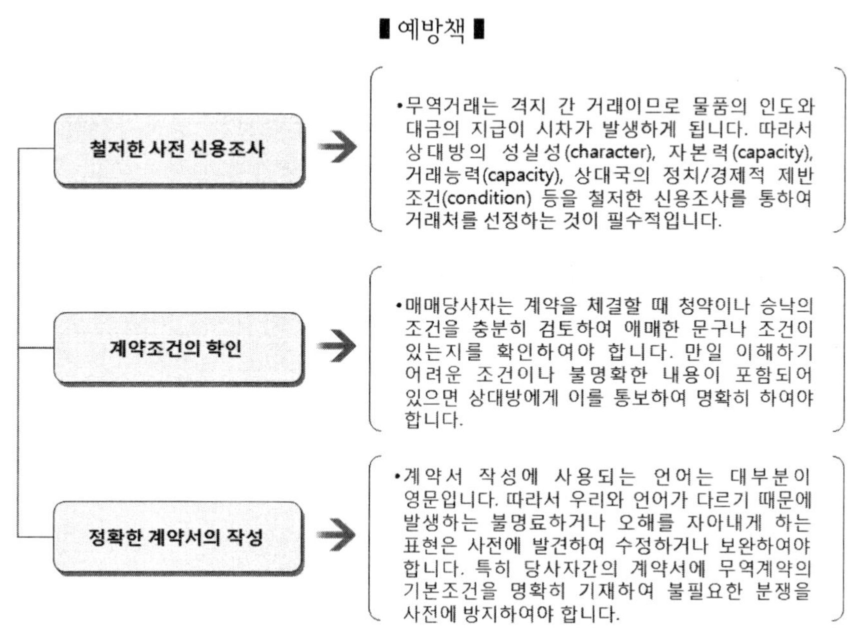

▣ 무역클레임의 해결방법

무역클레임의 해결방법으로는 당사자간의 해결방법과 제3자가 개입하여 분쟁을 해결하는 방법이 있다. 당사자간의 해결방법으로는 청구권의 포기 및 화해 등이 있으며, 제3자의 개입에 의한 해결방법으로는 알선, 조정, 중재, 소송 등이 있다. 다음을 통해 각각의 해결방법에 대해 알아본다.

가장 좋은 방법은 중재를 통해 원만하게 해결하는 것이 바람직하다.

▮무역클레임 해결방법▮

무역클레임 해결방법

- 당사자간의 해결
  - **청구권의 포기(Waiver of Claim)**
    - 피해자가 상대방에게 청구권을 행사하지 않는 경우로서, 이는 대체적으로 상대방이 사전 또는 즉각적으로 손해배상 제의를 통해 해결될 경우에 이루어집니다.
  - **화해(Amicable Settlement)**
    - 당사자간의 자주적인 교섭과 양보로 분쟁을 해결하는 방법으로서, 당사자가 직접적인 협의를 통하여 상호평등의 원칙하에 납득할 수 있는 타협점을 찾는 것임. 이 경우 대체적으로 화해계약을 체결합니다.
- 제3자의 개입에 의한 해결
  - **알선(intercession, recommendation)**
    - 알선이란 공정한 제3자(예: 상사중재원)가 당사자의 일방 또는 쌍방의 요청에 의하여 사건에 개입, 원만한 타협이 이루어지도록 협조하는 방법으로 당사자간에 비밀이 보장되고 거래관계가 지속을 유지할 수 있는 장점이 있습니다.
  - **조정(conciliation, mediation)**
    - 조정은 양당사자가 공정한 제3자를 조정인으로 선임하고 조정인이 제시하는 해결안(조정안)에 양당사자가 합의함으로써 분쟁을 해결하는 방법입니다.
  - **중재(arbitration)**
    - 중재란 당사자간의 합의(중재합의)로 사법상의 법률관계를 법원의 소송절차에 의하지 아니하고 제3자인 중재인(arbitrator)을 선임하여 그 분쟁을 중재인에게 맡겨 중재인의 판단에 양당사자가 절대 복종함으로써 최종적으로 해결하는 방법입니다.
  - **소송(litigation)**
    - 소송은 국가공권력(사법재판)에 의한 분쟁해결 방법이며, 외국과의 사법협정이 체결되어 있지 않기 때문에 그 판결은 외국에서 승인 및 집행이 보장되지 않는다. 따라서 소송에 의하여 클레임을 해결하려는 경우에는 피제기자가 거주하는 국가에서 현지 변호사를 법정대리인으로 선임하여 소송절차를 진행하여야 합니다.

▣ 소송과 중재의 차이

소송은 당사간에 합의가 없더라도 당사자가 능력만 있으면 절차의 진행이 가능하나 중재는 반드시 성문화된 합의(계약)가 있는 경우에만 절차가 유효하게 법적 보호를 받을 수 있다, 따라서 기본적인 분쟁의 해결방식은 소송이다.

중재는 이를 대체한 새로운 해결수단이라 할 수 있다. 그러나 소송은 시간이 많이 걸리고 국제법을 적용하여야 하므로 당사자간에도 어려운 점이 많이 있다. 매우 중대한 과실로 손해배상을 철저하게 받아야 하는 경우가 아닐 때는 중재로 하는 것이 현실적으로 편리하다. 중재는 소송에 비하여 다음과 같은 유리한 장점을 지니고 있다.

▣ 합리적인 무역분쟁해결제도 중재

중재(Arbitration)란 분쟁 당사자간의 합의(중재계약)에 따라 사법상의 법률관계에 관한 현존 또는 장래에 발생할 분쟁의 전부 또는 일부를 법원의 판결에 의하지 아니하고 사인인 제3자를 중재인으로 선정하여 중재인의 판정에 맡기는 동시에 그 판정에 복종함으로써 분쟁을 해결하는 자주법정제도로서 국가공권력을 발동하여 강제집행할 수 있는 권리가 법적으로 보장된다. 다음의 몇 가지 질의응답을 통해 중재에 대해 좀 더 자세히 알아보자.

1 소송하기 전에 이용하는 제도다?

- 중재합의에 의하여 중재가 진행중인 사건에 대하여는 별도로 소송을 제기할 수 없습니다.
- 또한 중재판정은 법원의 확정판결과 동일한 효력을 가지므로 실체적 사안에 대하여 소송으로 다룰 수 없습니다.

2 상사분쟁만 해결 가능하다?

- 상거래 상 발생한 분쟁 뿐만 아니라 민사분쟁 역시 해결이 가능합니다.
- 또한 분쟁 당사자가 정부, 공공기관인 경우에도 중재로서 해결할 수 있습니다.

3 국제사건(무역)에만 적용된다?

- 국제사건 뿐만 아니라 국내사건 역시 중재로 해결 가능합니다. 또한 무역사건 뿐만 아니라 건설, 해사, 금융, 정보통신 등 각종 분야의 분쟁해결에 적용될 수 있습니다. 최근에는 중재원이 남측의 중재사무처리기관으로 지정되어 남북경제교류 관련 상사분쟁도 중재원에서 해결할 수 있습니다.

4 소송에 비하여 결과예측이 어렵다

- 중재는 실체적 진실을 파악하기 위하여 법조인 이외의 전문가가 중재판정부에 포함되기도 하나 법률에 근거해 판정하므로 소송과 결과 차이가 없습니다.

4. 전자무역기반의 GSCM

e-Trade시대의 무역공급망관리

1. SCM적용분야에 대해서 알아보자.
2. 전자무역기반의 글로벌SCM을 살펴보자.

(1) SCM

Supply Chain이란고객-소매상-도매상-제조업-부품/ 자재/ 운송협력 업체등의 공급활동의 연쇄구조를 나타내며, Supply Chain Management란 불확실성이 높은 시장변화에 Supply Chain 전체를 긴밀하게 대응시켜 Dynamic하게 최적화를 도모하는 것이다.

국내 많은 제조 기업들이 SCM을 적용하여 수발주 업무 및 유통 업무를 적용하여 진행을 하고 있다. 대부분이 ERP를 도입 한 후 기업내부의 업무 통합을 완료 한 후 외부 비즈니스 통합을 위해 SCM을 도입 적용한다. 또한 ERP와 연계를 통하여 Process를 통합하여 관리를 하고 있다.

이러한 SCM이 현재는 내국의 비즈니스모델이 아닌 글로벌하게 움직이고 있다. 즉 대한민국 내에서만 적용되었던 것이 지금은 국경이 없이 글로벌하게 적용 및 운영하고 있는 실정이다.

SCM은 협업을 통하여 자재, 부품 조달을 하는데 많이 활용하고 있다.

개별 기업들이 ERP 시스템과 연계하여 주요 정보를 협력 업체와 실시간

공유 할 수 있도록 하여, 재고 감축과 업무 효율성 향상을 달성 할 수 있도록 하는 웹 기반 시스템으로 운영 중이다.

▮ 일반적인 SCM모델 ▮

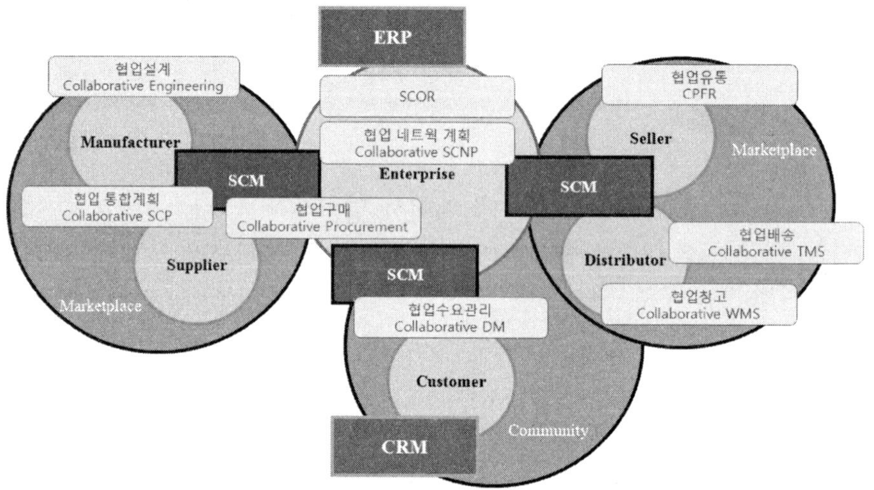

▮ SCM 적용 효과 ▮

모업체	협력업체
1. 원활한 자재조달관리 생산계획에 맞춘 적절한 구매/외주 품목의 조달 가능 **2. 리드타임 단축** 출발처리 정보를 활용한 자재 리드타임 단축 **3. 신속정확한 입고처리** **4. LOT관리를 통한 안정적 품질수준 유지** **5. 적정한 재고수준유지로 재고비용감소** 생산계획에 맞춘 적기조달과 적정재고수준을 유지함으로써 재고비용 감소효과 **6. 원활한 커뮤니케이션 형성** 게시판 활성화를 통한 협력업체와의 원활한 커뮤니케이션 형성으로 조직 활성화 유도 **7. 설계변경에 의한 혼선 방지** 이력정보의 제공으로 인한 설계변경으로 발생하는 혼선 및 부적절한 재고누적 방지 **8. 고객만족 강화** 원활한 자재조달활동과 정확한 납품으로 인한 고객으로의 제품인도가능---> 고객만족 경영	**1. 적절한 원자재의 조달활동** 월 생산계획과 주별 생산계획을 제공함으로서 적절한 원자재의 조달활동 지원 **2. 생산계획변동에 대한 적절한 대처** 생산계획변경이력을 제공함으로서 생산계획 변동에 능동적으로 대처할 수 있도록 지원함으로서 과잉재고억제 **3. 정보의 적절한 활용** 정보의 실시간 활용으로 인한 신속한 대응 설계변경에 따른 업무혼선 방지 **4. 원활한 커뮤니케이션 형성** 게시판 활성화를 통한 모업체 담당자와의 원활한 커뮤니케이션 형성으로 업무효율 향상

▣ 시장동향

ERP를 도입한 대기업은 정보의 통합성, 실시간 정보처리, 프로세스의 유연성 등 다양한 측면에서 ERP의 활용효과를 극대화하고 있다. 이러한 ERP의 활용도가 높아질수록 외부 비즈니스에 대한 연결을 통해 정보의 활용도를 극대화 시키고자 기업들은 추진한다.

시장 발전주기 측면에서 1999년까지 시장 형성 및 활성화 단계를 거친 SCM 시장은 2000년 기대의 최고점을 지났으며, 2002년부터 SCM 도입에 따른 ROI (Return on Investment)가 나타남에 따라 시장 안정화 단계에 돌입하여 지속적인 성장을 나타내고 있다. 효율적인 Planning 과 Execution로부터 오는 이점의 확인, Supply chain solution확대에 대한 사용자의 요구, C-commerce, ERP와 통합기술의 발전, 기업들의 지속적인 효율성과 이익 추구로 인해 세계적인 경기침체에도 불구하고 SCM 시장의 지속적 성장이 예상된다.

SCM 시장은 대형 제조 및 유통/물류 기업을 중심으로 수요가 한정적이어서 높은 성장을 기대하기는 어렵지만 이들 기업들의 수요지속과 함께 글로벌 SCM 이슈가 꾸준하게 제기되면서 5%대의 안정적인 성장세를 유지하고 있는 것으로 분석된다.

SCM은 현재와 같은 경기침체 및 불황기에 더욱 중요한 가치를 지닌다. 왜냐하면 SCM 도입으로 재고 감축과 함께 적기 납품에 성공함으로써 비즈니스 경쟁력을 유지할 수 있기 때문이다. 특히, 부품 및 완성품의 재고 및 공급 관리는 생산 및 판매계획은 물론 나아가 기업의 현금 유동성 문제와 직결되며, 현재와 같은 국내외 경제 변수가 빈번히 발생하는 경우에는 SCM을 통한 기업의 신속한 대응이 경쟁력의 척도가 되기 때문이다.

SCM 시장이 꾸준한 성장을 보일 것으로 예상되는 이유는 경기 침체에 따라 기업들이 매출 및 영업이익을 유지하기 위해 짧아진 제품 수명 주기, 다품목 생산, 납품 기한의 단축 등에 주력하면서 SCM 도입을 확대할 것으로 예상되기 때문이다.

전문가들은 기업의 경쟁력은 단순히 기업의 조달, 생산, 공급 경쟁력으로만 결정되는 것이 아니라 부품 공급, 제품 생산, 운송 등 모든 분야에서 협력사들과 얼마나 효율적인 공급망의 흐름을 구성하느냐에 달려 있다고 지적한다.

따라서 SCM 도입을 통한 진정한 의미의 Time-to-Market 실현은 공급에서 고객까지 이어지는 일련의 프로세스 상에서 비즈니스 불확실성을 최소화하고 최적의 경쟁력을 확보함으로써 궁극적으로는 최소의 비용으로 최고의 고객만족을 추구하는 경영 패러다임의 혁신을 의미하게 된다.

이러한 분위기 속에서 가시성(Visibility)이 국내 SCM 시장의 가장 주목받는 이슈로 부상하고 있다. 가시성은 한마디로 공급망 전체의 흐름을 정확하게 모니터링하고 공급 흐름에 문제가 발생할 경우 신속한 조치를 취함으로써 원활한 공급망 흐름을 유지하는 것을 말한다.

또한 기업들의 글로벌 비즈니스가 확대되면서 공급망의 복잡화와 개방화가 가속화되고 있는 환경 속에서 주문 충족률을 향상시키고 재고절감을 위한 수단으로서 그 중요성이 강조되고 있다. 국내에서도 가전, 해운, 반도체, 중공업, 3PL 등 다양한 분야에서 가시성이 실무에 적용되는 사례가 증가하고 있으며, SCM 고도화의 한 축으로 주목받고 있다.

(2) SCM 적용사례

국내 기업과 해외 프로젝트 및 기업의 사례를 벤치마킹하여 향후 발전방향에 대해서 연구해 보자.

▣ S전자 사례

추진 배경을 살펴보면 OEM거래선의 확대, 유통거래선의 재고, 결품, Cycle 감축에 대한 요구 등의 경쟁력 강화가 필요하고, 수요/공급관리를 위한 Needs증가, 경쟁력확보 등 비용절감과 효율성 증대가 필요하였다.

■ 추진배경 ■

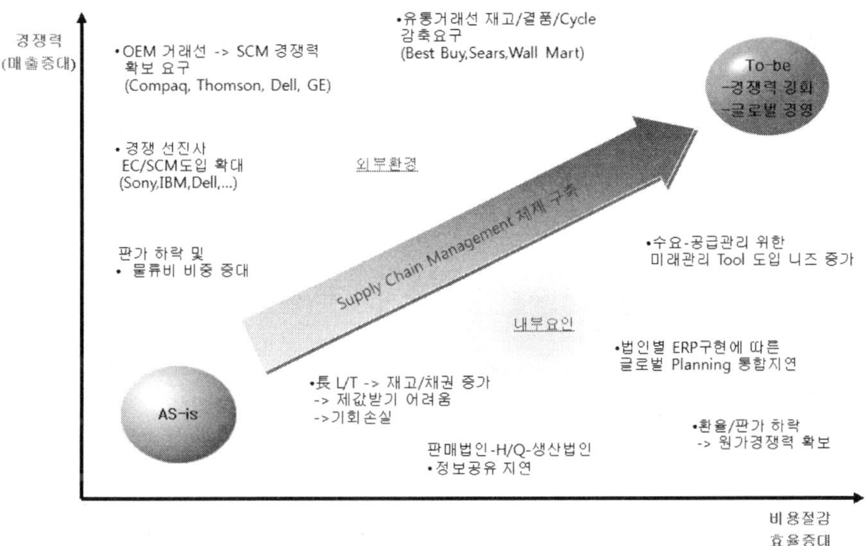

비즈니스 모델을 살펴보면 최종 고객요구에 가장 좋은 제품을, 빠르고, 싸게 공급할 수 있도록 고객, 유통 협력회사, 부품 협력회사, 물류 협력회사 및 사내 개발, 판매, 제조, 조달을 포함한 전체 Supply Chain을 대상으로 프로세스, 조직, 시스템을 재구축하는 총체적인 혁신활동이다.

▮비즈니스 모델▮

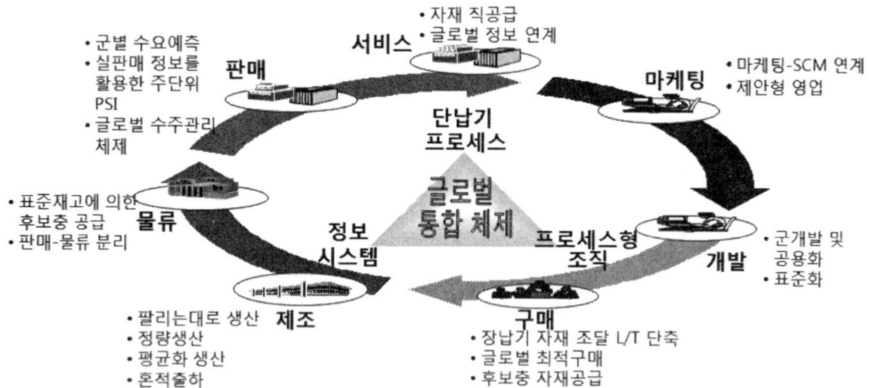

판매거래선, 생산법인이 주요자재에 대해서 효율적인 관리를 통해 상호 협업을 통한 업무 프로세스이다.

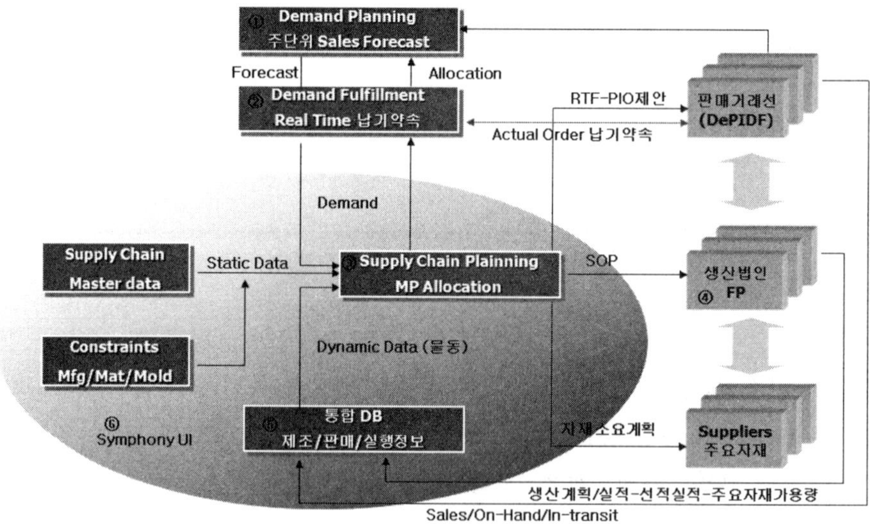

▣ 기대효과

구분	주요내용
Single process, Single data에 의한 경영	Plan Master Data의 Global통합관리 판매 · 제조PSI 수작업 작성 배제
수요와 공급의 불확실성 감소	판매법인과 생산현황을 시간단위로 파악할 수 있는 체제 구축 수요와 공급상황을 본사와 법인이 동시에 공유
주단위 Global Operation 실행 (Weekly Plan, Daily Execution)	주단위 글로벌 회의 실시 Early Warning 체제 구축
거래선 Lock - in 효과 - Switching Cost 유발	Big 거래선에 대한 차별화 된 서비스로 Lock-in
이미지 제고	주요경쟁사(Sony, Philips등) Bench Marking 방문 Coporate Account 거래시 Symphony로 Logistics 경쟁력 과시

향후 공급망관리 뿐만 아니라 고객관리를 XML/EDI를 통합 연계하여 공급, 생산, 물류 및 유통, 고객인도까지 모든 비즈니스 프로세스를 통합 관리 하고자 한다.

▌향 후 TO-BE 모델▐

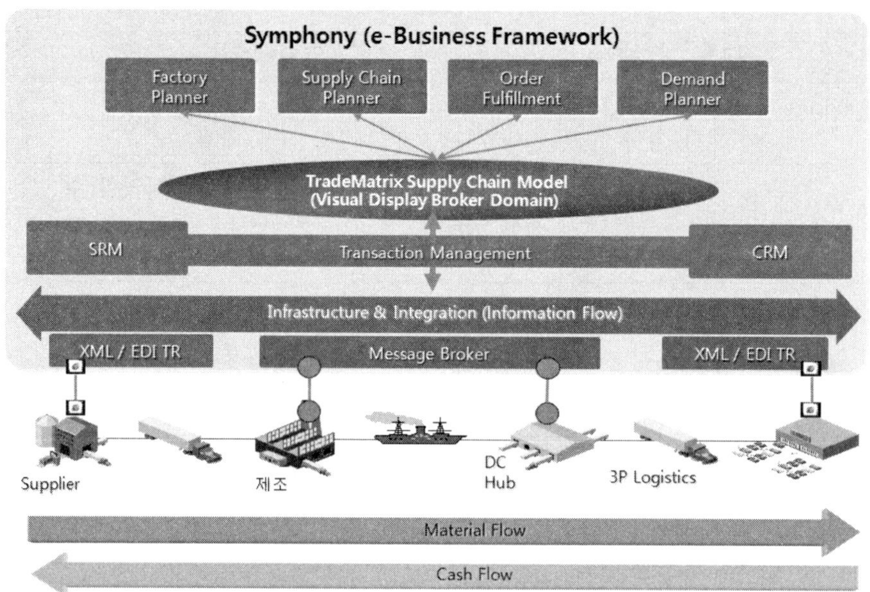

▌국내 기업 사례▐

구분	P사	S전자	L전자	S전기
추진 배경	▪ 경영의 신속한 의사결정필요 ▪ 글로벌 스탠더드에 부합한 시스템 구축 필요	▪ 법인별 ERP구현에 따른 글로벌 Planning 통합지연 ▪ 판매법인-H/Q-생산법인 정보공유 지연	▪ e-business대두 ▪ 글로벌 경쟁 심화 ▪ Global 통합의 필요성 증대	▪ Global 단위의 통합필요성 증대 ▪ 다품종.소량 주문에 따른 납기체제 개선의 필요
추진내용	▪ 고객, 회사 상호간 Win-Win 가능한 판매 생산 체제 구축 ▪ 공급사-포스코-고객사간 Supply Chain 전체를 직결하는 e-Business 체제 구축	▪ 전 부문 Real-Time 정보 공유 ▪ 수요예측의 순차적 가공, 전달 → 단일 Table 에서 수요예측 동시 공유 글로벌 재고 및 생산 계획에 근거한 납기약속	▪ 해외법인 업무 Process 표준화주문 생산 시스템 구축 ▪ 영업의 Forecast 입력, 조정 및 확정까지의 판매 계획 수립 Process ▪ 고객의 주문에 대한 납기약속 체제를 구축	▪ 전 사업장 통합판매계획 수립 ▪ 납입지시와 연동된 출하관리 ▪ Global 가용성Check에 의한 납기 Simulation ▪ 공정생산계획 기준 발주 및 납입지시
효과	▪ 통합시스템구축과 정보 공유 통한 업무 프로세스 단축 ▪ 시장성을 고려한 상품 개발	▪ 수요와 공급상황을 본사와 법인이 동시에 공유 ▪ Plan Master Data의 Global통합관리	▪ Global visibility확보 ▪ Collaboration기반 확보 ▪ Global수요/공급의 Match Resource의 균형적분배	▪ 주단위 Speed 경영체제구축 ▪ e Business 대응을 위한 시스템 기반 구축 ▪ Global 수요 · 공급재고 정보 투명화로 상호 신뢰 구축

▣ 대만의 SCM 사례

국제경쟁력 강화와 대만의 Global eBiz Hub化를 하고자 "Chinese Taipei to be the Global e-Business Product & Service Collaboration Center"라는 비전을 가지고 추진하였다.

추진전략으로는 범정부 차원의 전담 추진조직 구성하고 제조, 상거래, 금융, 농업, 건설, 공공부문이며 해당 정부 유관부처가 프로젝트 주관하여 정부는 기술지원, 교육지원, 제도적 지원, 인프라 구축 등을 제공하고 시범업종으로 IT 산업을 선정하고 향후 기타산업으로 확대하여 B2B부문에 역량을 집중한다.

초기 one-to-many SCM 에서 향후 many-to-many SCM으로 발전을 목표로 한다.

▌사업의 확산전략▐

구분	목표	주관	내용
IT	2500개 업체 적용	Ministry of Economic Affairs	•Plan A:HP, Compaq, IBM (3) •Plan B:ACER 등 15개 대만의 주요 제조업체 (연간 매출액 US$300 million 이상)
제조업	제조부문 70개 Supply Chain 구현 / 5000개사 참여	The Industrial Development Bureau, Ministry of Economic Affairs	•자동차, 석유화학, 섬유 등 주요기간산업 대상 파일럿 프로젝트 수행중 •7개 프로젝트 승인
상거래부문	100개 Supply Chain 구현 / 20000개사 참여	Dept. of Commerce, MOEA	•3C Consumer products, Grocery, Medicine, Content-based industry (서적, 멀티미디어), Garment, 여행 등 6개 업종 지원 •6개 국내 소매체인 대상으로 Sales Automation Information System 지원
농업	12개 Supply Chain 구현/1000개사 참여	The Council of Agriculture	•인터넷 및 e-Commerce 기술을 활용하여 민간부문으로 하여금 신규사업에 투자유도 •시범모델로 5개 제품을 선정
건설업	20개 Supply Chain 구현/ 1000개사 참여	Construction & Planning Administration, MOI	•SCM, ERP 등의 부문에 기술지원 제공 •선정된 건설사, 투자가간 Supply Chain 구현
금융업	전자금융 제공 및 금융 공급망 형성 / 3년내 2000개 업체가 Monetary flow 자동화 구현	Ministry of Finance	•기업과 금융기관간 전자금융과 금융서비스 제공 예정 •Internet fund transfer, payment, inquiry service 구현 •은행간 시스템과 보안시스템에 대해 유관기관이 규격과 표준을 제정
정부조달	전자조달 구현, 최소 1만개 기업 참여	Public Construction Commission	•운영 표준 마련 및 관련법 개정 •초기 소규모, 정형화된 조달프로세스에 우선 적용 •현재 조달공고, Vendor catalogues, 가격, inquiry, 주문, 결제, CA 서비스 중

▣ 주요내용

• Plan A&B (iAeB Project): IT업종을 대상으로 하는 SCM 프로젝트 /

2000년 말 완료

- Plan CDE: 대만에 기반을 둔 다국적 기업이 국내 R&D활동 및 투자를 지속하도록 하는 한편 글로벌 물류망을 구축하여 업무효율화와 디자인, 연구, 개발활동의 전산화에 기여할 목적으로 2001년 8월 착수
- New Generation e-Solution Plan: 중국에 진출한 대만기업을 지원하기 위한 'Web Service' 기반의 Global e-Business Infrastructure 구축 진행(2003)

■ 단계별 사업내용 ■

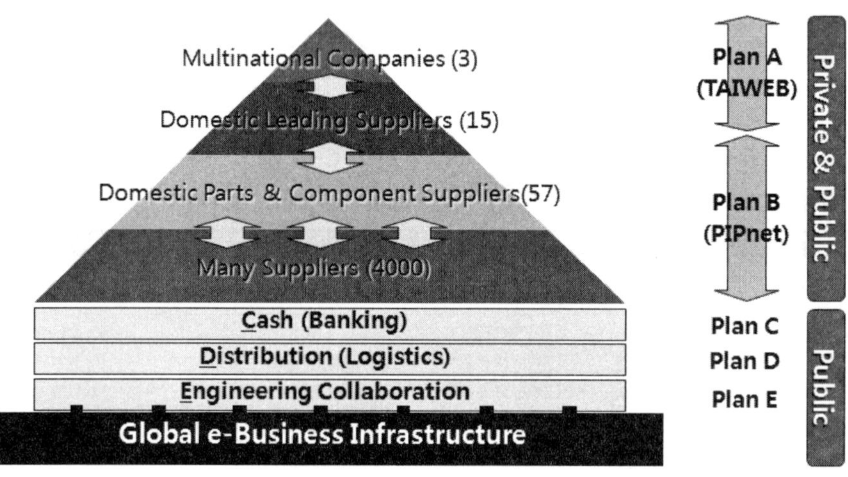

구분	Plan A Project (TaiWeb)	Plan B Project (PIPnet)
Vision	International supply chain hubs	Domestic supply chain network
기대효과	국외 고객과의 협업 증진	국내 공급망의 효율성 향상
Members (Manufacturers)	HP, Compaq, IBM (3)	ACER 등 15개 대만의 주요 제조업체 (연간 매출액 US$300 million 이상)
Suppliers	42개 주요 국내 공급업체 참여	약 4000개 국내 공급업체 참여

▣ 도입효과

대만의 Plan A (TaiWeb)의 구축으로 인한 비용절감효과는 총 5천3백만 달러에 달함

비용절감효과는 총 53.9 million이고, KPI improvement효과는 총 24%~50%의 효과가 있다.

➔ **Cost Saving**

Description	Saving (US$)
Suppliers Cost	30 Million
Finish Goods	18.5 Million
Labor	3.7 Million
EDI VAN	1.7 million
Total Supply Chain	53.9 million

➔ **KPI improvement**

Description	Before (1999)	After (2001)	Improv.(%)
Order Cycle Time	9 days	5.5 days	36%
Order Fill Rate	50%	75%	50%
Factory Cycle time	6.5 days	4 days	39%
Ship To First Commit	67%	83%	24%

▣ 미국기업 HP사례

HP는 Vancouver 및 싱가포르 공장에서 생산한 DeskJet 프린터를 미국, 유럽, 극동 지역의 배송 센터에 공급하고 있으며, 긴 수송 리드타임과 표준 전압 규격의 차이에 따른 각 배송 센터 별 안전재고의 요구수준이 높았다. 또한, 제조, 수송 및 재고 비용이 증가하고 각 지역별 고객 수요 변동에 적극적으로 대응하지 못하는 문제가 발생하였다.

이에 HP사는 이런 문제점들을 개선하기 위해서 사용 전압별로 완제품을 만들어 각각의 물류센터로 보내는 방법을 사용하지 않고 프린터의 설계 단계에서 제품 설계를 변경하여 전원공급장치 부품을 독립적인 부품으로 만들어 지역별 전압에 맞는 전원공급장치를 지역 배송센터에 부품 상태로 보내고 공용으로 사용되는 부품은 공장에서 조립하여 각 지역 배송 센터로 보내서 고객의 요구가 발생하면 배송 센터에서 조립하여 출고하는 방법을 사용하였다.

또한, 한 지역이 다른 지역보다 프린터가 잘 팔리는 경우에는 전원공급장치를 제외한 다른 부품은 공용으로 사용될 수 있기 때문에 부품이 많이 남아있는 배송 센터에서 잘 팔리는 배송 센터로 이동시킴으로써 재고 감소

효과가 발생하고, 이 때 사용된 전략은 제품 재설계 전략과 완제품의 완성 시점을 최대한 고객 쪽으로 미루는 제품 지연(product postponement) 전략을 활용하였다.

▣ 기대효과

전체 Supply Chain에서 재고 비용을 약18% 절감하고 각 지역별 수요 변동에 따른 대응력 및 재고 회전율의 증가, 제조, 수송, 재고 비용을 포함한 총 비용의 약 25%가 절감되는 효과 및 DeskJet 프린터의 점유율을 세계 1위로 성장을 시키는 원동력이 되었다.

▌HP 4대 프로젝트▐

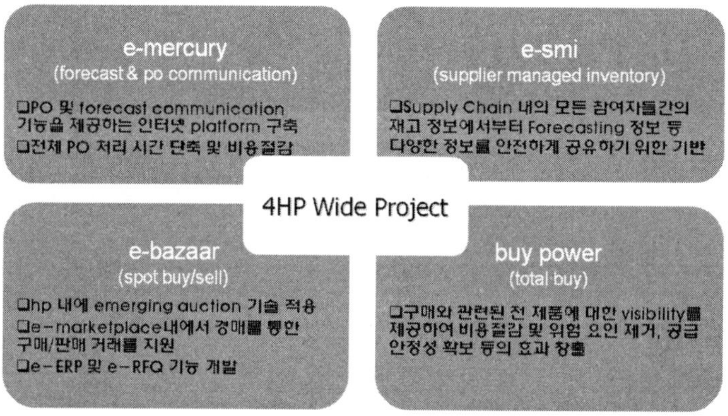

e-mercury
(forecast & po communication)
❑PO 및 forecast communication 기능을 제공하는 인터넷 platform 구축
❑전체 PO 처리 시간 단축 및 비용절감

e-smi
(supplier managed inventory)
❑Supply Chain 내의 모든 참여자들간의 재고 정보에서부터 Forecasting 정보 등 다양한 정보를 안전하게 공유하기 위한 기반

4HP Wide Project

e-bazaar
(spot buy/sell)
❑hp 내에 emerging auction 기술 적용
❑e-marketplace내에서 경매를 통한 구매/판매 거래를 지원
❑e-ERP 및 e-RFQ 기능 개발

buy power
(total buy)
❑구매와 관련된 전 제품에 대한 visibility를 제공하여 비용절감 및 위험 요인 제거, 공급 안정성 확보 등의 효과 창출

▣ Dell의 Supply Chain 통합

Dell의 비즈니스 모델은 'The Dell Direct Mode(DDM)'라는 온라인 판매 방식임. 기존 Off-line 유통망을 통해야만 마케팅이 가능할 것이라는 고정관념을 버리고 온라인으로 승부하겠다는 전략을 실천에 옮긴 것이다.

기존 Supply Chain을 통합한 DDM은 한마디로 고객 주문이 바로 생산현장으로 직결되는 시스템이다. 일단 고객이 원하는 PC를 온라인을 통해 주문하면 그 정보는 바로 공장으로 전해져 바코드가 부여됨. 이어 부품 협력사에 물품주문서가 전달되고 수시간 이내에 생산 라인에서는 고객이 주문한 컴퓨터 생산이 시작된다.

모든 작업이 실시간으로 진행되기 때문에 주문에서 선적까지 걸리는 시간이 불과 36시간으로 일반 컴퓨터 메이커보다 절반 이상이나 속도가 빠름. 또한 재고 비용도 타 업체에 비교하여 1/8에 불과하다.

▮델 SCM의 특징▮

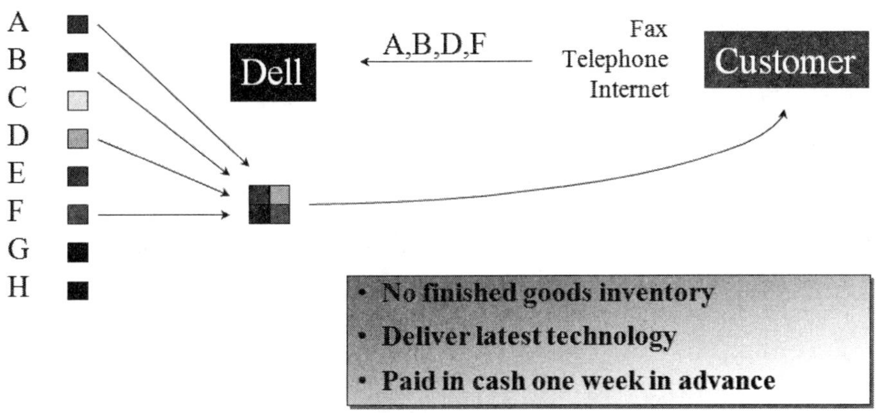

Dell은 판매뿐만 아니라 서비스 기능도 인터넷을 활용하여 통합함으로써 많은 효과를 거두고 있다. Dell은 웹에서 서비스 정보 및 문제 해결 방안, 대화방과 개인별 지원을 위한 커뮤니케이션 기능, 부품 및 소프트웨어 개발업체와의 연계 등의 다양한 온라인서비스를 제품별, 내용별, 개인 등록번호별로 제공하고 있다.

고객들은 웹 사이트에 접속하여 스스로 제품에 서비스 기능에 대한 학습이 가능하며, 이를 통해 주당 30,000건 정도의 파일 다운로드를 통해 $15,000/주의 비용 절감, 주당 20,000명의 고객이 서비스 요청을 Call Center가 아닌 온라인으로 조회함으로써 건당 $3~$5의 비용 절감, 30%의 인터넷 고객이 Dell의 광고를 보지 않고도 구매를 결정하는 등 홍보비용의 절감 등의 효과가 나타난다.

Dell은 디지털 기술을 활용하여 기존과는 완전히 다른 새로운 Supply Chain을 구축함으로써 기존 가치사슬 일부를 성공적으로 제거하였고, 이를 통해 업무의 신속성 제고 및 전반적인 비용 감소가 가능하다.

▣ 국내 SCM 사례

1) 유한킴벌리

① 회사 개요

유한킴벌리는 1970년 3월 30일에 창립되었다 주주사는 유한양행, 킴벌리클라크이며 기본사명은 '소비자가 선호하는 유익한 제품과 서비스를 공급하여 위생문화 발전을 선도하고 건강과 복지 향상에 기여한다.'이다. 한국 제1의 위생제지업체, 종이기저귀, 화장실용화장지, 미용화장지, 여성생리대 등 거의 모든 품목에서 시장점유율 1위를 차지하고 있다. 제조시설은 안양, 김천, 대전 등에 공장이 위치하고 있다. 종업원 수는 2,200여명이다 경영실적은 1997년을 기준으로 봤을 때 매출-3,960억원, 영업이익-484억원, 순이익-125억원의 실적을 올렸다. 기업규모는 1996년 매출액을 기준으로 했을 때 매출액 순위 국내 300대 기업에 포함되었다. 신용평가 결과 국내 일류 수준이며 동종업계 1위라는 기업 평가를 받고 있으며 국내 기업 중 가장 환경친화적인 기업으로 평가받고 있다.

② 유한킴벌리의 경영방침

가. 인간존중

유한킴벌리는 사원의 안전을 제 1순위로 하는 생명존중 정신의 실현, 사원 상호간의 신뢰형성, 회사와 사원간의 원활한 커뮤니케이션을 통한 열린 경영의 실천, 회사 성공의 주역인 인재의 양성, 성공에 기여한 사람에 대한 공정한 보상 등을 통해 인간존중을 실현하고 있다.

나. 고객만족

항상 고객의 입장에서 생각하는 자세를 바탕으로 고객에게 최고의 가치를 주는 고품질의 제품을 만들어 제공함으로써 회사와 고객이 함께 성장하는 길을 만들고자 노력하고 있다.

다. 사회공헌

선도적 환경보전 활동의 전개, 윤리적 경영의 실천, 공정한 거래, 성실한 납세 실천을 통해 사회에 공헌하는 기업이 되고자 최선을 다하고 있다.

다. 가치창조

미래를 위한 성장을 추구하며, 생산성을 향상시키며, 좋은 기업 평판을 얻고자 노력하는 과정에서 우리는 가치를 창조하고 있다.

라. 혁신주도

모든 부문에서 앞서 나가려는 도전정신의 함양과 이를 뒷받침해 주는 학습조직의 활성화, 아울러 업무의 유연성 확보와 변화를 주도하는 자세의 확립을 통해 혁신을 주도하고 있다.

유한킴벌리는 '우리강산 푸르게 푸르게' 캠페인을 20년째 진행하면서 환경보호 운동이 국민적으로 확산되는데 기여해 왔다. 우리나라가 경제 시련기에 돌입한 1998년부터는 여러 시민단체와 산림청, 산림조합중앙회 그리고 전국의 많은 교수들과 함께 "생명의 숲 가꾸기 국민운동"을 발족하여 숲도 살리고, 매일 2만여 실업자들에게 취업기회를 제공하는 일 등에 참여하고 있다. 최근에는 "동북아 산림포럼", "학교 숲 가꾸기 운동", "평화의 숲 운동", "내셔널트러스트 운동", "생태산촌 만들기 모임" 등 생태와 숲 관련 각종 국민운동이 활발히 전개되고 있어, 캠페인 전개에 따른 큰 보람을 거두고 있다. 즉 유한킴벌리는 숲이 지금 우리의 것이 아닌 미래에 우리 자손들에게 물려주어야 할 소중한 재산이라는 걸 잊지 않음으로서 환경을 물론 인간을 소중히 여기는 윤리경영을 펼치고 있다고 할 수 있다.

③ 일하고 싶은 기업 유한킴벌리

최근 우리나라의 경제상황은 매우 불투명하다. 우선 국내 청년 실업인구가 50만명에 육박하고, 400만명이나 되는 신용불량자가 속출하고 있으며, 내수시장은 어디가 끝인지 모를 정도로 침체되고 있다. 이런 매우 열악한 상황에서 지난 13년 동안 매출액이 4배 이상 증가, 순이익은 무려 17배 이상 늘어났고 8개 모든 사업분야에서 시장점유율 1위를 달리고 있는 기업이 있다. 바로 유한킴벌리이다. 1970년 유한양행과 미국의 킴벌리 클라크(Kimberly-Clark)사가 합작해 설립한 회사이다. 특히 몇 년 전부터 유한킴벌리의 눈부신 경영성과는 사람들에게 자주 회자되고 있다. IMF 경제위기와 최근 경기침체를 겪으면서도 인력감축 없이 괄목할 만한 성장을 거듭해 오고 있으니 당연한 일이다. 유한킴벌리에서 생산하는 제품의 경쟁력은 국내에서는 물론, 세계 최고 수준이다. 최근에는 유한킴벌리의 성과가 해외에서도 인정받고 있다. 「아시안 월스트리트 저널」이 세계적인 리쿠르트 회사인 휴잇과 공동으로 '아시아에서 가장 일하기 좋은 기업'을 조사한 결과, 유한킴벌리는 총 900개 아시아 지역 회사 중 2002년에 이어 2003년에도 상위 10위 안에 들었다. 특히 2003년에는 직원들의 만족도, 직원들의 경영진에 대한 신뢰도, 회사의 사회공헌도에서 높은 평가를 받아 '아시아에서 가장 일하기 좋은 기업' 6위에 선정되어 한국 기업들 중에서 가장 높은 순위를 기록했다. 그렇다면 유한킴벌리가 다른 기업에 비해 잘하고 있는 점은 무엇일까? 유한킴벌리의 독특한 방식은 모든 기업에게 적용될 수 있는 성공의 보증수표인가? 또한, 유한킴벌리 방식은 다른 기업이 쉽게 벤치마킹할 수 있을까?

가. 한국형 생활모델 : 4일은 즐기고 4일은 내 인생을 즐기는 삶

기업의 이윤을 높이기 위해서는 직원들에게 많은 노동을 시키고 적은 임금을 지급해야 한다는 것이 일반론이다. 그러나 유한킴벌리는 가동률 하락, 재고증가, 강경노조 등으로 표출된 경영위기를 일반론을 완전히 깨는 접근법으로 해결했고 이는 한국경제의 위기를 극복할 수 있는 대안으로 부상하고 있다. 유한킴벌리의 위기대처방안은 두 가지로 요약된다. 하나는 4조 교대제와 평생학습제도를 도입함으로써 종업원의 역량강화를 꾀했다는 점이다. 다시 말해서, 유한킴벌리는 생산직 근로자들을 4개조로 나누어 예비조를 운영하는 4조 교대제를 도입하여 종업원이 4일 근무하고 4일 휴식을 취함으로써 종업원에게는 여가활용과 재충전, 교육 등 자기계발을 할 수 있게 했다. 동시에 사측은 고용안정과 생산성의 향상이라는 두 마리 토끼를 잡을 수 있었다. 유한킴벌리의 근무체제는 사람도 살리고 경제도 살리는 새로운 모델을 제시해 준다는 점에서 개별 기업에게 뿐만 아니라 사회적으로 큰 의미가 있다. 왜냐하면 회사와 가정과 개인이 공존할 수 있는 시스템을 제공하는 동시에 기업이나 사람을 바꾸지 않으면서도 '일자리 나누기'를 통해 정리해고 없이 생산성 향상을 이뤄냈기 때문이다. 물론 이러한 성공은 새로운 제도가 성공하기까지 경영진의 신념, 제도가 열매 맺기를 기다릴 줄 아는 인내심, 교육과 평생학습, 그리고 사람을 존중하는 사고방식이 사내에 자리 잡고 있었기 때문에 가능했을 것이다. 다시 말해, 유한킴벌리의 성공요인은 4조 교대제와 평생학습제도의 도입 자체가 아니라 CEO 리더십, 윤리경영 · 투명경영을 통한 신뢰획득, 경영진의 노조의 의견수렴을 위한 노력 등이 적절히 배합되어 성공적인 사내 메커니즘을 형성했다는 것이다.

나. 한국형 조직모델 : 경영진과 근로자가 서로 믿으며 아이디어가 넘치는 회사

유한킴벌리의 성장과 생산성 향상의 가장 핵심적인 요인은 4조 교대제를 통한 자기계발과 평생고용보장이다. 이의 바탕에는 평생교육을 통해 모든 근로자들을 단순한 육체노동자가 아닌 지식노동자로 만들고 싶어 하는 유한킴벌리 문국현 사장의 비전이 깔려 있다. 이러한 비전이 가능했던 이유는 4조 교대제는 평생학습조를 만들고 이를 통해 직원들이 새로운 지식을 끊임없이 학습함으로써 단순한 육체노동자에서 지식노동자로 탈바꿈하게 만들고, 이는 기업차원뿐만 아니라 국가차원의 성장에도 기여할 수 있기 때문이다. 이러한 경영을 유한킴벌리에서는 '유한킴벌리식 지식경영'이라고 정의하고 있으며, 이는 다른 기업들이 본받아야 할 핵심적인 경영혁신 모델이라고 할 수 있다. 유한킴벌리가 평생교육체제를 단시간에 정착시킬 수 있던 요인은 높은 교육참여율이다. 유한킴벌리는 교육일에도 교육수당을 지급하는 등 자발적 참여를 독려하고 있으며 인적자원에 대한 투자가 현장에서의 생산성 향상으로 이어진다는 믿음을 전사적으로 공유하고 있다. 또한 유한킴벌리의 교육제도는 단순 직무교육에만 머무는 것이 아니라 교양교육을 접목함으로써 유한킴벌리가 추구하는 개인의 품성을 키우고 서로 존중하고 신뢰하는 기업풍토를 만들려는 비전을 추구한다. 이렇게 유한킴벌리 직원들은 평생학습을 통해 기계와 공정의 개선을 위한 아이디어 제안에 참여하고 직접 기계를 업그레이드 하는 역할까지 하면서 회사 개선의 주체로 활약하고 있다. 말 그대로 교육은 지출이 아니라 기술개발을 위한 투자가 된 셈이다.

다. 한국형 경영모델 : 육체 노동자를 지식노동자로 키우는 인간 중심의 경영

"윤리경영은 기업의 모든 이해관계자에게 해당하는 겁니다. 직원, 고객, 사회, 심지어 경쟁사와 거래처까지 포함됩니다. 이런 모든 부분에서 정도를 걷겠다는 것이 윤리경영입니다." 이러한 경영이념 덕분에 유한킴벌리는 4조 교대제와 평생교육제도를 개발할 수 있었다. 그리고 이러한 경영이념은 회사가 직원들에게 투자하면 그것이 다시 회사의 이익으로 돌아온다는 믿음 위에서 가능할 수 있었다. 4조 교대제와 평생교육제도 때문에 유한킴벌리는 다른 기업들에 비해 인건비를 50%나 더 떠안아야 했지만 이것은 결과적으로 기업의 생산성을 이전과는 비교할 수도 없이 상승시켰다. 이는 곧 사람에 대한 투자야말로 기업의 경쟁력을 강화시키고 근로자의 역량을 강화해 주는 요체라는 사실을 증명해 준다. 결국 유한킴벌리가 상징하는 뉴패러다임의 중심에는 사람이 있고, 사람에 대한 투자가 있다. 그리고 사람 중심의 뉴패러다임은 유한킴벌리의 가장 강력한 무기가 되고 있다. 이러한 뉴패러다임이 가능하기 위해서 몇 가지 전제조건이 필요하다. 바로 회사와 직원간의 신뢰가 바탕이 되어야 한다. 그리고 유한킴벌리는 상호간의 신뢰를 위해 먼저 솔선수범해야 할 쪽이 회사와 경영진이라는 점을 자신의 성공사례를 통해 증명하고 있다. 신뢰경영은 윤리경영이라는 덕목과 같은 선상에 있다. 신뢰의 바탕에는 윤리적이고 투명한 기업경영이 기본적으로 깔려 있어야 하기 때문이다. 동시에 권한이양도 이루어져야 한다. 회사는 직원들에게 책임과 권한을 부여해 직원들이 회사의 주인이라는 의식을 가지고 일할 수 있도록 해야 한다. 유한킴벌리가 매출액과 순수익의 급증은 물론 동종업계에서 가장 많은 근로자를 고용하면서도 가장 높은 보수를 줄 수 있었던 것은 이러한 경영방침이 있었기 때문에 가능했다. 유한킴벌리의 윤리경영은 사내차원에 머무는 것이 아니라 지역사회, 환경에까지 확대하고 있다. 문사장이 환경캠페인을 벌이는 가장 큰 이유는 기업경영에 있어 경제적으로 성공하는 것 못지않게 사회적으로 인정받는 행동을 하는 것이 중요하다는 경영철학을 가지고 있기 때문이다. 물론 이러한 접근이 처음부터 쉬었던 것은 아니다. 환경보호 예산에 대한 내부 반발도 있었다. 그러나 환경경영과 윤리경영이 결국 기업의 경쟁력과 직결된다는 결과가 가시화되면서 지금은 유한킴벌리의 기업이미지를 높이고 직원들의 자부심을 고취시키는 역할을 톡톡히 하고 있다. 문사장은 기업이 윤리경영을 실천하고 지역사회의 발전과 환경문제 등에 관심을 가질 때 비로소 사회의 존경을 받을 수 있다고 역설한다. 많은 기업들이 정치자금 등의 문제로 사회적인 지탄을 받고 있는 요즘, 유한킴벌리는 기업의 경쟁력을 키우는 동시에 사회적인 존경도 함께 받을 수 있는 가능성과 접근법을 제시해주고 있다.

라. 한국형 성장모델 : 일자리를 나누고 모두가 함께 누리는 상생의 공동체

그렇다면 뉴패러다임으로 불리는 Y-K모델이 최근 각광을 받고 있는 이유는 무엇일까? 그 이유는 최근 경제성장이 일자리 창출 없는 성장에 머무르면서 청년실업 문제와 내수침체는 점차 심각한 사회문제로 부각되기 시작했고 이를 위한 기업차원의 해법이 중요성을 띠고 있기 때문이다. 이러한 사회적 관심을 대변하면서 유한킴벌리를 주축으로 기존의 노동과 고용, 생산과 소비의 문화를 바꾸는 21세기형 패러다임을 만들기 위해 뉴패러다임 포럼이 결성되었다. 이 포럼은 최근 정부예산을 지원받아 Y-K모델을 전파하기 위한 전진기지의 역할을 톡톡히 하고 있다. 한 예로, 한국타이어, LG필립스 등 국내 유수기업들이 뉴패러다임 포럼의 지원을 받아서 뉴패러다임 방식을 벤치마킹하여 가시적인 성과를 거두고 있다. 또한, 포럼은 박물관, 병원, 소방서 등 공공서비스 분야에도 확산을 적극적으로 모색하고 있다 뉴패러다임은 3차원적 효과를 가지고 있다. 우선, 예비조 방식을 운영하여 고용인원을 증가시키고, 학습 프로젝트와 연결해서 근로자들을 지식노동자로 개발하고, 지식노동자가 생산현장에서 생산성을 높임으로써 국가 경쟁력을 높이게 된다. 이는 노동자를 한낱 일회용으로 여겨서 저임금, 장시간 노동으로 기업 경쟁력을 끌어올리려는 이전의 사고방식을 철저히 버릴 때 가능하다. 유한킴벌리와 한국타이어의 사례에서 입증되었듯이 4조 교대제로 대표되는 뉴패러다임은 휴식과 교육이 생산성 향상으로 이어져 직원과 회사 모두 만족할 수 있는 새로운 윈윈전략으로 인식되고 있다. 다만 새로운 패러다임이 정착되기 위해서는 기업, 종업원, 정부차원의 노력이 동반되어야 한다. 첫째, 기업은 눈앞의 이익에 매달리는 대신 사회적인 책임을 다할 때 이는 다시 기업의 힘으로 돌아와 한국경제를 일으키는 원동력이 된다는 근본적인 인식전환을 도모해야 한다. 둘째, 종업원들도 변해야 한다. 종업원들도 과격한 불법파업을 자제하는 대신 회사와 머리를 맞대고 협력의 길을 모색하는 등 노동운동의 새로운 패러다임을 찾도록 노력해야 한다. 마지막으로 국가의 역할도 무시할 수 있다. 뉴패러다임, 즉 사람에 대한 투자가 생산성으로 이어지기까지 최소 1, 2년 정도의 시간이 걸린다. 때문에 회사의 비용이 늘어나 재정이 악화되는 요인이 될 수 있다. 바로 이 점 때문에 정부의 역할과 지원이 절실하다.

마. 결론

사실, 유한킴벌리의 4조 2교대나 평생교육제도 자체보다도 그러한 혁신적 아이디어를 실제 작업장에 적용하여 성공할 수 있었던 경영진의 리더십과 노사간의 신뢰가 한층 높이 평가되어야 한다. 따라서 Y-K방식을 타 기업에서 천편일률적으로 도입한다고 해도 이 제도의 핵심인 리더십과 노사간의 신뢰구축이 선행되지 않고서는 성공이 보장될 수 없다. 따라서 이 책은 유한킴벌리 모델을 자세히 소개할 뿐만 아니라 지속가능한 성장을 가능케 했던 신뢰경영과 경영진의 탁월한 경영철학을 제시하기 때문에 타 기업은 Y-K방식의 접근법 자체뿐만 아니라 Y-K방식을 이해하고 이를 자사에 적용하는 데 효과적인 지침서가 될 것이다.

④ 유한킴벌리의 SCM도입 배경

유한킴벌리는 SCM을 도입하기 위하여 사내의 SCM 추진팀을 Kimberly Clack Corporation에 파견하여 구현된 SCM 방법론을 교육받았다. 유한킴벌리의 박연우 이사(한국물류산학연협회 이사)를 비롯한 SCM 추진팀은 6개월간 미국의 Kimberly Clack Corporation에서 SCM 교육을 받았다. 또한 SCM 프로젝트 이사회(Steering Committee)의 핵심 의사결정자로 SCM 프로젝트 초기부터 SCM이 성공적으로 운영되기까지 중요한 역할을 하였다. 유한킴벌리의 SCM 프로젝트 방법론은 Kimberly Clack Corporation에서 이미 성공적으로 구현된 방법론을 국내에 적합하도록 커스터마이즈한 특징을 가지고 있다. 현재 유한킴벌리의 SCM은 사전에 목표공유와 경영층간에 프로젝트에 대한 몰입(commitment)을 통해서 성공적으로 운영되고 있다. 이러한 성공이유 중 한 가지가 SCM에 대한 충분한 사전준비와 검증된 방법론의 적용에 있다고 생각된다.

⑤ SCM의 국내동향

미국내에서는 이미 1990년대에 SCM이 활성화되었다. 국내의 경우, 기업에 SCM이 도입된 지 얼마 되지 않았고, 1999년 11월 한국유통정보센터 주체로 ECR/SCM을 국내에 조기 보급하고자 SCM 민관합동위원회를 발족하면서 그 당시 활발하게 논의되기 시작하였다. SCM 민관합동위원회에는 산업자원부, IT업체, 제조업체, 유통업체가 참여하였다. 한국유통정보센터는 SCM 민관합동위원회 하에 SCM이 기업에서 활발하게 이루어지도록 하기 위한 ECR Working Group을 만들어 기업체와 IT업체의 업무담당자들이 효과적인 학습과 업무교류를 지원하고 있다. 2000년 1월 ECR Working

Group에 참여하고 있는 업체는 LG유통, 마그넷, 까르푸 등 유통업체로 이들은 ECR Working Group 내에서 자사의 파트너 선정 방법과 효율적인 물류 및 유통방안에 대하여 세미나를 하였다. 이 회사들은 SCM 구현을 위한 CRP를 활성화하기 위하여 다양한 제조업체로부터 파트너를 찾고 있었다. 이 당시 유한킴벌리도 SCM을 효과적으로 운영하기 위하여 많은 노력을 하고 있었다. 2000년 2월에 유한킴벌리는 SCM의 필요성을 인지하고, ECR Working Group에 참여, 다양한 활동을 벌이기 시작했다.

⑥ 유한킴벌리의 SCM 추진과정

유한킴벌리는 SCM 추진에 대하여 KCC와 협의를 통하여 본격적인 추진을 계획하였다. KCC는 SCM에 대한 중요성을 일찍 인식하여 "CPFR[1] 프로젝트"를 추진한 노하우를 가지고 있었기 때문에 유한킴벌리에서 파견된 임직원들은 KCC로부터 효과적인 SCM학습을 교육받았고, 이들은 다시 국내로 들어와 유한킴벌리의 SCM 프로젝트팀을 구축하여 프로젝트를 수행하였다. 유한킴벌리는 SCM전략을 운영하기 위하여 사전준비를 하고 있던 중, 2000년 3월 마그넷으로부터 시범사업 업체를 공식적으로 구성하기 위한 제안을 받고 이를 수락하였다. 2000년 4월 유한킴벌리는 SCM 파트너로서 롯데마트를 방문하여 CPFR프로젝트에 대한 제안서를 발표하였고, 2000년 5월 마그넷의 제조업체 중 카테고리가 겹치지 않는 5개 업체(유한킴벌리, LG화학, 제일제당, 풀무원, 오뚜기)에 선발되어 시범 CRP(Continuous Replenishment Program) 파트너로서 본격적인 SCM 추진을 하게 되었다. 2000년 5월 2일 국내 일간지 기자를 초청하여 롯데마트와 유한킴벌리와의 SCM추진에 대한 공식발표가 있었고, SCM 프로젝트팀을 구성하여 2개의 점포를 대상으로 시범사업을 수행하였다.

2000년 12월 한국유통정보센터가 유통업체를 대상으로 2001년도 시범사업 계획 제출 요구에서 롯데마트는 유한킴벌리를 2001년도 CPR 파트너

1) CPFR(Collaborative planning, forcasting and replenishment) : 기업이 거래처와 협력을 통해 상품계획과 예측을 하고 상품을 보충하는 것. 즉 수요예측과 재고보충을 위한 공동사업

로 선정하였다.

⑦ 유한킴벌리의 SCM 추진계획

유한킴벌리는 SCM프로젝트 추진을 위하여 2000년 4월 프로젝트 팀을 구성하였다. 자세히 살펴보면, SCM 추진팀은 9명의 이사회(Steering Committee), 프로젝트 관리자, 참모로 구성되었다. 프로그래밍(Programming), 데이터 웨어하우징(Data Warehousing), 포스데이터 및 시장데이터 분석(POS/Market Data Anaysis)은 아웃소싱 형태로 이뤄졌다. 2000년 6월에는 프로세스 분석을 수행, 활용 가능한 정보를 분석하였다. 프로세스 분석은 재고회전율, 결품률, 순매출 증가율, 매출 수익률, 관리비용 감소율, 공급체인회전률 차원에서 분석되었다. 그 당시의 프로세스(As-Is Process)와 향후 프로세스(To-Be Process)를 살펴보면, 재고회전률은 11일에서 5일, 결품률은 5%에서 1%로, 순매출 증가율은 15% 향상, 관리비용은 1억원 감소, 공급체인 회전률은 86일에서 52일로 감소시키기 위한 프로세스를 설계하였다. 2000년 10월, 파일럿 테스트가 이뤄졌다. 유한킴벌리의 SCM프로젝트의 궁극적인 목표는 롯데마트(Lotte Mart)와의 프로세스 통합과 정보교류를 통한 파트너쉽 증대에 있다. 예상되는 프로젝트의 효과는 롯데마트와의 사업관계 강화, 소비자 만족도 증대, 재고감소를 통한 운영비용 감소, 효과적인 수요 예측 및 생산 계획, 재고 가용률 증진을 통한 판매 증대에 있다.

⑧ SCM파트너, IT업체의 파트너쉽

시범 사업 초기에 이마트, 까르푸는 정보 공개 및 공동 프로젝트에 매우 꺼려했으나 롯데마트는 매우 적극적이었다. 그 이유는 롯데마트가 현재 대형 유통업체 3위에서 1위를 탈환하기 위한 전략으로 타 유통업체와 같이 다점포 전략을 취하므로 신규 점포를 조기 안정화하기 위한 목적이 있다. 그리고 롯데마트는 후발업체로서 선도적인 업체에 시스템과 지식을 습득하여, 조기에 업무 안정화를 정착하려는 목적이 있었다. 유한킴벌리는 대형 유통업체와 시범 프로젝트를 성공하여 노하우를 타 유통업체에 적용 우위 선점하여, 지속화할 필요성을 느끼고 있었다. 롯데마트는 후발업체로 각종 시스템이 미비한 관계로 새로운 프로젝트의 신기술을 적용하기 위하여 제조업체 입장에서도 유한킴벌리와 최적의 협력 파트너가 될 수 있었다. 유한킴벌리와 롯데마트의 SCM프로젝트 추진에는 국내의 CR소프트웨어 배급사인 리테일 네트워킹(Retail Networking)사와 CR소프트웨어를 제조하고, 컨설팅하는 프랑스의 INFLUE사가 참여하였다. 유한킴벌리의 SCM프로젝트 추진과정에서 양사는 크로스 펑션팀(Cross Functional Team)을 구성하여 협조적으로 프로젝트를 진행하였다. SCM프로젝트 초기에 롯데마트의 매입팀과 유한킴벌리의 영업팀의 갈등과 롯데마트 본부와 매장간의 내부 갈등이 프로젝트의 갈등을 유발하였으나 이러한 문제점은 롯데마트의 최고경영층의 의지로 극복되었고, 효과적으로 프로젝트를 진행할 수 있었다.

⑨ SCM 프로젝트의 주요성과

유한킴벌리와 롯데마트에서 3개 점포를 대상으로 시범운영한 프로젝트 성과는 매우 높게 나타나고 있다. 현재 SCM프로젝트의 대상 매장인 롯데마트 강변점, 서현점, 월드점 3개와 시행되지 않는 매장을 비교분석 해본 결과 SCM 구현 매장에서는 수요 예측, 재고 관리, 생산 계획, 적송 및 배송이 효과적으로 운영되고 있는 반면, 시행되지 않고 있는 대부분의 매장에서는 많은 문제가 발생하고 있는 것으로 나타났다.

SCM 프로젝트의 주요 성과는 다섯 가지 측면에서 자세히 살펴보면 특징은 다음과 같다. 첫째, 재고일수는 30% 감축 목표를 성과지표를 잡았는데 2000년 11월 말 60%의 개선효과를 얻었다. 둘째, 관리비용을 30%이상의 성과지표를 잡았으며, 여러 부분에서 관리비용을 절감할 수 있었다. 셋째, 매출신장 측면에서는 30%의 성과지표를 잡았고, 11월 말 현재 20% 매출신장을 기록했다. 넷째 미납률의 경우 10%에서 2%로 감소되는 효과를 얻었다. 다섯째, 결품률의 경우 0%선에 가까운 효과를 얻었다. 2001년 3월 현재 유한킴벌리는 롯데마트와의 SCM을 전 매장으로 확대 시행을 추진하고 있다.

⑩ SCM 프로젝트의 주요 성공요인

유한킴벌리는 롯데마트와의 SCM프로젝트가 성공적으로 이루어진 주요 성공요인(Critical Success Factor)을 다섯 가지 측면에서 설명했다.

1. SCM 성공의 가장 중요한 요인으로 롯데마트와의 좋은 파트너십(Good Partnership)으로 보았다.
   유한킴벌리의 관계자에 따르면 좋은 파트너십 이야말로 비즈니스 성공을 위한 가장 중요한 요소라고 강조했다.
2. 유한킴벌리가 롯데마트와 성공적으로 SCM을 구현할 수 있었던 이유는 검증된 방법론을 국내 실정에 적합하도록 커스터마이즈한데 있다고 보았다.
3. 회사의 정보기술과 교육에 대한 적극적인 지원으로 보았다.
4. 양사의 최고경영층의 적극적인 지원으로 보았다.
5. 상품의 뛰어난 품질, 롯데마트 매장의 판매정책 등으로 보았다.

SCM프로젝트가 성공적으로 이루어진 가장 중요한 요인은 첫째도 파트너쉽이고, 둘째도 파트너쉽, 파트너쉽이 가장 중요하다고 생각된다. 파트너쉽은 향후 SCM을 도입하고자 하는 기업에서 가장 노력해야 할 부분이라 생각된다.

⑪ 결론

오늘날 많은 기업에서 SCM에 대한 관심을 갖고 있다. 이러한 SCM 전략이 필요한 이유는 기존의 제품의 브랜드파워와 품질개선 전략으로서는 경쟁업체와의 경쟁에 한계가 있기 때문이 아닐까 생각한다. SCM은 기업의 물류비용, 재고비용, 생산비용 등 제조에서 유통에 이르는 전 분야에 많은 효율성을 가져다준다. 이 효율성을 토대로 경쟁우위를 확보하여 소비자 만족을 꾀해야 한다. 현재 소비자 서비스의 수익모델은 없지만 SCM을 통해 소비자에게 제공한 서비스의 대가로 얻어지는 수익모델이 개발 될 것으로 보인다. 최근 인터넷 비즈니스가 활성화되면서 비즈니스 환경에 많은 변화가 발생하고 있다. 이러한 치열한 경쟁환경에서 경쟁력을 갖추기 위해서 조직은 지속적으로 변화하는 전략(e-transformation strategy)을 수립해야 할 것으로 생각된다.

2) 월마트 성공사례

① 개요

월마트는 1998년 10월에 한국마크로(네델란드유통체인)를 월마트 인터내셔날이 인수한 회사이다. 100% 투자, 인수이며 아시아에서는 중국에 이어 두번째로 진출했다. 원래 한국마크로는 1993년 6월 25일에 설립되었는데 경영상태가 안 좋았다. 월마트가 인수할 당시 4개 점포만을 가지고 있었으며 현재 월마트 코리아는 15개 점포의 3,500여명의 직원을 채용하고 있다. 2003년 12월 당시 자본금이 811,883,000,000원 이다.

② 한국에서 부진한 월마트

월마트의 한국 진출은 1998년 프랑스계 할인점 체인이었던 한국 마크로를 인수하면서 부터였다. 당시 매장은 4개였다. 월마트가 한국 시장에 늦게 진출한 이유는 많이 알려졌다시피, 한국에 월마트라는 이름의 슈퍼마켓이 있었고 이 주인이 월마트라는 이름을 이미 상표등록 해놓았기 때문이었다. 이 이름을 빼앗기 위한 월마트의 눈물 나는 노력이 시작되었고, 이 이름을 빼앗기지 않으려는 슈퍼 주인아저씨의 눈물 나는 방어가 시작되었다. 결국 법정싸움까지 갔지만, 한국 법정은 오랜 기간 월마트라는 슈퍼마켓을 운영해온 슈퍼마켓 주인아저씨의 손을 들어주었다. 그래서 월마트는 약 1년 동안 마크로라는 기존의 이름을 이용해서 영업을 했다. 그리고 1년 정도 후에 월마트라는 상호를 돈을 주고 사서 월마트라는 이름으로 영업을 하기 시작했다. 이것이 1999년의 일이었다. 실제 자기들의 매장을 세운 것은 1999년 월마트 강남점이 시작이었다. 신세계가 프라이스클럽(현 코스트코홀마트)을 운영하면서 배운 노하우로 할인점 시장에 진출한 것이 1993년이었으니까 많이 늦었던 것이 사실이다. 하지만 이마트는 당시 경쟁업체였던 킴스클럽이나, 까르푸, 마크로 등과는 다른 전략을 구사했다. 바로, 창고형 할인매장을 포기하는 것이었다. 미국형의 삭막한 매장과 산처럼 쌓여있는 박스식의 영업이 아닌 세미 백화점 형태의 인테리어와 서비스를 적용시켰다. 그리고 입지도 다른 할인점들과 달리 변두리가 아닌 도심으로 선택했다. 마크로를 인수한 월마트는 할인 매장의 대부격이라고 할 수 있었지만 한국에 진출할 때는 이야기가 달랐다. 망해가던 마크로를 인수하였지만, 입지가 도심이 아닌 변두리였기 때문에 한국형 할인점에 뒤져있었고, 도입한 미국형 경영방식도 이미 한국형 할인점에 익숙해진 한국 소비자들에게 먹히지 않았다. 이마트가 가족단위의 즐거운 쇼핑을 외치고 있을 때, 월마트는 넓은 매장, 저렴한 가격, 미국식 창고형 매장을 소리치고 있었다. 게다가 6년이라는 기간 동안 수많은 할인점들이 주요 도시의 입지조건이 좋은 곳에 할인점을 열고 있었기 때문에 월마트가 매장을 오픈할 곳들은 모두 변두리뿐이었다. 결국 월마트는 변두리라는 지리적 문제, 창고형이라는 문화적 문제를 풀어내지 못하는 상황이다. 하지만 월마트는 아직 한국에서 철수하지 않았으며 15개의 슈퍼센터를 운영하고 있습니다. 또한 최근에는 Super 슈퍼마켓이라는 축소된 개념의 할인점을 오픈한다고 발표하였다. 아마도 롯데에서 운영 중인 레몬보다 약간 큰 형태를 띠고 있다. 이제 한국에서 비싼 수업료를 냈던 월마트의 한국 공략이 어떤 식으로 진행될련지 지켜보는 것도 재미있을 것이라 생각된다.

③ 월마트의 성공사례

월마트는 미국에서는 월마트의 EDLP(Everyday low price)란 슬로건으로 인해, 미국의 물가상승률을 억제할 정도로 엄청난 영향력을 행사하고 있는 거대 유통업체이다.

월마트가 70년대에 처음 시작할 때 K마트라는 할인점이 미국 대형유통업체 중 가장 컸다. 대형 할인점의 입지조건 중 지역 인구가 10만명 이상이라는 조건이 있었다. 월마트는 그 개념을 깨고 중소도시로 나아간 것이다.

시내 중심가의 비싼 땅에 할인점을 짓는 것이 아니라 좀 떨어진 값싼 땅에 할인점을 짓고 주차시설을 크게 갖추는 방식으로 나아갔고 워낙 싸게 양질의 물건을 팔다보니 중소도시들은 월마트가 죄다 장악을 해버렸다. 그리고선 K마트가 있는 대도시로 나아가 K마트에게 도전장을 내게 되었다. 그 결과 월마트의 승리로 돌아갔다. 월마트는 정보기술에 대한 이용이 어떤 업체보다 빨랐다. EDI(전자문서교환)을 자신들의 사업에 이용하여, 시장의 움직임에 빠르게 대처했다. 물품 공급업체에게 EDI로 어떤 물건을 더 갖다 달라, 이 상품은 잘 안 팔리니깐 빨리 치워라...식의 문서를 실시간으로 보냈고 공급업체들도 그에 빠른 대응을 했었다. 또한, 각 물류트럭마다 GPS를 장착했고, Retail Link라는 시스템을 통해 공급업자들과 월마트간의 직접적인 연결을 이루었다. 지금은 2005년부터 RFID 기술을 이용한다고 한다. RFID가 뭐냐하면, 주파수를 통한 인식 시스템이라고 말할 수 있다. 편의점 가서 물건 살 때 Bar code를 찍고 있는데 그걸 Pos 시스템이라고 하는데 그걸 200미터 앞에서 찍을 수 있는 기술이다. 이건 정말 엄청난 기술이라고 생각한다. 무인점포시스템도 가능하게 하고, 재고관리를 사람이 일일이 할 필요가 없고 컴퓨터 혼자서 다 하게 할 수 있는 것이다. 이게 정말 제대로 이용되면 지금 유통업계에 종사하는 사람들 대부분이 필요 없게 되는 것이다. 현재는 이 기술을 이용하는 것이 단가가 좀 비싸서 몇몇 비싼 물건들을 제외하고는 이용하고 있질 못하고 있는 실정이라고 한다. RFID의 단가가 낮아지면, 그래서 우유 한 팩, 껌 한통에까지 RFID 스티커를 붙일 수 있게 되면 정말 엄청난 파급효과가 있을 것으로 보인다. 월마트에서는 이 기술을 이용하게 되면 연간 85억달러의 인건비 절감이 있을 것으로 예상하고 있다. 인건비 절감만 우리나라 돈으로 9조정도이다.

④ 월마트의 CPFR 도입 사례

월마트(Wal-Mart)는 1962년 아칸소에 1호 점을 개점한 후 명확한 비전과 철학으로 무장하여 소신 있고 당당한 경영을 하여 오늘날 미국 제일의 소매점 기업이 되었다. 월마트는 '5년 이내에 아칸소주에서 수익성이 가장 높은 회사가 된다'(1965), '4년 이내에 10억 달러짜리 회사가 된다'(1977), '2000년까지 점포수를 2배로 늘리고 제곱 피트 당 매출액을 60% 증대 시킨다'(1990) 와 같은 구체적인 비전을 통해 구성원들의 열정을 이끌어 내어 유통업계의 초일류기업으로 성장하였다. 월마트는 연 매출이 1천억 달러를 넘는 세계 최대의 소매기업이다. 80년대 이전까지만 하더라도 지방의 할인점체인에 불과하던 월마트는 90년 들어 미국 소매업 매출액 1위를 기록하며 엄청난 성장을 거듭하고 있다. 이처럼 중남부지역의 소규모 기업이던 무명의 월마트가 소매업계 최고 자리를 차지할 수 있었던 것은 탁월한 기업경영전략 때문으로 평가된다. '항시저가판매(Every Day Low Price, EDLP)'라는 슬로건 아래 물류비용의 절감과 농촌 및 도심외곽지역 중심의 출점을 도모하였다. 45년 조그만 잡화점을 개점하면서 시작된 월마트는 62년에 현재의 월마트 스토어를 개장하면서 급속히 성장하였다. 이후 83년에는 회원제 창고형 클럽인 샘즈 클럽을 개점하였으며, 87년에는 유럽의 하이퍼마켓을 모방한 하이퍼마트 USA를, 88년에는 월마트 수퍼센터를 출점하는 등 지속적인 변혁을 통해 성장을 거듭해왔다. 97년 말 월마트는 1,920여 개의 디스카운트스토어, 443개의 샘즈 클럽, 441개의 수퍼센터를 운영하고 있으며, 전체 매출규모가 약 1천 2백억 달러에 이르고 있다. 월마트 성공의 핵심은 무엇보다도 혁신적인 상품공급시스템의 구축이다. 이러한 상품공급시스템의 지원이 없었다면 오늘날의 월마트의 성공은 불가능했을 것이다. 저비용 운영의 핵심은 타사에 비해 낮은 물류비이며, 이것은 월마트의 혁신적인 상품공급시스템에 기인한다. 월마트의 상품공급시스템은 유통센터를 중심으로 구축되며, 유통센터는 월마트 출점전략의 기본이 되고 있다. 선거점확보, 후진출로 대변되는 출점전략은 주요 출점예정 상권에 유통센터를 먼저 설립하여 물류기반을 구축하고, 그 다음 반경 300Km (배송편도 4시간 거리)내에 점포를 집중 출점한다는 것이다. 또한 월마트는 정보시스템을 활용하여 전세계에 흩어져 있는 자사점포를 유기적으로 연결함으로써 값싸고 질 좋은 상품을 적기에 조달, 공급할 수 있는 글로벌 소싱 능력을 갖추고 있다. 월마트는 공급업체와의 관계 강화를 매우 중요시 여긴다. 공급업체와의 유기적인 관계는 상품공급선의 안정적인 확보는 물론 납품가를 낮출 수 있기 때문이다. 이는 궁극적으로 월마트가 항시저가판매 전략을 효과적으로 수행할 수 있게 한 토대가 되었다. 월마트는 공급업체(Vendor)를 동일 고객의 만족을 위해 봉사하는 동반자로 인식하고 동맹에 의한 관계 강화를 추진하고 있다. 이를 통해서 공급업체와 월마트 간 상품보충사이클을 대폭 단축시키는 한편 비용절감 효과를 거두게 되었다. 또한 월마트는 정보 네트워크를 통해 회사 전략, 경영자 의지 등을 전 사원과 공유하는 한편 쌍방간 커뮤니케이션의 활성화로 지속적인 혁신을 도모하고 있다.

가. 도입 동기

다양한 정보시스템을 사용하던 월마트도 공급업체의 수가 늘어나면서 공급업체의 부정확한 수요 예측으로 인해 과잉재고 또는 부족재고의 문제를 겪고 있었다. 이런 문제 해결을 위해 공급업체들을 설계단계에서부터 참여시켜 CPFR시범 프로그램을 개발했으며 업무 프로세스 및 성과를 획기적으로 개선시켰다. 또한 수송중인 상품정보를 수시로 파악하고 수요를 정확하게 예측하여 상품을 보충함으로써 판매액의 상승과 점포재고의 감소를 실현하였다.

나. 도입 효과

월마트(WalMart)와 월마트에 의류를 납품하는 사라 리 어패럴(SARA Lee Apparel)은 대표적인 성공 사례로 분류된다. 실험 대상은 부인용 스커트, 바지 등의 23개 아이템이었으며 지난 98년 7월부터 실시됐다. 실험 개시 24주간 후 양사의 매출은 33% 증가되고 점포 재고는 14%가 줄어들었다.

3) 델 컴퓨터

① 요점

고객중심의 경영철학에 SCM을 도입하여 고객에 대한 신속한 대응을 통해 매출을 향상시켜 현재 경쟁사인 컴팩을 압도하고 있다. 이러한 델 컴퓨터사의 SCM 적용의 핵심은 델 온라인이라고 불리기도 하는 인터넷 점포(www.dell.com)를 이용한 직판모델(Direct Model)이다.

이러한 인터넷 점포를 통해 고객화가 가능하며 나아가 엑스트라넷을 이용한 특별한 서비스도 제공하고 있다. 다음에서는 이러한 인터넷 점포의 여러 가지 특징과 효과에 대해 살펴본다.

② 델 컴퓨터사의 시작

1984년 마이클 델이 컴퓨터조립 판매업으로 시작했던 Dell 컴퓨터사는 전화나 팩스 등을 통한 맞춤식 통신판매를 통해 성장하였다. 창업 당시에도 대리점 등 중간상인을 거치지 않고 고객 조립형 컴퓨터를 최종 소비자에게 직접 판매하는 독특한 전략을 폈다.

90년대 초반 매출규모를 늘리기 위해 기존의 통신판매 이외에 소매점을 통한 판매전략을 병행하였다.

93년 최초로 적자 결산이 되자 매출위주의 전략을 과감히 버리고 고객위주의 전략으로 전환하였다.

96년 이후 인터넷 상에 인터넷 점포를 개설하여 개인, 기업, 정부까지 상대하는 기업으로 성장하였다.

③ 인터넷 점포의 개설 배경

델 컴퓨터사가 이렇게 인터넷 점포를 개설하게된 것은 고객의 욕구가 증대되어 고객은 자신이 원하는 제품을 자신이 원하는 가격으로 사고자 하였으며 이 때문에 소품종 대량생산체계가 다품종 대량생산체계로 바뀌었고 델 컴퓨터사의 내부역량을 분석한 결과 동종의 경쟁업체에 비해서 뛰어난 기술력이나 소프트웨어를 보유하지 못했기 때문에 다른 분야의 경쟁우위가 필요했기 때문이다.

90년대 초반부터 마이클 델은 온라인 점포에 대해 관심을 가졌었고 시범적인 운용을 통해 성공을 확신하였다. 95년 말 9명으로 구성된 인터넷 사업팀이 1년간에 걸쳐 자료를 수집하고 분석한 후 프로그램 개발자들을 고용하여 직접 인터넷 점포를 개설하였다.

④ 델 컴퓨터사의 직판모델(Direct Model)

델 컴퓨터사는 구매의 전 과정을 총괄하는 인터넷 점포를 이용하여 가치사슬내의 중간유통단계를 제거한 직판모델을 구축하였다. 이를 '컴퓨터를 통한 컴퓨터 판매' 혹은 'Dell Direct Model'이라고 하기도 하는데 고객이 온라인상의 인터넷 점포에서 주문을 하면 바로 공장으로 연결되어 생산을 하게 된다. 기존의 생산된 제품을 판매하는 데서 주문받은 것을 생산한다는 점이 특이하다. 이는 SCM에서의 가치사슬의 통합/폐지 관점에서도 중요하다. 과거 가치사슬내의 정보를 공유하기 위해 가치사슬을 수직적으로 통합하였으나 인터넷의 등장으로 관련 정보가 가치사슬내에 손쉽게 공유되자 기업의 수직적 가치사슬은 해체되고 통합된 경쟁력을 바탕으로 한 지속적인 성장을 위해 가치사슬의 수평적 확장이 가속화되는 추세이다.

델 컴퓨터사는 이와 같은 공급망관리에 의해 주문에서 부품의 차입, 생산, 입금과 지불 Timing 등 각 프로세스의 속도를 최적화하여 지불보다 입금이 빠르다. 델은 「Cash Conversion Cycle」라는 경영수치를 중요시 여기는데 이는 매출금 회수일과 재고일수를 더하고 매입금 지불일수를 뺀 수치로 「상품을 어떻게 빨리 현금화시킬 것인가」를 표현한 것이다. 일반기업의 경우 출하에서 대금회수까지 시간이 걸리기 때문에 이 수치는 「+」가 되는 경우가 많으나 델 컴퓨터사는 98년 1월 시점으로 「-8일」이 되었고, 지불보다 입금이 빠르게 되었다.

⑤ 네트워크 조직

델 컴퓨터사는 네트워크 조직을 구축함으로써 이러한 직접판매방식을 성공으로 이끌었다. 칩생산자, 부품생산자, 악세사리생산자와의 파트너쉽을 통한 완벽한 정보네트워크를 구성하여 고객의 주문이 실시간으로 전달될 수 있었으며 생산 이후에도 다음 협력업체와 바로 연결되어 포장에 드는 시간과 비용 및 공간을 절감하고 재고수량을 최소화하였다. 공급업자와의 커뮤니케이션의 강화를 통해 공급업자의 구매가격도 높였다. 또한 트럭운송 서비스업체와의 계약을 통해 소매를 통한 유통비용을 절감하고 있다. 델은 앞으로의 인터넷을 통한 매출신장을 위해 미국 각지의 다수의 웹팜(Web Farm)체계를 구축하고 하나의 웹팝에는 수백대의 서버가 유기적으로 연결된다. 이렇게 웹사이트를 통해 핵심역량을 통합/구현하는 것을 Web-centric 전략이라고도 한다.

⑥ 아웃소싱 전략

델 컴퓨터사는 생산을 제외한 다른 부문들을 모두 아웃소싱하고 있다. 주문에 따른 생산이 끝나면 이후의 모든 과정은 전문업체에게 맡겨진다. 델 컴퓨터는 이렇게 함으로써 효율적인 물류관리가 가능케 했다. 전문업체 선정에 있어 명확한 기준을 세우고 이에 가장 적합한 기업을 선정하였다. 델 컴퓨터사는 제품의 성능을 높이고 고객화하는 데에 집중한다.

⑦ 일대일 마케팅 : 맞춤식 고객 서비스(Customization)

인터넷 점포에서의 사전에 분류된 고객유형으로 좀 더 간단하고 효율적인 고객관리가 가능하다. 델 컴퓨터사가 생산하는 모든 제품은 고객 각각의 서로 다른 요구에 맞추어 만든 것인데 고객이 웹 사이트에서 미리 분류된 고객유형에서 자신과 가장 가까운 것을 선택하면 그에 맞는 최적의 제품모델과 견적을 안내해준다. 기업의 판매부서의 경우에는 해당기업이 미리 지정해놓은 사양만을 보여줄 수도 있다. 고객이 일단 주문하면 전자우편을 통해 담당 판매원에게 주문사항이 전달되고 주문시스템에 입력되면 바로 공장으로 전달된다.

고객은 주문당시에 받은 주문번호에 의해 맞춤식 고객서비스를 받을 수 있다. 조립라인에서 모든 부품의 주문번호를 바코드로 인식하여 해당 제품의 특징을 주문번호만으로도 파악할 수 있도록 하고 있으며 주문에서 배달까지의 상황을 추적할 수도 있다. 기업고객의 경우 주문제품의 납기도 파악이 가능하기 때문에 더욱 유용하며 델 컴퓨터사도 주문처리 시간이 줄어들어 수요예측에 필요한 시장동향을 보다 빨리 수집할 수 있게 되었다.

주문번호를 이용하여 해당 제품의 A/S도 받을 수 있으며 이러한 서비스를 제공하기위해 델 컴퓨터사는 8만 페이지 분량의 지원 매뉴얼을 보유하고 있으며 콜센터를 통한 전화 서비스를 받을 수도 있다.

⑧ Dell Premier Pages : 엑스트라넷을 통한 고객관리

97년 'My Dell 서비스'에서 출발하여 현재는 200여개의 Premier Pages라 불리는 엑스트라넷을 통해 고객관리를 하고 있다. 특별한 구매고객을 대상으로 패스워드를 제공하여 제품구매, 옵션선택, 가격흥정, 할인가격정보, 재고와 주문추적, 고객서비스 지원팀의 개별정보 등 델 컴퓨터사의 정보 및 과거 구매기록을 볼 수 있게 하였다. 초기에는 천만달러 이상의 구매고객만을 대상으로 하였으나 점차 5백만 달러-천만달러의 고객으로 확대하였다. 이러한 Premier Pages는 고객사의 개별부서가 구매하고자 할 때 고객사가 승인하는 모델만을 제시함으로써 고객사의 업무를 지원하기도 한다. 이를 통해 고객들은 다양한 정보뿐만 아니라 스스로 가장 적합한 모델을 선택함으로써 선택권을 행사하는 즐거움까지 맛볼 수 있으며 델 컴퓨터사는 조회 및 주문을 온라인함으로써 방문의 번거로움을 줄여 유통비용절감의 효과를 거두고 있다. 이렇게 절감된 비용과 다양한 시스템 구성을 통해 가격 대비 성능이 탁월한 제품들을 제공할 수가 있다.

⑨ Dell Plus : 신뢰경영

인터넷 점포를 통해 직접 고객의 피드백을 아이디어로 체계화하여 고객이 원하는 시스템을 개발하고 생산함으로써 보관비용, 잉여처리 등을 사전에 제거하고 상품구성과 유통과정을 신속하게 하여 그 이들을 고객에게 환원하였다. 이러한 고객과의 쌍방향 커뮤니케이션을 통해 고객에게 신상품업계의 흐름과 정보를 제공하기도 한다. 또한 고객들에게 기획, 생산계획에 대한 의견을 구하며 문제점을 해결하기 위한 '플래티넘 위원회(Platinum Committee)'

를 운영하고 있다.

⑩ 지속적인 고객조사

고객과의 직접적인 커뮤니케이션을 통해 고객의 구매행태 및 만족도를 지속적으로 파악하고 있다.

⑪ 찾아가는 서비스 : E-Support-Direct 서비스

이 서비스는 사람의 개입 없이 인터넷을 통해 고객이 보유한 시스템에 문제가 발생할 경우 이를 인지하고 원인을 파악하여 해결해주는 서비스다. 고객이 원하는 대로 여러 가지 서비스 수준이 있으며 고객보다 먼저 고객에게 발생할 문제를 파악하고 대응한다는 점에서 고객서비스의 혁명이라 불린다.

델 컴퓨터사는 업계 최초로 수신자 부담의 콜센터를 운영하며 접수 다음날 방문하는 현장 서비스 프로그램을 제공하고 있다. 이러한 서비스는 현재는 일반화되어 있다. 델 컴퓨터사는 또한 보통의 경우 A/S 직원이 출장을 오면 높은 요금을 부과하지만 델 컴퓨터의 경우 고객이 택배로 새 부품을 받아서 교체하고 헌 부품을 택배로 다시 보내주면 아무런 비용도 부과하지 않는다.

⑫ Dellnet

델 컴퓨터는 최근 Dellnet이라는 자체 인터넷 서비스를 제공하여 인터넷 포털사이트를 통해 델 컴퓨터를 이용하는 사람들에게 검색, 쇼핑, 뉴스, 스포츠 정보, 무료 전자우편, 채팅 기능을 제공하기로 하였다. PC 사용자들이 필요로 하는 하드웨어, 소프트웨어 및 서비스를 모두 제공하여 차별화된 서비스를 제공할 예정이다.

⑬ 델 컴퓨터사의 개선점

최근 델 컴퓨터사의 직접판매모델에도 결점이 드러나기 시작했다. 유통점이 없기 때문에 우수한 A/S를 제공하기 어렵다는 것이다. 이를 개선하기 위해 델 컴퓨터사는 미국 전역에 A/S망을 구축하고 있으며 온라인과 오프라인의 병행구조를 고려하고 있다.

4) 삼성 테스코 홈플러스

① 삼성 테스코 SCM 전략

가. 정의와 필요성

1 제조업 e비지니스의 핵심으로 대두되고 있음

2 정보의 정확성, 신속성, 효과적 전달 수단이라는 요소를 검증받고 있음

3 '불확실성이 높은 시장변화에 고객, 소도매상, 제조업체, 협력업체 등으로 이뤄진 공급망 전체를 효과적으로 연결시켜 최적화된 시스템을 구축하는 것

4 SCM은 고비용, 저효율이라는 현실을 대면하고 있는 기업에 있어서 필수적인 생존 수단이 되고 있음

5 공급망관리(SCM) - 제품생산을 위한 프로세스를 부품조달에서 생산계획, 납품, 재고관리 등을 효율적으로 처리할 수 있는 관리 솔루션

6 효율적인 SCM 시스템의 최종 목표는 필요할 때면 제품을 항상 쓸 수 있다는 전제하에 재고를 줄이는 것

나. 도입목적 및 노력

1 Retail SCM은 결품방지, 재고 감소, 비용절감이 가장 큰 목적

- National Single DSC(목천센터)를 구축하고 Primary Distribution 등을 시행

2 다점포시대에 대비

3 기존 시스템팀을 IS(정보시스템)팀으로 확대한데 이어 SCM팀도 새로

편성함 IS팀과 SCM팀은 긴밀한 협조체제를 구축해 발주-입고-진열-판매-재고에 이르는 물류의 전과정에 대한 자동화를 추진중

보충) Primary Distribution은 기존 소량납품을 집하, 순회 등 공동화해 물류비를 절감하는 서비스 Supplier는 배송부담이 제거돼 제조에만 집중할 수 있는 이점이 있다.

다. 도입 현황 SCM

1 현재 29개사 월평균 30만 케이스를 처리하고 있음

2 2008년 까지 총물동량의 60%를 처리할 예정이라고 밝힘

3 적정재고유지 및 결품 방지를 목적으로 VMI를 시행하고 있음

4 유니레버등 15개사 1800개 품목, 매입액 기준 11.3%를 처리함

라. SCM 도입을 통한 성과

1 홈플러스는 점포 운용경제성이 개선됨

2 Supplier는 업체평균 2.9%의 매출증가, 수주관리 효율화 등의 효과를 얻음

마. 앞으로의 계획

삼성 테스코는 올해 말까지 50개 업체로 확대할 계획

② 삼성 테스코의 EDI

가. 정의와 필요성

1 발주단계의 비효율을 제거하기 위해 2001년 3월 EDI(전자문서교환)를 도입

- 본사에서 매장별 매출과 재고를 종합 분석한 뒤 EDI시스템을 통해 발주하면 납품업체는 같은 시간에 발주데이터를 받아 홈플러스 매장이나 물류센서로 상품을 입고시키는 방식

2 자동 발주(Auto Ordering) 활성화

나. 도입 현황

1천여개 납품업체와 자동발주 거래를 실시

다. 도입 성과

1 전 매장의 납품률이 10% 정도 상승한 반면, 재고보유기간은 평균 1.5일이 줄었다고 밝힘

2 "상품리드타임"도 평균 1일이 줄어 매출액이 8~10%정도 상승하는 효과를 거두고 있다는 설명

참고) 상품리드타임 : 발주에서 매장 진열에 걸리는 시간

라. 앞으로의 계획

장기적으로는 매출과 재고를 납품업체와 함께 관리하는 CMI를 도입해 완전한 자동발주 시스템을 구현할 계획

- 발주 , 행정 업무 등에 소요되는 시간이 줄어들고 고객을 위한 서비스가 한층 개선될 수 있을 것이라는 전망

③ 삼성 테스코의 ERP

ERP란? (Enterprise Resource Planning) ERP는 말 그대로 기업의 모든 자원을 효율적으로 관리하고 경영계획을 수립하기 위한 전산 시스템, 영업에서부터 생산, 출하에 이르기까지 기업의 모든 과정을 컴퓨터를 이용해 유기적으로 연결, 관리하는 경영지원시스템이다. 기존의 경영정보시스템(MIS)과 달리 ERP는 방대한 자료를 축적해 관리하며 MRP와 달리 ERP는 생산과 같은 특정분야에 치우쳐 있지도 않으며 새로운 정보를 만들어내기도 한다. 처음에는 대기업이 주도적으로 ERP를 도입했으나 점차 중소기업으로 대중화되고 있다. 특히 대기업과 협력관계에 있는 중소기업들은 ERP도입에 매우 적극적이다. 대기업에서 자사에 구축한 ERP시스템과 연결을 원하기 때문이다.

가. 도입배경

- 출혈 경쟁을 해서라도 시장의 주도권을 얻겠다는 경쟁업체들
- 수도권 할인점 시장이 포화 상태라는 유통전문가들의 진단
- 후발주자의 우위를 확고히 하기 위한 수단

나. 삼성 테스코의 시장 전략

[1] 고급화된 매장 이미지 전략
[2] 고객의 기호에 맞는 상품 전략
[3] 적시적소의 고효율적인 물류 전략
[4] 탁월한 매장 입지 전략

다. ERP도입의 의미

[1] 보다 정확한 상품관리 능력 배가
[2] 보다 신속한 조달, 물류, 유통, 판매 프로세스 개선
[3] 여러 가지 데이터를 기초로 한 수요 예측
[4] 이는 경쟁이 치열한 유통산업에서 후발주자로서 반드시 확보해야 하는 생존 능력

라. 삼성 테스코 ERP프로그램의 특징

삼성 테스코와 한국 IBM의 합작으로 만들어진 최초의 Retek ERP 솔루션 기반의 국내 대형 유통업체용 레퍼런스이다.

Retek ERP 솔루션은 상대적으로 기존ERP 솔루션과 비교했을 때 국내 유통시장에 가장 적합한 솔루션이다.

예를 들어 우유 3개를 사면 1개를 덤으로 주는 할인 행사에 대한 수익 결과를 나타낼 때 기존 시스템들은 4개의 원가를 기준으로 수익에 대한 통계를 냈지만 Retek ERP 솔루션은 시스템 자체에 에누리와 덤에 대한 개념이 들어 있어 할인 판매의 경우와 그렇지 않은 경우의 결과값 까지도 비교할 수 있다.

마. 도입 결과

1 물류, 유통시장에서 타사에 비해 획기적인 매장 운영, 관리가 가능한 시스템을 구축함

2 할인점이라는 특성에 맞는 세일 판매와 관리에 최적화된 IT 인프라가 갖춰짐

3 국내 및 동아시아권 유통산업 선두주자 기반 마련

4 기존 시스템의 한계로 지적됐던 시스템 성능과 다이내믹한 물류 흐름을 뒷받침 할 수 있는 솔루션을 확보했다는 사실

5 선진 마케팅 기법의 원활한 적용 뿐 아니라 발주, 반품, 가격 관리 등에서도 획기적인 비용 절감 효과를 기대할 수 있게 되었다.

6 파트별로 따로 운영되던 레가시 시스템들을 전사적으로 통합 구축함으로써 보다 원활하고 효율적인 물류, 유통 시스템 운영이 가능해졌다.

7 효과적 데이터 관리가 가능해져 프로모션, 진열 상태 등에 따른 소비자들의 수요까지도 예측할 수 있게 되었다.

8 물류, 유통 산업에 있어서 소비자들의 수요와 패턴 예측은 물류에서 매장 관리에 이르기까지 비용 절감 효과가 무척 크다. 또한 고객이 요구하는 상품을 시의성과 취향에 맞게 공급함으로써 고객만족도 역시 높일 수 있다.

④ 삼성 테스코 RFID전략

가. 정의

RFID(Radio frequency identification)란?

마이크로칩이 내장된 태그나 레이블, 카드 등에 저장된 데이터를 무선주파수를 이용해 자동인식하는 첨단 사물인식기술로 EPC는 RFID태그용 코드체계를 말한다.

나. 도입과정

1 지식경제부와 한국유통정보센터가 추진, 시범사업이 본격화 됨

2 지경부가 선정한 시범업체- 유통물류분야 시범사업체로 선정된 삼성테스코 컨소시엄과 CJ GLS컨소시엄

3 RFID1차 시범 - 삼성 테스코 홈플러스 부천상동점에서 유통물류 분야 RFID실증 실험을 실시

4 유통물류 RFID 2차 시범사업자, 삼성테스코, 컨소시엄 선정

5 지경부가 실시한 1단계 시범사업 결과 RFID는 몇가지 기술적인 문제에도 불구하고 장점이 확인됐다면 2~3차 시범사업을 거쳐 2006년에는 상용화가 가능할 것

6 지경부는 RFID 확산을 위해 RFID 산업활성화 지원센터 구축과 유비쿼터스 전자물류시스템 개발사업에 향후 5년간 200억원의 예산을 투입할 계획

다. 기대되는 성과

1 오프라인 물류흐름과 인터넷 상의 정보 흐름을 일치시켜 실시간 물류정보를 얻을 수 있어 업계 입장에서는 재고관리, 상품 입출고관리, 팔레트 이력관리 등에서 효율화를 꾀할수 있을 것

2 시범사업을 통해 추정한 결과 약 10%의 물류비 절감 효과가 기대

3 RFID태그에 담긴 정보가 별도의 입력작업이 없이 리더기에 의해 자동으로 판독돼 시스템에 입력돼 유통물류의 효율성을 크게 향상시킬 수 있을것

4 RFID 시스템으로 제품의 위치와 결품 유무를 정확히 파악할 수 있음 특히 신선도 유지가 필수인 농수산품의 경우 유효기간 등 정보관리에 탁월한 효과를 발휘할 것

삼성 테스코의 강점

① 선진 유통부분의 노하우 및 시스템의 완비

외국계 기업이 갖고 있는 전형적인 특징으로 기술 및 시스템에 대한 완벽한 체계를 가지고 있다.

노하우는 경영적 차원과 기술적 차원으로 나뉠 수 있다. 경영적 차원의 노하우는 컨셉, 정책, 시스템, 관리통제 등이 있고, 기술적 차원의 노하우는 부지 선정, 시장환경, 시장과의 커뮤니케이션이 있다. 그런데 합작시 자리 임대에 지나지 않았던 백화점이 주종을 이루고 있던 당시 선진기술 및 점포에 대한 완벽한 이해력을 테스코는 가지고 있었다.

(기사) 테스코는 전세계적으로 794개의 점포를 운영하는 대형 유통업체로 선진적인 경영기법으로 명성이 높다. 테스코의 주력 업체는 수퍼마켓과 수퍼센터, 할인점이면서도 식품부문이 강하고 상품의 품질과 서비스가 좋다는 평을 받고 있다. 영국에서 가장 존경받는 기업상을 3회 수상한 것은 테스코의 명성을 잘 나타내는 것으로 투자와 재무, 경영등 다방면에서 우수한 업체임을 나타낸다.

당시 국내의 경우 자리임대로 이루어지는 백화점이 유통의 전반을 담당하고 있었고 발전된 과정을 요구하는 할인업점에 대해서는 기술 및 서비스가 뒤떨어진다.

② 안정된 자금 조달 능력

테스코는 재무분야가 탄탄한 기업으로 자체 자금 조달능력이 우수하며 은행 등 금융업계에 대한 자금 차입 등이 용이하다.

③ 성공요인

가. 철저한 현지화

시장과 고객전략에 있어서 철저한 현지화 노력 및 대부분의 현재인 채용 매장 및 상품 구성 그리고 마케팅 부분에서까지 현지 시장에 맞는 전략 구성

나. 퓨전경영

테스코가 보유한 글로벌 스탠다드(재무, 인사, 유통시스템 등)에 한국식 경영을 접목

예) 한국에서만 테스코라는 이름 대신 홈플러스라는 브랜드를 내세운다.
　　한국형 할인점이라는 이미지를 구축할 수 있는 배경이 된다.

다. 백화점 같은 할인점- 가치점 전략

할인점의 특징 'Low price+ 백화점에 버금가는 서비스 제공

예) 홈플러스 안산점 - 할인점 내 대형문화센터 및 병원, 시청 민원실,
　　미용실 등 각종 부대시설을 갖춤

라. 새로운 조직문화 창조

신바람 문화 및 합리적 문화의 창조

마. 탁월한 입지 선정 - 지역 1번가 전략

전략적으로 부지 선정시 상권내 1번점이 가능한 지역에 출점

제휴사인 삼성물산이 이미 보유하고 있던 부지를 잇달아 인수, 수도권과 영남권에서 빠르게 자리를 잡음 - 점포당 매출규모 국내 1위

예) 2002년 안산점 연간 매출액 2000억 돌파

(3) 전자무역기반의 글로벌SCM

동북아 지역 국가간 상호 의존이 심화 되는 가운데, 대기업에 이어 중소기업의 해외진출이 급증하는 추세에 있어, 중소기업의 해외진출에 따른 비용절감 효과를 극대화하는 동시에 제조업 공동화에 대응하는 국가적 차원의 지원체계가 필요한 배경을 가지고 2003년도부터 동북아 SCM의 업무가 시작되었다.

주요 추진배경을 살펴보면 동북아 경제 중심 추진을 위한 기업 경영의 IT 인프라 필요성을 가지고 있으며 제조업 공동화 대응 체제 마련, 본사-현지법인간 실시간 정보공유 필요성 증대가 절실하였다.

이에 따라 정부에서는 해외진출기업의 본사-생산·판매법인 등 본지사간 글로벌 생산활동을 지원할 수 있는 국가차원의 글로벌 공급망 인프라 확보를 위해, '동북아 GSCM 허브 구축사업' 추진하여 한국 본사-해외 생산법인 및 거래선(고객, 공급자)들을 하나의 Single Business Network에 연계함으로써, 관련 주체간 Collaboration을 강화하여 기업의 e-Transformation 촉진하고자 한다.

▮주요 내용▮

협업 기반의 Collaborative Hub 구현

- 영업, 구매, 생산, 무역, 통관, 물류 등 SCM 전 영역을 포괄하는 기업 업무지원 시스템 구현
- 모든 거래상대와 Single-Window에서 이용 가능한 통합 Supply Chain을 구성
- 기업 및 공급망 상호간 수평, 수직적 거래를 용이하게 하는 협업 기반의 Collaborative Hub 구현

본지사간 정보 공유 원활화

- 해외진출기업 특히, 중견/중소기업의 본-지사간 및 본사-생산법인간 전자무역과 공급망관리 인프라의 지원으로 생산기지 이전효과를 극대화

기존 관련사업 성과활용 및 집대성

- 기존 한일 e-Trade Hub사업의 표준 전자문서의 국가간 교환 등 성공적인 성과를 확대적용
- 유관 국가지원 사업의 성과와 시스템을 본 사업의 기반인프라로 활용하여 사업 상호간 시너지효과 극대화

※ ERP/SCM 보급사업, 물류 B2B 시범사업, 전자무역 구축사업, 업종별 MP 사업, 전자문서 표준화, ebXML, 로제타넷 등 표준화 지원사업 등

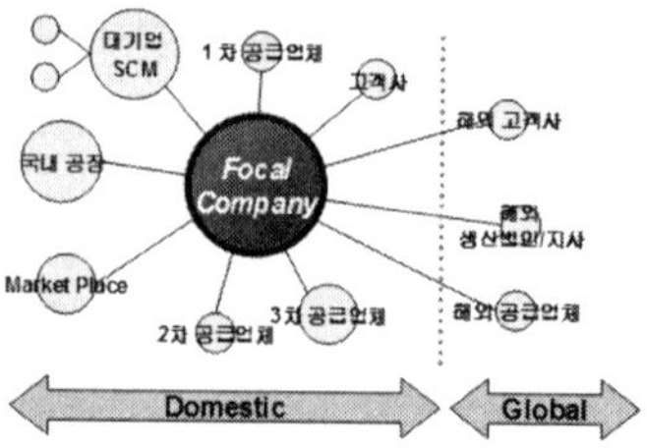

대기업 SCM
1차 공급업체
고객사
국내 공장
Focal Company
Market Place
2차 공급업체
3차 공급업체
해외 고객사
해외 생산법인/지사
해외공급업체
Domestic
Global

가장 먼저 추진된 것은 한·일간의 eTrade-Hub 구축사업이 시작되면서 정부주도 하에 동북아 GSCM사업이 본격적으로 시작되었다.

▣ 동북아 GSCM구축

국가 전자무역 플랫폼과 연계하고 PAA 네트워크를 활용하며 해외 전자무역 파트너와 연계함으로써 해외 금융, 보험, 세관, 물류, 2nd Vendor 및 Customer와의 연계/통합을 지원하는 국가 전자무역 핵심 인프라로, 필요로 하는 다양한 기업들이 주축이 되어 진행 되었다.

▮적용 흐름도 및 전자무역 문서▮

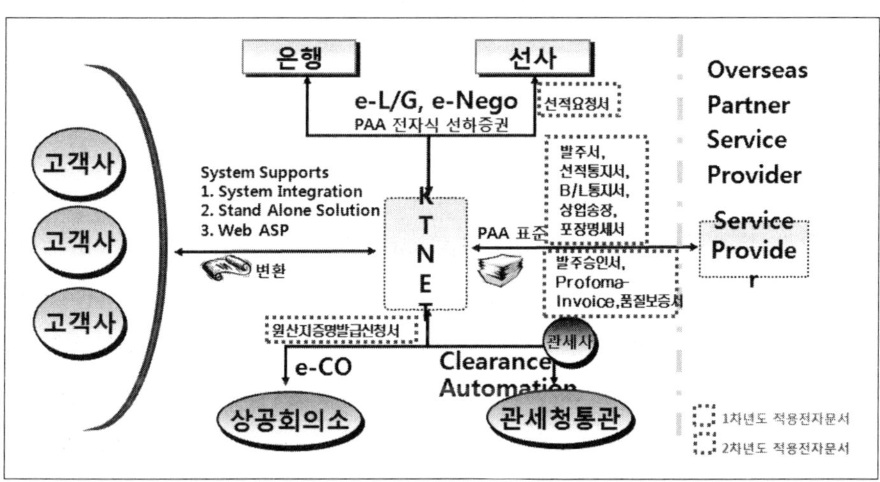

국내기업으로는 두산(전자), 대우컴퓨터, 부전전자부품, 현대자동차, GM대우자동차, 쌍용자동차, 한국화장품, 한국델파이, 하이텍알씨디, 백금정보통신, 하나로티엔에스, 볼보건설기계코리아, 현대삼호중공업, 신창전기, 쌍용자동차, 엠코테크놀로지 등 있으며, 해외기업으로는 홍 콩의 TAL, 대만의 FORMOSA, TAI-YUNA, BAOTEK, GLOTECH, 중국의 GRACE FABRIC, 일본의 MITSUBISHI, SUMITOMO, 독일의 BOSCH, SIEMENS, INA, 프랑스의 DELPHI DIESEL이 참여하여 전자무역 기반의

글로벌 SCM이 적용되고 있다.

▣ ASEM 전자무역 네트워크 구축

ASEM 전자무역 네트워크 구축은 한국과 EU 국가간 무역거래의 활성화 및 기존 Off Line 상의 무역/물류 업무의 Paperless화를 구현하기 위해 추진하고 있으며, 최종적으로는 ASIA와 EUROPE을 엮는 ASEM 차원의 전자무역 네트워크 구축이다.

▣ 추진배경

- EU 와의 교역량 증대에 따른 효율적 거래의 모색
- 업무 프로세스 개선을 통한 산업 경쟁력 제고
- 글로벌 전자무역 서비스의 필요성 대두

이러한 추진배경을 바탕으로 ASEM의 협력분야 중 회원국간의 교역 촉진을 위한 분과회의 중 하나로 TFAP(Trade Facilitation Action Plan) 전자상거래 회의를 구성/운영하여, 2001년 서울에서 개최된 제 1차 TFAP 전자상거래 회의에서 전자무역 시범사업을 국제 협력 사업으로 승인하였고, ASEM 회원국간의 수출입거래에 있어 서류 없는 무역거래(Paperless Trade) 프로세스의 구현을 전제로 하여, 1차 사업년도에는 한국의 현대자동차와 독일의 BOSCH사 간의 부품구매 업무를 Paperless화하는 것을 시범 사업으로 추진하고, 그 성과를 바탕으로 적용업무 및 적용대상 기업을 확대 추진 중이다.

2004 TFAP 전자상거래 회의에 전자무역 시범사업의 결과를 보고하고, 전자무역 확산 관련 Basic 가이드라인 제정을 추진하여, 기본 가이드라인을 바탕으로 ASEM 전체 회원국으로 전자무역 확산 추진 중이며 최종적으로는 아시아와 유럽을 엮는 ASEM차원의 전자 무역 네트워크 구현이 최종 목표이다.

▣ 1차년도 추진경과

1) 상용거래 구축

- 현대자동차-BOSCH, SIEMENS 사간 Invoice, Paking List 실제 상용 거래 체계 구축 및 적용
- 글로비스(현대자동차 물류 담당-MP(현대차의 독일 내 물류 담당)간 선적관련 서류(B/L ADVICE, AIR WAYBILL 등) 상용거래 체계 구축 완료 및 실거래 적용 예정

2) 국내외 사용자 확대

- 해외 (독일)
  - 독일 : SIEMENS, INA 베어링사 / 프랑스 : DELPHI DIESEL SYSTEM
- 국내 - 기존 현대자동차 1개사에서 6개사 신규 참여 확정
  - 볼보건설기계코리아, 현대삼호중공업, (주)신창전기, 쌍용자동차, 하나로T&S(삼성전자 물류 /구매 대행업체) 등

3) 전자무역 기반 확충을 위한 한-유럽 정부간 협력 추진

- 영국 : KTNET-SITPRO사간 사업협력 MOU (산자부와 영국 통상산업부 Endorse)
- 독일 : '04 년 3월 한 -독 경제협력위원회 (한국 산자부, 독일 경제노동부 주관)에서 전자무역 관련 소위원회 설치 추진 합의
- 프랑스 : 한-프랑스 정부 차원의 전자무역 협력 합의

4) 한-유럽 간 민간 협력체 구성 기반조성

- 독일의 DAKOSY, 영국 SITPRO사와 사업 협력 합의
- 벨기에 SEAGHA사, 프랑스SOGET사 등을 비롯한 유럽 주요 국가의

통관/물류 자동화 사업자들과의 사업 협력을 통한 한-유럽간 민간 협력체 구성 추진 예정

- EU집행위 차원의 정책적 지원을 통하여 영국의 SITPRO, 독일의 DAKOSY사 등과 함께 EU집행위의 IST 프로그램에 가칭 "ASEM전자무역망" 구축 사업의 제안 추진

▌적용 전자무역 전자문서▐

① DELFOR
② DELJIT
③ P/O
④ I/V & P/L
⑤ ASN
⑥ B/L ADV, Airway Bill
⑦ Payment Request
⑧ Payment Notice

Buyer
KTNET
Seller
한국포워더
국내은행
현지은행
현지포워더
Payment
한국이 수입자인 경우

- DELFOR : Delivery Forecast
- DELJIT : Delivery Just in Time
- P/O : Purchase Order
- I/V & P/L : Invoice and Packing List
- ASN : Advance Shipping Notice
- B/L ADV : Bill of Lading Advice

▣ 한일 eTrade-Hub 추진 성과

한·일 e-Trade Hub은 상업송장, 물품명세서, 선하증권정보 등의 무역 관련 전자문서의 개발·적용을 통해 국가간 서류 없는 전자무역을 구현하였고, 현대자동차의 내부 관련 업무는 물론 공급망상의 관련업체에 까지 해당 전자문서를 활용 중에 있다.

글로벌 전자무역 부문의 효과로는 현대자동차와 미쓰비시상사 간 수출입에 사용되는 4종의 문서를 전자무역 실거래 서비스에 적용 (2월평균 400건

이상 활용)하고 현대자동차의 경우 관련비용이 연간 85억원으로 절감 되었으며, 10개사로 확산 시 연간 비용절감총액은 약 400억원 정도로 예상하고 있다.

▮적용업체 및 적용 전자문서▮

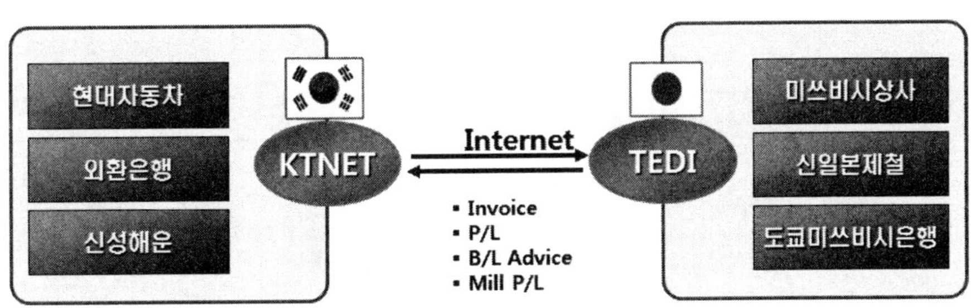

'한일 e-Trade Hub'사업의 성공적인 성과를 기본 인프라로 하고 공급망관리, 전자무역, 물류 Visibility를 지원하는 전자무역 및 SCM 통합인프라의 구축, 운영하고 있다.

▮전체적인 개념도▮

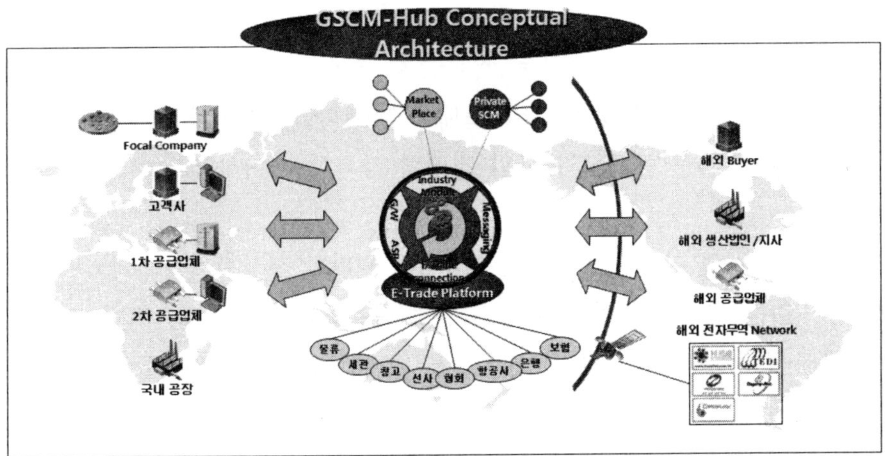

▣ 자동차 부품업체 SCM 모델

대기업이 자체적으로 구축 운영 중인 Private SCM망을 동북아 SCM 허브와 연계함으로써 대기업에게는 무역/물류/통관 정보를 제공하고, 협력업체에게는 다국적 Hub & Spoke 형태의 SCM 인프라를 제공한다.

▌적용 모델▐

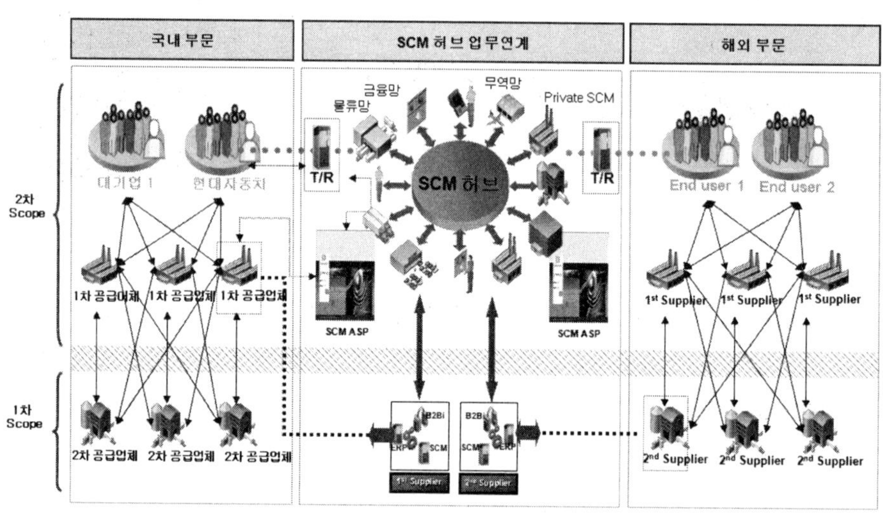

전기/전자업종에 시범 적용된 결과물을 중국진출 자동차부품업종에 시범 적용함으로써 업종별 확산의 토대를 마련하고, 자동차 업종의 Liner SCM Model을 제시함으로써 산업 경쟁력 강화에 기여하였다.

또한 완성차인 현대자동차와 협력업체의 원활한 생산관리를 위한 시스템 중 정기발주, 일일검수 등을 엑셀 파일로 다운받아 표준 SCM 저장하고 발주-구매-생산-출하의 순으로 본사-지사간의 업무를 진행한다.

현대자동차의 협력업체에게 수출입솔루션(외환/상역, 물류, 통관 EDI)을 제공하여 은행, 선사, 세관 등 외부 유관 기관과의 EDI 연계 및 KILC 연계를 통한 화물추적정보를 제공하고, 관련 데이터를 해외공장과 교환하도록 시스템을 구성하여 운영하고 있다.

▌적용 업무 프로세스▌

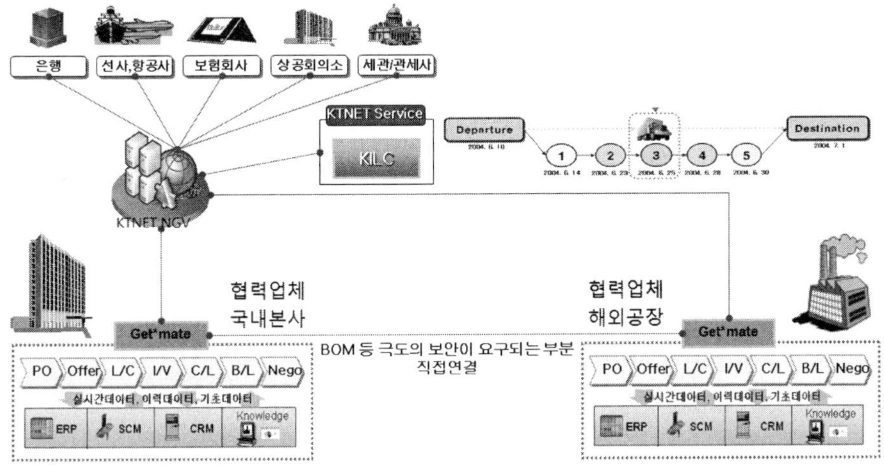

5. 유비쿼터스

e-Trade시대의 무역공급망관리

학습목표	1. 유비쿼터스의 개념을 이해한다. 2. 유비쿼터스의 특징 및 장점을 이해한다. 3. 유비쿼터스의 기술요소 및 산업별 적용사례를 이해한다.

(1) 유비쿼터스의 정의 및 현재

1) Any time, Any where, Any device, Any service All security

유비쿼터스란 언제 어디서나 존재한다는 라틴어로서 유비쿼터스 컴퓨팅의 줄임말이다. 그 의미는 언제 어디서나 어떤 것을 이용해서라도 온라인 네트워크 상에 있으면서 서비스를 받는 환경/공간을 의미한다.

① 유비쿼터스의 대명제

모든 사물에 칩이 깃든다. 우리가 보는 모든 사물에 칩이 깃들게 된다. 책, 침대, 의자, 보일러, 차량, 냉장고, 전등, 모든 사물이 디자인을 가지듯이 유비쿼터스는 모든 사물에 칩을 가지게 한다. 그 칩은 RFID라고 하며 1㎤이하의 크기로 만들어지는 저전력 칩이다. 칩이 깃들게 되는 사물은 모두 컴퓨터가 되며 우리는 컴퓨터 속에서 살게 된다.

② 유비쿼터스의 의미

유비쿼터스는 정보 통신 관점에서 모든 사회분야에 대한 새로운 패러다임을 창조하는 것이다. 모든 것은 유비쿼터스 적인 관점에서 새롭게 해석되어야 한다. 그 분야는 특정 분야가 아니며 기존의 사회에 구성되어 있는 모든 분야를 포함한다. 컴퓨터가 있을 때와 모든 분야에서 컴퓨터가 적용될 때를 생각하면 비슷할 것이다.

③ 유비쿼터스의 현재

우리나라에 소개는 2002년 4월경 전자신문을 통해 소개 되었다. 그러나 그 최초는 89년 마크와이저의 논문에 의해 발표되었다. 84년에는 일본의 사카무라 겐 박사가 이미 그 개념을 만들어 일본사람들은 자신들이 최초라고 이야기한다. IBM에서는 비슷한 개념이 퍼베이시브 컴퓨팅을 만들어 가고 있다. 이제 막 학문적 체계를 갖추어 나아가고 있으며 모든 IT, BT, NT 산업의 궁극적인 지향점으로 보고 다들 난리가 나있다.

유비쿼터스 컴퓨팅(Ubiquitous Computing)을 정의하기에는 오늘날의 기술과 정보통신 환경이 너무 빨리 그리고 많이 달라지고 있다. 유비쿼터스 컴퓨팅에 대해서 대부분의 사람들은 그 개념에 대해서 불확실해하거나 모호하다고 여긴다. 유비쿼터스 컴퓨팅을 문자적 의미로 직역을 하면 '편재하는 컴퓨터의 파워'로 해석할 수 있다. 이런 단순한 번역으로는 유비쿼터스 컴퓨팅이 의미하는 다양한 그리고 깊은 뜻을 제대로 전할 수 없을 것 같다. 가끔 영어는 역순으로 번역하는 것이 우리들 정서에 부합하는 경우가 자주 있는데, 유비쿼터스 컴퓨팅도 역순으로 해석을 하면, '컴퓨팅의 편재'로 해석할 수 있다. 즉, 어딘가에 컴퓨터 파워가 차있다는 의미이다. 한편, '유비쿼터스'의 좀 더 분명한 의미는 모든 곳에 존재한다는 뜻이다. 그래서 앞의 '어딘가'는 컴퓨터가 존재할 수 있는 모든 곳으로 이해해도 무방하다.

▌유비쿼터스 개념▐

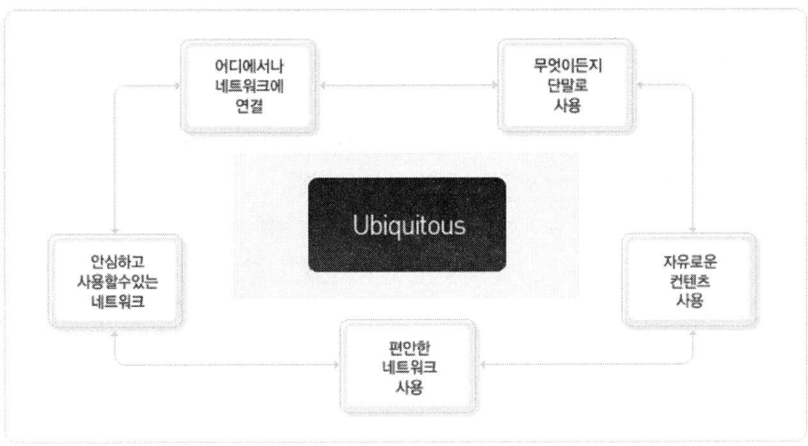

④ IT기술의 성숙과 성장 동인의 이동

오늘날의 과학기술로 컴퓨터의 파워를 존재하게 할 수 있는 곳은 크게 나누어 보면 전자공간(Cyber Space)과 실세계(Real World)이다. 따라서 유비쿼터스 컴퓨팅은 전자공간상에서의 가상 컴퓨팅(메일서버, 웹서버, 데이터베이스서버 등과 같은 인터넷 기반 서버의 이용)과 실세계의 리얼 컴퓨팅(마이크로 컴퓨터, 휴대단말, 센서, MEMS(Micro Electro Mechanical Systems) 등과 같은 인터넷. 비인터넷 클라이언트의 이용)으로 구성되는 것으로 해석할 수 있다. 컴퓨팅 파워를 구성하는 두 공간의 구조를 살펴보면 유선 . 무선. 근거리무선을 매개로 하는 통신상에 유선 기반의 서버 컴퓨팅, 유선. 무선. 근거리무선 기반의 클라이언트 컴퓨팅이 존재하고 있다. 오늘날, 전자공간의 가상 컴퓨팅은 일반화되어 있으나, 실생활 공간상의 리얼 컴퓨팅은 초보 단계라고 볼 수 있다.

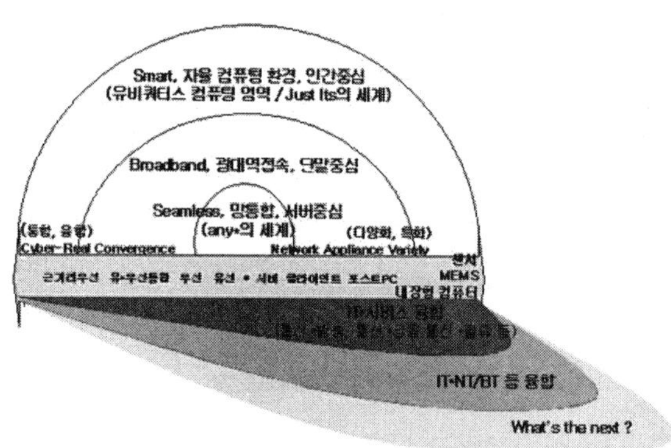

⑤ 명령하지 않아도 컴퓨팅 서비스를 받는 세상, Just Its

예를 들어, 한국이 근거리무선통신, 센서, MEMS, 초소형 내장형 컴퓨팅 객체를 중심으로 하는 자율형 컴퓨팅 환경에서 세계 각국의 유비쿼터스 컴퓨팅과 차별화되는 영역인 가전을 선택하여 유비쿼터스 정보가전 프로젝트를 추진한다고 가정을 한다면 근거리무선통신에 의한 자기조직화 기능을 가진 네트워크 콘텐츠 소비용 분산 정보가전 기술 개발을 집중적으로 수행하여 이 영역에서만의 독자적인 기술 확보와 표준화 선점을 이룩해야 할 것이다. 한편, 아직은 구체적인 한국적 유비쿼터스 컴퓨팅에 대한 개념이 제시되어 있지 않은 상태로 판단되나 국내의 주요 대형 프로젝트들이 지향하는 바를 필자의 주관적 분석을 통하여 정리하여 보면, 위 그림과 같이 ① 이음매 없는 망통합을 통한 ② 브로드밴드 접속 서비스와 ③ 자율형 컴퓨팅 환경의 구축이 현재 한국에서도 진행되어야 할 IT의 진화 방향으로 파악된다. 그리하여 이 땅에서도 자율형 컴퓨팅 환경의 기술이슈인 지능형 자율공간(Smart Space-Just here), 지능형 자율객체(Smart Object-Just this device)를 통하여 보다 나은 인간적 활동이 가능한 스마트 라이프(Smart Life-Just me)가 실현되어 '사람이 명령하지 않아도 컴퓨팅 객체의 서비스(Just Its의 세계)'를 받을 수 있게 될 것으로 믿는다.

(2) 유비쿼터스 기술 분석

1) 유비쿼터스 관련 핵심 기술

IT 환경이 유선·무선, 유무선 통합, 근거리 무선통신, 서버, 센서, PC·포스트PC, MEMS, 초소형 컴퓨팅 객체 칩으로 전개됨에 따라 전자공간과 실세계는 사실상 서로 통합 혹은 융합이 되고 있다. 또한 ,모든 객체가 하나되는 글로벌화가 진행되는 동시에 모든 객체가 특화되는 개인화/다양화/전자적 사물화라는 서로 상반된 두 가지 기술 진화의 방향이 실세계와 전자공간에서 조화롭게 진행되고 있다. 통합과 다양화에 의해 생성되는 IT 기술의 진화에 따라 세 가지 계층의 파장이 생성되고 있다. IT 첫 번째 파장인 유선통신과 서버기술 단계에서는 AON, 망기반 자율 슈퍼서버, 고속 대용량 정보 수렴이 요구되고 이음매 없는 망통합으로 진화되고 있으며, 두 번째 파장인 무선, 유무선 통합망 기술, 클라이언트와 포스트PC단계에서는 P2P와 그리드 개념을 포함하는 가상망, 단말의 다양화, 광대역 고속접속 등이 요구되고, 초고속 대용량의 멀티미디어 데이터에 대한 브로드밴드 접속 서비스를 제공하고 있다. 그리고 세 번째 파장인 근거리 무선과 센서 기술 단계에서는 지능형 공간, 지능형 객체, 자율 서비스, 단말의 확산에 따른 많은 정보가 발산될 것이다. 여기서 유비쿼터스 핵심 기술 영역은 근거리무선통신, 세서, MEMS, 소형 컴퓨팅 칩 등이 될 것으로 예상된다.

① 시스템 온칩

유비쿼터스의 궁극적 개념은 주변의 모든 사물 안에 칩이 들어가 인터넷으로 연결되는 것이다. 이것이 가능하려면 모든 기능을 한 칩에 넣는 멀티기능칩, 초소형이면서 전력을 적게 쓰는 칩이 나와야 한다. 이를 위해 삼성전자 등 반도체 업체들은 중앙처리장치와 메모리, 칩셋, 입출력 컨트롤러 등을 한 칩에 집적하는 통합 기술을 개발 중이다. 바로 모바일 시스템온칩이라 불리는 신개념 반도체다. 유비쿼터스 분야에 새롭게 뛰어들고 있는 소니, IBM, 도시바의 움직임도 주목거리다. 이들은 그동안 4억달러의 연구비를 쏟아 부으며 차세대 칩인 셀을 개발해왔다. 셀은 유비쿼터스 컴퓨팅 칩, 슈퍼컴퓨터 온칩 등으로 불리고 있다.

② 미세전자기계시스템(MEMS, Micro Electro Mechanical System)

MEMS는 초소형 시스템이나 초소형 정밀기계를 말하며 크기가 작기 때문에 좁은 공간에서도 사용할 수 있다 크기가 초소형이어야 하는 유비쿼터스 환경에서 정보 축적 및 정보발신 기능을 가지는 극소의 분말 형태의 칩인 RFID 및 센서는 MEMS 기술을 이용하여 만들어 진다. MEMS 기술은 전자 기술, 기계 기술 그리고 광 기술 등을 융합하여 마이크로 단위의 작은 부품 및 시스템을 설계, 제작하고 응용하는 기술을 말한다. 사물이나 생물에 심어져서 지능적으로 동작, 정보처리 업무를 수행 하는 초소형 정밀기기이다. 이 기술의 특징은 반도체 공정을 모태로 하므로 웨이퍼 상에 일괄 제조하므로 소형화가 가능하다는 것과 한 개의 칩에 복수 개의 기능 소자 및 신호 처리부 등을 집적화 할 수 있고 고성능 · 고신뢰성을 얻을 수 있다는 것이다. 또한 동시·다량 제조에 의해 단가를 낮출 수 있다. MEMS의 응용 분야는 바이오, 정보통신의 운송 및 항공, 우주, 광학 등과 같이 미래형 산업분야의 대부분에 적용된다.

③ 센서와 RFID

최근 방송장비 및 휴대전화, 무선 인터넷 통신 등의 발달과 더불어 정보처리, 통신, 방송용 센서의 사용이 급증하고 있다. 센서의 감지대상 및 검지물질도 점점 다양해지고 있어, 초기에는 온도 습도 등의 기본적인 물리량이 검지 대상이었고 합금이 주로 사용되었으나, 이후 기계 량을 검지하는 역학센서와 기체 및 이온을 검지하는 화학 센서가 발달하게 되었다. 최근에는 생체물질 또한 검지대상이 되었다. 생체물질을 검지하는 바이오센서에는 생체내의 반응을 촉매 하는 단백질인 효소를 검지하는 효소센서, 미생물을 검지하는 미생물센서, 항체를 검지하는 면역센서 등이 있으며, 폐수처리 시서에서 흔히 사용되는 BOD센서가 폐수의 오염정도를 검지하는데 이용되고 있다. 센서기술의 발달 및 이용의 증가는 생산부문의 고효율화, 정밀화, 주택, 주택·사무실의 각종 기기의 고성능화/자동화, 교통통제의 고도화, 재해방지 시스템의 효율화/자동화 등 사회 각 부문의 요구에 기인한다. 유비쿼터스 환경에서 센서는 정보처리 시스템과 그 정보를 얻기 위한 각종 기기의 중심에 존재한다.

주파수인식 시스템(RFID, Radio Frequency IDentification)은 바코드, 마그네틱, IC카드 등과 같은 자동 인식의 한 분야로 초단파나 장파를 이용하여 기록된 정보를 무선으로 인식하는 최첨단 기술이다. 바코드를 대신해 제품에 부착한 태그에서 송출하는 무선 신호를 인식기로 읽는 방식으로 수십m 전방에서 태그에 담긴 정보를 읽을 수 있다는 편리함이 있다. 태그는 그 고유한 정보를 담은 신호를 발생하고, 이 신호를 안테나를 통해 콘트롤러가 인식하고 분석하여 태그의 정보를 얻는 원리로 되어 있다. RFID 태그는 기본적으로 초소형 마이크로 칩과 안테나로 구성되어 있다. RFID의 특징은, 눈, 비, 바람, 먼지, 자석 등 환경의 영향이 없으며, 통과 속도가 빠르므로 이도 중에도 인식이 가능하다는 것이다. 또한 원거리에서도 인식이 가능하며 제조과정에서 유일한 ID를 부여하므로 위조가 불가능하다. 이와 같은 RFID 시스템은 EPC코드를 갖고 있다. EPC는 개별 상품의 정보를 포함하는 개별 인식 코드로 RFID 태그에 인식되어 시스템을 통해 공유된다. RFID 태그의 종류에는 능동 및 수동 태그가 있다. 능동 태그는 자체 배터리를 내장하여 RFID reader로 정보를 송신하는 형태의 RFID를 의미하며 현재 1달러 이상의 비용으로 고가 장비용으로 사용하고 있다. 수동태그는 현재 1달러 미만으로 장비 및 상품에 사용되고 있으며, 자체 배터리가 없어 RFID가 정보를 송부하지 못하는 형태이다. 또한 RFID 태그는 Read-Write 및 Read-Only로 구분할 수 있다. Read-Write는 읽기 쓰기가 가능한 칩이며 Read-Only는 단순히 읽기만 가능한 칩이다. RFID의 단점으로는 비용 문제를 들 수 있다.

④ 통신기술

유비쿼터스 서비스를 제공하기 위한 통신 기술에는 근거리 무선통신 기술, IPv6, 광대역통합통신망(BcN) 등이 있다.

근거리 무선 통신 기술은 저전력, 저가격을 목표로 하는 블루투스, HomeRF, Zigbee 기술, 고속의 무선랜 기술, 유선 1394의 단점인 브릿지 기능을 무선으로 해결하기 위한 무선 1394 및 UMB(Ultra Wide Band) 기술 등 다양하게 존재한다. 블루투스의 경우 주로 이동형 장치에 채택되고 있는 근거리 무선통신망으로 최근 저가화에 대한 기대에 따라 그 응용 영역이 확대되고 있다. Zigbee는 IEE802.15.4의 MCA(Media Access Control) 계층 위에 구현되는 프로토콜로서 전송속도는 40250kbps로 낮지만 블루투스에 비해 스택 크기가 1/10수준으로 간단하며 네트워크 당 접속 노드도 255개까지로 많아 향후 홈 컨트롤 네트워크의 총아로 부상될 전망이다.

IPv6는 IPv4의 문제점인 IP주소의 부족, 보안성 취약, QoS/멀티미디어 제공을 위한 성능 부족 등의 문제점을 해결하기 위한 목적으로 등장한다. IPv6는 현 인터넷인 IPv4의 32비트 주소체계를 128비트로 확장하여 다가올 Post-PC 시대에 수많은 인터넷 단말기에게 풍부한 주소공간을 제공하면서 향후 인터넷이 추구하는 Plug&Play방식의 자동 네트워킹과 서비스 품질보장 등의 다양한 기능을 추가해 무선 멀티미디어 서비스를 보다 효율적으로 제공할 수 있도록 설계된 차세대 인터넷 프로토콜이다. 이러한 IPv6는 128비트 주소체계로 $3.4*10^{38}$개의 주소 표현이 가능하고 이것은 지구상의 모래알 보다 십억 배 많은 숫자라고 한다. 또한 고품질의 QoS 제공, 보안 기능강화, 다양한 Option 기능. 다양한 형태의 전송, 간단한 헤더 형식(영역 수를 IPv4의 12개에서 8개로 단순화)등이 가능해 진다.

광대역통합통신망은 전화망(PSTN), 인터넷, 비동기전송모드(ATM), 전용망, 무선망 등의 서로 다른 망을 하나의 공통된 망으로 구조를 단순화해 음성과 데이터를 통합한 다양한 멀티미디어 서비스를 통합적으로 제공할 수 있는 차세대 통신 네트워크를 의미한다. 광대역통합통신망은 가입자 단말기부터 교환기에 이르기 까지 통신망전체를 패킷 방식으로 구성하는 ALL IP 망으로 구성, 유선과 무선을 결합한 개념의 차세대 네트워크를 의미한다. 언제, 어디서나, 유무선 통합 인프라를 통해 음성, 데이터, 영상 등의 복잡한 고품질 멀티미디어 서비스를 이용자에게 경제적으로 실시간 제공이 가능하게 한다. 현재의 통신망은 인터넷과 무선인터넷이 분리되어 있어 원격제어 서비스를 이용하더라도 단말기에 따라 서로 다르게 접근해야 하지만 BcN환경에서는 사용자의 편의에 따라 유무선을 마음대로 사용할 수 있다. 더욱이 초고속, 광대역으로 통신을 할 수 있어 상상 속의 디지털 라이프가 실제로 펼쳐진다. 그리고 서비스 측면에서는 음성, 영상, 멀티미디어 등 모든 미디어 서비스가 가능하고 모든 형태의 데이터 서비스가 가능하다. 그리고 방형 구조로 구성되어 있어 저렴한 망구축, 운영비용이 가능하다. 즉 광대역통합통신망은 네트워크 기술의 경우 융합을 지향하고, 서비스 입장에서는 언제 어디서나, 어떤 방식으로든 서비스 받을 수 있는 유비쿼터스 환경이 목표 지향점이라고 볼 수 있다.

광대역통합통신망과 관련한 기술로도 대용량 트래픽을 유발하는 고품질의 스트리밍 서비스를 유무선 환경에서 제공할 수 있는 브로드 밴드 기술, 모든 통신 노드에 주소를 부여하여 상호간에 통신이 가능하게 하는 IPv6기술은 최선의 노력 이상의 융합형 서비스가 요구하는 다양한 품질을 보장하는 QoS, 무선은 물론 유선환경에서도 이동 중인 이용자가 서비스를 끊임없이 제공 받을 수 있는 이동성 기술, 그리고 개방형 표준인터페이스를 통해 서비스 사업자들이 자유로운 융합서비스가 가능하게 하는 Open API등의 기술을 필요로 한다.

광대역통합통신망을 구축하기 위해 정부에서는 정부, 통신사업자, 산업체, 학계 등을 중심으로 계획을 수립하고 진행하고 있다. 광대역통합통신망 구축을 위해 다양한 이종 네트워크간 끊김 없는 서비스 제공이 가능한 통합망 구축, 품질 통신망관리 및 보안능력이 우수한 정보통신망 구축, 차세대 인터넷주소체계의 도입, 모든 통신망에서 다양한 멀티미디어 서비스를 용이하게 연결할 수 있는 개방형 플랫폼 구조 등을 고려하고 있으며, 기본적인 요구사항을 만족하는 미래지향형 네트워크 모형이 될 것으로 예상하고 있다.

2) 유비쿼터스 기술구조

① 기술 분류

마크와이저의 관점에서 유비쿼터스 컴퓨팅에 있어 주요한 키워드는 컴퓨터, 네트워크, 인간 그리고 응용이다. 마이크로컴퓨터 칩 기술의 경우에 동전 크기의 인터넷 서버의 개발이 가능하며, 나노기술이나 나노사이즈의 센서 및 저소비 전력화 기술 등은 다양한 수동형 혹은 능동형 센서가 개발되어 활용되고 있는 것도 현실이다.

블루투스나 RF인터페이스와 같은 근거리무선통신기술은 우리주변의 전자장치들을 무선화 하는 동시에 스피커, 화면, CD플레이어, 마이크 등을 하나의 독립적인 장치로 만들 것이다. 이들 개별 무선 장치들은 사용자의 의도에 따라 화면, 스피커 마이크가 연동되어 가라오케 시스템이 되거나 아니면 화면, 스피커가 모여 TV기능을 갖든지 혹은 CD플레이어, 전축기능을 하게 될 것이다. 각각의 전자기기들은 결합상태나 위치에 따라 각자의 역할이 결정된다. 이와 같이 근거리무선통신기술은 단순한 통신 혹은 인터페이스 기능을 넘어 복합장치 또는 복합가전의 역할을 수행할 것이다. 따라서 유선, 무선 근거리무선통신영역을 기반으로 하는 장소 중심의 유비쿼터스 컴퓨팅은 근거리무선통신 기반의 네트워킹과 양방향 인터페이스 단말 센서가 주요한 핵심 기술 중에 하나이다. 더불어 P2P기술은 인스턴트 메시지 프로그램에서 보여주듯이 실시간 커뮤니케이션을 가능하게 하는 동시에 클라이언트 PC를 네트워킹 하여 슈퍼컴퓨팅 파워를 얻을 수 있도록 한다. 이와 같이 이미 존재하거나 나타나고 있는 기술들 중에서 IPv6는 더 많은 주소 자원을 제공하고, 블루투스,RF인터페이스기술은 근거리 무선통신과 전자객체 기반의 새로운 서비스를 창출 하고 P2P와 Grid기술을 이용한 네트워크는 슈퍼컴퓨팅 기능을 제공하고 있다. 이들 기술은 유비쿼터스 컴퓨팅의 기반이 될 것이다.

▌유비쿼터스 기술분야▐

기술 분야	현존기술 및 이머징 기술	유비쿼터스적 기술 진화
컴퓨터	• 마이크로 컴퓨터칩 • 나노,병렬등 고집적기술	• 소형/내장형/비가시화기술
네트워크	• 네트워킹 IPv6 • 장치접속기술 관련 기술	• 심리스한 접속시술
인간 (인터페이스)	• 수동능동형센서기술 • 근거리 무선기술(블루투스 RF 등)	• 인간과 사물간 자율형 직접 인터페이스 기술
응용	• P2P/Grid 기술 • WWW, Java, Wap, XML	• 망기반 복합응용/미들웨어 기술

유비쿼터스 컴퓨팅 시대는 서버,PC중심의 컴퓨팅 기술에서 휴대전화, AV기기, 정보가전, 게임기, 제어기기 등과 같은 다양한 기기가 접속됨으로 인하여 소형화기술, 휴대전화기술, 정보가전기술, 전자제어기술, 네트워킹 제어기술 등이 주요한 원천 기술로 대두될 것으로 예측된다. 또한, 유비쿼터터스 네트워크 프로젝트상의 기술 분류는 유비쿼터스, 시스템기술, 고성능 네트워크 기술, 에플리케이션 고도화기술, 어플라이언스 기술, 플랫폼 기술과 같이 다섯 분야의 대분류와 세부기술 내용으로 분류하고 있다.

위치기반의 유비쿼터스 서비스를 제공하는 측면에서 제시되고 있는 기술 분류체계의 요소로는 위치정보 요구정확도, 이동성, 상황인식능력, 정체성 파악능력, 그리고 정보이력 관리능력 등이 있다. 이들 요소는 브로드밴드, 모바일, 상시접속, 베리어프리 인터페이스, IPv6라는 5가지 유비쿼터스 네트워크 관련 기술 요소를 바탕으로 하고 있다.

위치 정보 요구정확도는 이동통신망, GPS 또는 기타 유비쿼터스 네트워크를 통해 개인이나 사물, 그리고 차량의 위치를 파악해 긴급구조, 교통정보 등을 서비스 하는 분야는 향우 IT산업뿐만 아니라 전자상거래, 교통, 환경, 의료, 행정 등 다양한 분야에서 활용될 전망이다. PC나 휴대폰 없이도 사물을 통해 언제 어디에서든 정보를 교환할 수 있는 유비쿼터스 컴퓨팅환경에서는 정밀한 위치정보의 획득이 가능해진다. 실내외의 제한을 받지 않고 이동하는 사물, 사람의 공간적 위치와 절대좌표를 언제, 어디서나 디바이스 스스로 식별하는 기능은 위치에 따라 가장 개인화 된 맞춤 서비스와 공간 애플리케이션을 위한 핵심적인 기술 요소이다.

▌유비쿼터스 기술분류 및 내용▐

기술 분류	내 용
기반 기술	○ 어디서나 안전하게 컴퓨터를 사용할 수 있는 기술 - 개인인증기술, 보안기술
하드웨어 기술	○ 하드웨어 성능 향상, 인터페이스 기술 - 인간중심의 비가시적 입출력기술 - 나노 병렬등 고집적 기술 - 소형화기술 - 저소비전력화기술 - 내장형기술 - 기억장치기술
접촉 기술	○ 하드웨어네트워킹 및 장치기술 - 네트워킹 및 근거리무선기술 - 장치접속기술
응용 기술	○ 사용자서비스제공기술 - Web, Java, Wap, XML - Peer-to-Peer 기술
모바일 기술	- 휴대폰 등

서비스별 요구 정확도는 위치추적 기술과 밀접한 관련성을 지니고 있다. 3GPP국제표준 기구에 따르면 위치서비스를 위한 정확도는 응용서비스를 위해 필요한 일반적인 정확도 수준을 반영한다. 서비스마다 다른 수준의 위치 측정 정확도가 필요 하다. 정확도 범위는 수십 미터에서 수 킬로미터까지 다를 수 있다.

유비쿼터스 서비스는 네트워크의 이동성과 상시 접속이라는 기술적 특징을 갖도록 한다. 자동차나 선박, 그리고 사람 등이 갖는 이동성은 위치정보 획득 기능과 더불어 위치 기반서비스에 있어서 중요한 기술적 특징이다. 이동성을 갖지 않는 대상체 보다는 이동성을 갖는 대상체가 위치기반서비스의 주요대상이 되는 것은 자명하다. 위치 기반 시스템에서 요구되는 공통기능은 위치정보획득, 위치정보관리, 위치기반기능, 프로파일관리, 그리고 인증 및 보안 등이 있다. 이중 위치기반기능은 개인 및 집단의 위치 확인 및 제공 기능을 포함하여 추적 및 이동경로 트리거 기능들을 지원하는 것으로 주로 이동성을 갖는 대상화 밀접하게 관련되어 있는 기능이다.

상황인식능력은 사물, 사람 그리고 공간 등에 보이지 않는 컴퓨터를 심음으로써 그 기능을 지능화하고 시시각각 변화하는 상태와 환경을 언제, 어디서나 실시간으로 디바이스 스스로 센싱, 트래킹, 모니터링, 할 수 있는 상황인식 능력은 유비쿼터스 서비스에 있어 중요한 기술적 요소이다. 상황이라는 것은 실제 시스템 이동통신기기 및 환경 속에 내재 되어 있는 기기가 사용자에게 서비스를 제공할 때 관련된 모든 정보로써, 이러한 정보를 자동적으로 시스템이 감지하여 사용자의 현재 상황에 따라 적절한 정보 혹은 서비스를 제공할 수 있는 시스템을 상황인식능력시스템이라고 한다. 음성, 온도, 습도, 압력, 진동, 성분, 형상 등과 같은 시간과 장소에 따라 변화하는 물적 속성에 관한 상황정보가 실시간으로 칩, 센서, RFID-tag, MEMS등을 이용하여 수집되어 웹과 같은 전자공간의 에플리케이션영역에 전달되어 활용하는 서비스는 향후 발전 가능성이 많은 영역이라고 할 수 있다.

정체성 파악능력은 물리적 공간에 존재하는 사람, 사물의 정체성을 언제, 어디서나 접촉하지 않아도 디바이스를 통해 또는 디바이스 스스로 식별하는 능력이다. 정체성 파악의 핵심 기술로 활용될 UFID(Unique Feature IDentifier)는 건물, 도로, 교량, 하천 등 인공 및 자연 지형지물에 부여될 전자식별자로, 모든 지형지물에 고유한 UFID를 부여함으로써 현재 개별적으로 관리되고 있는 국가 주요 지형지물을 단일 체계로 통합관리 할 수 있게 된다. 사용자의 세분화 된 욕구에 따른 유비쿼터스 서비스를 실현하는데 있어 언제, 어느 네트워크나 단말기로도 본인 확인이 실시간으로 이루어지도록 하는 기반 시스템(기반기술)의 구축이 절실하다.

정보이력 관리능력은 당뇨수치 체크 시스템이나 의료이력관리등과 같은 의료 서비스 나 교육과 관련된 서비스, 배송물 배달서비스, 그리고 자연 현상을 예측, 예보하는 서비스 등과 같은 경우 상황인식능력을 통해 획득한 각종 정보를 체계적으로 축적, 관리함으로써 인식된 상황정보가 어떤 추세로 현화하고 있는지 관측하는 것은 상당히 중요한 요소이다. 특정 서비스가 정보이력을 관리할 필요성이 있는지, 그렇지 않은지 하는 것은 유비쿼터스 서비스 유형을 구분하는데 있어 중요한 기술적 특성이 될 것이다.

유비쿼터스 서비스를 위해 요구되는 기술 분류로 유연한 광대역 네트워크, 센서 네트워크, 플랫폼, 기구, 컨텐츠, 에이전트, 텔리포테션 등이 있다.

광대역 네트워크는 모든 미디어로 초고속망을 수백만 명이 동시에 이용할 수 있으며, 스트레스 없는 유연한 통신환경을 실현한다. 그리고 센서네트워크는 주변의 기계가 커뮤니케이션을 할 수 있도록 자율적으로 정보를 수집하고 관리한다. 플랫폼은 고도의 인증과 보안으로 프라이버시가 보호되고 다양한 서비스를 누구라도 안심하고 이용할 수 있도록 한다. 더불어 기구는 남녀노소를 막론하고 간편하게 사용하며 높은 조작성, 콤팩트성을 실현한다. 컨텐츠는 소유권을 명확히 하여 매력 있는 컨텐츠를 자유롭게 유통하고 이용할 수 있어야 한다. 에이전트는 언제나 원하는 정보를 실시간으로 이용자 요구에 맞는 형태로 제공할 수 있으며 QoS및 서비스를 자유롭게 선택하고 이용하도록 지원한다. 텔리포테이션은 어디에 있어도 어떠한 단말로도 네트워크에 언제나 연결되어 생활공간을 자유롭게 만들 수 있도록 지원한다.

앞에서 기존의 기술 분류를 종합적으로 정리하여 관련 기술의 종류를 분석하면 기초 기술과 응용 기술로 구분할 수 있다. 대표적인 기술로는 사람을 대신해 공간속에서 활동하는 미세전자기계시스템, 기존의 바코드 기능을 뛰어 넘어 위치나 정보내용을 자동으로 인식하고 무선으로 정보를 저장, 입출력 공유할 수 있는 무선 ID(RFID)태그 기술, 128비트 길이를 지닌 IPv6주소체계, 컴퓨터 하드웨어와 소프트웨어를 조합한 전자제어시스템으로 자동차나 컴퓨터, 가전 특수용도 센서나 칩에 내장하는 임베디드 시스템, 언제, 어디서나 다양한 미디어로 모든 서비스를 구현하고 어떤 단말과 디바이스로도 컨텐츠 유통과 이용을 처리할 수 있는 유연한 초고속 유비쿼터스 네트워크의 구축, 수천 억 개의 센서, 칩, RFID태그들 사이의 대용량 정보흐름을 처리하기 위해서 지금보다 1만배 이상 빠른 광대역 IP기간망과 3만 배의 접속 규모를 갖는 초 대용량 가입자망기술등이 있다. 그리고 언제, 어느 네트워크나 단말로도 본인 확인, 위치확인, 원본성 보증, 금융결제 등을 실시간으로 수행할 수 있는 플랫폼 기술, 입는 컴퓨터, 손목에 차는 컴퓨터, 안경에 부착된 컴퓨터, 정보가전, PDA등과 같은 새로운 기구나 제품에 응용하는 기술 등이 있다.

(3) 분야별 유비쿼터스 추진동향

1) 의료

① 유비쿼터스 병원의 산업 현황

유비쿼터스가 우리 사회와 생활 전반을 바꿔 놓고 있다. 유비쿼터스가 미래 사회의 변혁을 가져올 핵심 키워드라는데 이의를 제기할 사람은 없다. 이에 따라 기업은 물론 정부와 학계, 일반 개인까지도 'u-'사회에 대비한 준비를 서두르고 있다. 병원도 예외는 아니다. 병원은 지금 유비쿼터스 의료정보화로 분주하다. 병원은 이미 많이 변화되었다. 환자의 진료 진행 상태와 결과를 진료카드에 일일이 손으로 써넣지 않아도 되고, 필름으로 보관되던 엑스레이, MR 등 의료영상도 디지털 형태로 저장돼 시간과 장소에 구애 받지 않고 확인할 수 있게 됐다. 병원이 디지털화에 속도를 내면서 의료정보화 시스템을 속속 도입하고 있기 때문이다. 그간 처방전달시스템(OCS)을 도입하며 정보화를 진행해 온 대형병원들이 의료영상저장전송시스템(PACS)과 전자의무기록(EMR), 전사적자원관리시스템(ERP) 등을 잇달아 도입하며 정보화의 수준을 한 단계 높이고 있다. 최근 연세대 의료원은 2005년 5월 개원을 목표로 'u-호스피털(u-Hospital)' 구축사업을 시작했다. 병원임직원이 진료노트 대신 PDA나 무선 노트북 등 첨단 기기를 이용해 환자 진료 기록을 적어 넣으면 통합된 전자의무기록시스템과 처방전달시스템은 이 정보를 이용해 신속하고 정확하게 의료서비스를 제공할 수 있도록 한다. 총 2500 병상 규모의 초대형 의료정보화 사업인 'u-호스피털(u-Hospital)' 구축을 맡게 된 LGCNS는 처방전달시스템(OCS), 전자의무기록시스템(EMR)을 비롯해 전사자원관리시스템(ERP), 활동원가관리(ABC), 데이터웨어하우스(DW), 그룹웨어(GW), 모바일 시스템 등을 복합적으로 설치할 계획이다. CNS는 의료사업 전담 '메디컬(Medical) 사업부' 인력을 대규모로 이 프로젝트에 투입했다. 이 시스템이 완성되면 국내 최초로 처방전달시스템과 전자의무기록시스템이 통합 설계되면서 의료진과 환자의 편의가 극대화된다. 환자 중심의 유비쿼터스 의료정보시스템 기반이 마련되는 셈이다. 연세대 의료원 이외 고려대 병원 등 대형 병원들 역시 정보화 사업에 적극적 행보를 보이고 있다. 고려대 병원은 삼성SDS 시스템 구축을 의뢰, 진료부문에서 90억, 원무업무 40억, 진료지원 및 일반 행정에서 10억여 원을 절감했다. 하지만 의료정보화 덕에 서비스 개선의 가장 큰 수혜를 보는 것은 역시 환자들이다. 진료를 위해 한참을 기다려야 하는 불편함이 개선되고, 각종 보험 등 병원 측에 별도의 증빙자료들을 제출하거나 다른 병원에서 진료 받았던 기록을 손수 떼어다 제출해야 하는 번거로움도 없다. LGCNS 관계자는 "병원이 경쟁력 강화를 위해 의료정보시스템을 필히 도입해야 한다는 인식이 확산되고 있다"며 '유비쿼터스' 병원시대가 문을 열고 있다고 말했다.

② 유비쿼터스 병원시스템

최신 기술로 대두되고 있는 유비쿼터스 솔루션(스마트카드, 무선통신, PDA, RFID 등을 활용하여 Anytime, Anywhere Computing 환경을 제공)을 병원정보 시스템에 접목하여 의료진 및 환자의 편의를 극대화시킨 시스템이다.

가. 종이가 필요 없다.

병동 간호사들에겐 노트북이 하나씩 지급되어 환자 옆에서 모든 업무가 진행된다. 입원환자들에게는 바코드를 손목에 부착하게 된다. 바코드를 스캔하면 환자에 대한 관련 기록이 화면에 나타난다. 컴퓨터로 의사 처방이 확인된 상태에서 투약과 처치를 하기 때문에 오류를 미연에 방지할 수 있다.

환자들이 검사 및 수술을 위해 병실을 이동하더라도 환자의 확인이 바코드를 통해 확인되므로 오류 제로의 상황에서 안심하고 진료 받을 수 있다. 1인용 병실에는 17인치 LCD 모니터가 설치된다. 이 모니터는 TV 기능과 함께 컴퓨터의 기능도 갖고 있다. 입원환자는 인터넷과 문서 작업을 할 수 있으며, 회진 시간에는 주치의와 함께 검사 내용을 보면서 상담이 가능하다. 이 밖에도 검사 일정, 입원비 내역 등을 조회할 수도 있다.

나. Non-Stop 서비스

스마트카드를 위치안내 시스템에 갖다 대면 당일진료과 접수가 완료되어 기존과 같은 복잡한 행정절차가 생략된다. 각 진료팀마다 코디네이터들이 있어 한자리에서 검사와 예약, 수납까지 처리된다. 키오스크는 무인 진료 접수, 처방전 발행, 수납 등이 가능한 시스템으로 원내 곳곳에 설치된다.

다. 모바일 진료

의사들에게는 모바일 PDA폰이 지급된다. 모바일을 통해 화상진료가 가능해져 응급환자 상태를 실시간으로 확인할 수 있기 때문에 환자를 24시간 돌볼 수 있다. 의사가 병원 외부에 있다 할지라도 입원환자들의 상태를 실시간으로 파악이 가능해 응급상황 발생 시에도 즉시 대처할 수 있다.

라. 전자의무기록(EMR)

환자들의 상태, 처방 내용이 언제 투약되었는지도 알 수 있다. 또 배설량, 섭취량 등 환자와 관련된 모든 활동이 실시간으로 입력되면 임시자료저장소(CDR)를 통해 저장되고 이를 의료진이 검색할 수 있게 된다. 또 단문자 서비스(SMS)를 이용해 검사결과를 환자들에게 알려 줄 수 있고 이를 환자들은 집에서 인터넷을 이용해 확인할 수 있다.

또 환자와 의료진은 인터넷을 통해 대화형 커뮤니케이션(Bi-direction

interface)이 가능하다. 환자는 인터넷에서 병원의 모든 진료과를 예약할 수 있고, 콜센터를 통한 전화예약도 가능하다. 환자들의 모든 의무기록이 데이터베이스나 텍스트 또는 이미지로 저장된다. 환자의 의무기록은 평생 건강기록 개념으로 저장되어 요람에서 무덤까지 언제 어디서나 허가된 부분만큼은 조회할 수 있다. 특히 국내 처음으로 서식 생성 폼을 만들어 사용하게 된다. 이는 주치의가 환자의 의무기록을 자신의 스타일에 맞게 다양하게 조합함으로서 한눈에 볼 수 있도록 한 것이다. 또한 지역 네트워킹이 가능하다. 예를 들면 국내 협력병원이나 해외협력병원에 환자이송시 의무기록 전송이 가능해져 협력진료 효율성을 높이고 있다.

마. 스마트카드

스마트카드(SMART Card)는 e-Health Recording을 위한 평생건강정보 저장열쇠인 셈이다. 신생아의 BCG 접종부터 시작해서 개인의 평생 건강정보가 이 하나의 카드를 중심으로 업데이트된다. 이에 따라 머지않은 장래에 모든 정보를 개인과 가족단위의 맞춤형 예방진료까지 가능할 것으로 보인다.

스마트카드는 부가적인 기능에서도 뛰어난 장점을 갖고 있다. 우선 대기시간을 대폭 줄였으며 위치와 동선 안내를 받을 수 있어 편리함을 더해준다. 주차 문제도 진료를 위해 내원한 환자의 경우 4시간까지 무료로 자동 계산된다. 또한 교통카드로도 대용할 수 있는 티머니 기능도 포함된다.

이 밖에도 현금카드 대신으로 사용할 수 있어 병원 내 모든 편의시설과 수납기능이 가능하다. 스마트카드에는 환자의 주민번호와 진찰번호만이 인식되며 교직원들에게는 출퇴근용의 신분카드로 겸용하게 된다. 향후 의료원 산하 모든 병원까지 하나의 스마트카드로 네트워킹 하여 지역에 관계없이 진료 받을 수 있고 의무기록이 연계될 수 있도록 할 방침이다.

바. 데이터웨어 기능

디지털 병원, 유비쿼터스 병원의 또 다른 장점은 데이터웨어를 뽑을 수 있다는 점이다. 데이터웨어는 모든 정보들을 하나로 통합해 필요한 업무를 위해서 재조합하고 응용할 수 있도록 하는 시스템이다. 현업에 근무하는 실무자들에게는 최종 사용자(End User)의 환경이 제공되고, 경영자들에게는 경영환경을 한눈에 볼 수 있도록 하기 때문에 신속한 의사결정이 이루어질 수 있다.

이 기능들의 예로 '이수유비케어'를 볼 수 있다. 1992년 메디슨의 사내벤처 1호로 창업한 이래, 13년 역사와 함께 국내 의료IT 산업의 선두주자로서 우뚝 선 기업이 있다. 그리고 이제는 의료IT를 넘어 미래의 의료 환경을 앞당기기 위해 'U-Healthcare' 라는 새로운 시장을 개척해 나가고 있는 기업, 바로 이수유비케어의 이야기다. 서울대 의공학과 박사과정 당시 메디슨과 산학연구원으로 인연을 맺은 김진태 대표는 재직시절 사내 벤처공모전에 출품한 아이템이 사업화에 이르면서, 창업에 뛰어들었다. 지난 13년간 병원과 약국 등 의료 기관의 정보화(Medical Information) 성과를 기반으로 이제 의료IT분야를 넘어 2010년 유비쿼터스(Ubiquitous) 헬스케어 구현의 비전을 제시하고 있는 이수유비케어를 만났다. 이수유비케어는 국내 최초의 의원용 EMR(Electronic Medical Record) '의사랑'을 개발, 93년, 의료정보화 시장에 본격 진출하였다. 이전까지 청구S/W 사용으로 부분적인 정보화를 시작하던 병/의원시장에 청구기능은 물론, 환자접수, 진료, 검사, 청구 수납에 이르기까지 업무 전반을 통합 정보화하는 EMR을 선보임으로써 의료정보 시장의 새로운 장을 열었다. 이후, 병/의원 전용 CRM(Customer Relation Management) 솔루션, 웹과의 연동을 통한 On-Line Clinic, 온라인 수탁검사 서비스, 환자 대기 시스템, 유무선 의료기기 연동을 비롯한 원스톱(One-Stop) 전자상거래 시스템 등 각종 부가 솔루션들을 추가적으로 개발, 공급하면서 통합 의료IT 시스템 기반 위에 디지털 병/의원 환경이 구현될 수 있도록 하였다.

■ U · Helthcare 사례 ■

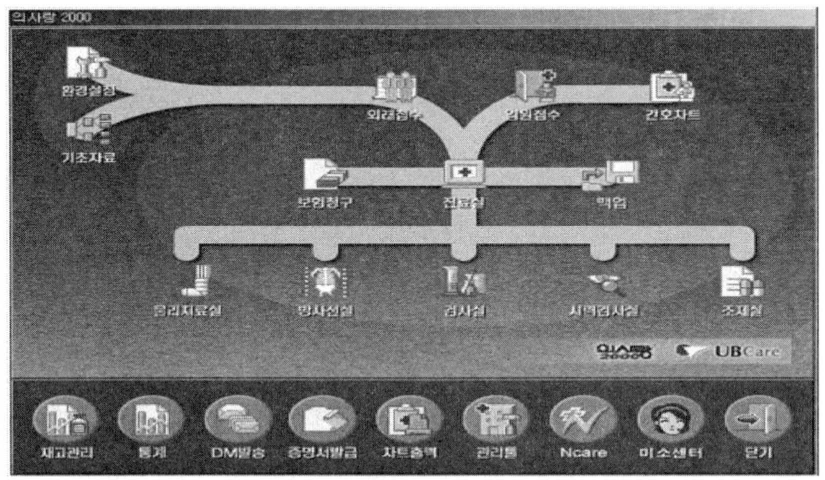

이러한 통합의료정보시스템의 빠른 정착과 함께 시장을 선점 선도하면서 병/의원 정보화 사업 진출 이래 업계 최대 8천 고객을 돌파, 시장 점유율 부동의 1위를 고수하고 있다. 뿐만 아니다. 지난 97년 의약분업의 전면실시 이후, 기존 병/의원 정보화에 이어, 약국정보화 시장에 진출, 약국환경에 최적화된 정보화 프로그램 '엣팜(@Pharm)'을 선보였다. 당시 국내 약국의 90% 이상이 무료로 배포되던 프로그램을 이용하고 있었지만, 이수유비케어는 약국경영관리시스템의 차별성과 제품력으로 승부, 유료 프로그램임에도 전국 7천여 개의 약국에 보급, 역시 국내 약국정보화 시장의 최고 업체로 자리매김하였다. 또한 병/의원과 약국 네트워크를 기반으로 제약사의 의사결정 지원 및 마케팅을 지원하는 제약 마케팅 사업을 진행하고 있으며, 동원F&B와 전략적 제휴를 맺고 건강기능식품 유통 사업에도 진출했다. 한편 국내에서 유일하게 네트워크를 통한 원격 심전도 검사가 가능한 'CardioNet'과 의료용 광원장치와 EMR을 연동시킨 영상관리 비전시스템인 'NetScope' 등 자사의 EMR의료기기를 연계한 의료 IT 기술과 의료기기의 접목을 통해 첨단의료기기개발, 유통 사업에도 주력하고 있다. 이수유비케어가 98년에 오픈 한 인터넷종합병원 건강샘(www.healthkorea.net)은 인터넷을 통하여 자신이 겪고 있는 건강및 질병 문제를 전문의와 상담하고 자신의 건강 상담, 문진 등의 건강정보를 누적 관리할 수 있는 건강/의료 전문 포털로, 국내에서 최고의 사이트다. 이수유비케어의 온-오프라인 비즈니스 포털의 관문으로서의 역할이 기대되는 사이트이다. 또한 '다음', '네이버', '네이트닷컴' 등과의 제휴를 통한 온라인 병. 의원 검색 서비스 및 의료분야 지식 서비스 제공을 통해 사업의 영역을 확장해가고 있다.

한편, 의료전자상거래 사이트인 미소몰(www.misomall.com)을 통해 의료전문 전자상거래 시스템을 도입, 의료기기, 의료 관련 소모품 및 각종 비품 등을 직접 구매할 수 있도록 했다. 전국 23개 지역에 서비스센터를 운영 중이며, 제품별 고객전용 콜센터, 온라인 고객지원 서비스홈페이지 등 온-오프라인을 연계, 유기적인 운영과 지원을 통해 U-Healthcare 접근 채널을 구축해 나가고 있다. 이수유비케어는 궁극적으로 의료정보화를 뛰어넘은 'U-Healthcare' 선도 기업으로의 도약을 실행하고 있다. 이러한 이수유비케어의 로드맵을 살펴보면

Step1. 의료기관의 정보화

Step2. 대 일반인 e-Healthcare 접근 채널 구축

Step3. 의료기관과의 On-line Network 구축

Step4. D2D, D2P의 유비쿼터스 Connectivity 구축

Step5. 평생건강관리기록과 헬스케어 지능형 엔진 구축을 통한 유비쿼터스 건강관리 서비스 제공으로 볼 수 있다.

우선 이수유비케어서 실시하고 있는 분야로 '모바일-헬스케어'를 들 수 있다. 휴대폰을 이용한 '당뇨폰서비스-MDoctor'는 휴대전화에 생체신호 측정기기를 연결, 혈당, 혈압, 맥박, 보행계수 등 건강지표를 측정하고, 측정결과를 휴대전화와 웹사이트(건강샘)을 통해 스스로 관리할 수 있도록 해주는 서비스. 2005년 하반기 SK텔레콤과 아름모바일과 함께 제작한 이 서비스는 유-무선으로 지역주치의와 연계 1:1 맞춤 건강관리 서비스를 받을 수 있도록 구현된 신개념 모바일-헬스케어 서비스다. 또한 아파트 등에 거주하는 재택 일반인을 대상으로 건강관련 환경요소 및 개인의 생활습관

을 모니터링 하여 '지역주치의 연계 재택 평생건강관리 시스템'도 준비 중에 있다.

국내 의료 정보화 사업을 시작으로 다양한 연계사업의 확장에 이어, 미래 의료 환경을 앞서 준비하고 있는 이수유비케어는, 새로운 제품으로 새로운 시장을 개척한 이래, 한 분야에서 꾸준히 성장하면서 성공적인 비즈니스모델을 구축한 사례로 꼽을 수 있다. 이수유비케어는 지난해 이수그룹과 함께 새로운 출발을 선언하며 2010년을 향한 'VISION2010-Triple 1,000'을 선포했다. 김진태 대표는 '건강한 삶을 위한 가치창조'라는 새로운 기업이념 아래 매출 1,000억-자산 1,000억- 시가총액 1,000억을 달성하겠다는 계획을 세우고, '의료정보'라는 틀을 넘어 이제 보다 건강한 삶을 열망하는 사람들과 함께 누릴 수 있는 U-Healthcare' 시대를 앞당기기 위해 분주히 뛰고 있다.

③ 유비쿼터스 병원의 사례

가. U-세브란스 고객 지원 시스템

진료카드를 소지한 고객이 주차장 입구를 통과 시 고객의 정보를 감지하여 주차 시간을 입력함과 동시에 OCS에 등원체크를 함으로서 고객의 진료 대기시간을 줄일 수 있다. 이로 인하여 고객은 대기시간으로 인한 지루함을 덜 수 있다.

▮세브란스 병원의 유비쿼터스를 이용한 서비스▮

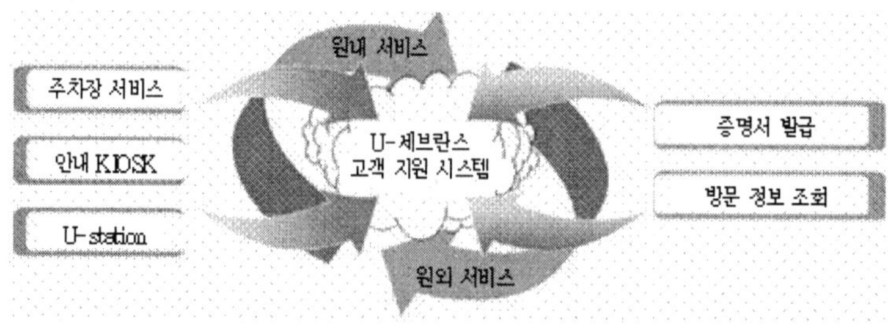

RFID & Smart Card

진료카드를 소지하지 않은 고객은 주차권을 뽑아 원하는 위치에 주차를 시킨 후 차에서 내려 프린팅 기에 주차카드를 입력하면 카드 표면에 주차구획 번호가 인쇄된다.

진료를 마친 후 해당 주차위치를 잃어버렸을 경우 U-세브란스 도우미 KIOSK에 접속해 주차구획번호를 입력시 길안내를 실시간 제공한다.

또한, 무선랜 환경에서 EMR 등을 통해 진료정보를 관리하며, 환자는 병원 스마트카드와 무인안내 시스템을 통해 진료, 접수, 예약, 처방전 발급, 수납 등을 해결할 수 있다.

나. 원격진료 서비스

1 기차에서 원격진료

2005년 11월 14일 학회 세미나에 참석차 부산에 가 있는 흉부외과 전문의인 김 교수에게 병원에서 당직의사로부터 급한 연락이 왔다. 김 교수가 맡고 있는 환자의 상태가 갑자가 나빠졌기 때문이다. 김 교수는 급히 PDA 폰을 꺼내, 가상사설망(VPN)으로 병원 시스템에 접속하였다. 각종 검진기록과 새로 찍은 엑스레이 사진 등 환자 전자의무기록(Electronic Medical Record : EMR)을 검토, 급한 처방을 내렸다. 서울로 올라오는 KTX 안에서 환자의 실시간 상태를 점검하였다. 유비쿼터스 환경에서는 병원은 무선통신을 통해 24시간 내내 어디서나 의료 서비스를 받을 수 있는 것이다. 환자는 개인정보가 담긴 스마트카드를 한 번 발급받으면 병원 내에서 무인안내 시스템을 통해 예약·접수·수납까지 자동으로 처리할 수 있다. 또, 외래진료 시에는 병원에 도착해 스마트카드를 안내 시스템에 갖다 대기만 하면 진료 예약 내용과 시간, 담당 의사가 있는 곳으로 안내까지 한다. 또 병원에 개인의 건강·진료 정보는 물론 먹는 약, 주사 접종 기록 등이 체계적으로 저장되기 때문에 인터넷에 접속해 스마트카드로 본인확인 절차를 거치면 평생 건강 기록을 조회할 수 있다. 국내는 물론 외국의 다른 병원에 가서도 혈액이나 병력 등을 반복해 검사 받을 필요가 없다.

2 가정에서 원격진료

지방의 농촌병원으로는 드물게 EMR을 구축해 운영, 병원의 생산성은 물론 환자에 대한 서비스를 극대화하고 있는 곳이 있어 눈길을 끈다. 우리나라 굴비 산지의 대명사인 전남 영광에 위치한 영광종합병원은 2005년 상반기에 태블릿PC 기반의 EMR를 구축, 차트 관리 간소화, 경영 효율성 향상, 환자 대기 시간 단축 등의 효과를 거두고 있다. 이 병원은 250병상과 20여명의 의사, 100여명의 간호사 등 농촌 병원으로는 규모가 큰 편이다. 병원 시스템의 대세로 떠오른 EMR은 환자의 의무기록을 디지털화한 전자차트 시스템으로 기존 종이 차트의 보관과 이동 등 병원 내에서 가장 비효율적으로 꼽히는 문제를 해결해 주는 솔루션이다. 영광종합병원은 2005년 3월 EMR 구축에 착수, 지난 7월 본격 가동에 들어갔다. 영광종합병원의 EMR 시스템은 유닉스 환경의 서버와 데이터베이스 관리시스템(DBMS), 태블릿 PC가 근간을 이루고 있다. 각 층마다 네트워크 액세스 포인트를 설치, 무선 환경으로 EMR 시스템을 운영 중인 이 병원의 태블릿PC는 언제 어디서나 쉽게 원하는 진료 기록을 마치 과거종이 차트에다 쓰듯이 편리하게 입력하거나 조회할 수 있는 환경을 제공한다. 가정간호(방문간호)사업소에서는 태블릿PC와 휴대폰을 이용해 EMR 서버에 접속하여 방문한 환자의 가정에서 실시간으로 각종 검사 결과를 검색하고, 차트를 작성하는 것도 이색적인 풍경이다. 멀리 떨어져 있지만 현재 환자의 상태를 바로 EMR에 기록하여 진료과장들이 현장에서 진료하는 유비쿼터스의 현장을 그대로 보여주고 있는 것이다. 영광종합병원은 태블릿PC 기반의 EMR 운영으로 차트 관리, 경영 효율성, 환자 서비스 등 여러 측면에서 효과를 보고 있다. 먼저 환자의 차트를 찾는 시간을 대폭 줄여 접수와 동시에 진료가 가능할 정도로 신속한 진료 서비스 환경을 제공하고 있다. 환자의 대기 시간을 줄이고 그만큼 진료 시간을 늘려 환자에 대한 서비스 만족도를 극대화한 것이다. 지난 1980년에 설립된 이 병원은 1998년 병원처방전 전달 시스템(OCS)에 이어 2001년에는 의료영상 전달 장치(PACS)를 구축하였다. 그리고 2002년에는 이 시스템을 기반으로 종합의료정보 시스템(HIS) 가동에 이어

2005년 들어 EMR 시스템을 본격 가동하였다. 이것뿐이 아니다. 더 이상 유비쿼터스 홈헬스케어 꿈이 아니다. 목적지를 알아서 찾아가는 로봇 등 첨단 IT기술을 의료 분야에 접목한 유비쿼터스 홈헬스케어 연구가 본격화되고 있다. 유비쿼터스 홈헬스케어는 부산시가 추진 중인 u-시티 구축 프로젝트의 주요 분야로 지역 IT 및 의료산업의 경쟁력 강화에 큰 몫을 할 것으로 기대되고 있다. 한국 LPS는 지난해부터 초음파를 이용해 가정이나 병원, 사무실, 공장 등 실내 공간에서 자율적으로 움직여 목적지를 찾아가는 유비쿼터스 휠체어 로봇을 개발, 상품화를 추진하고 있다. 특히 유비쿼터스 휠체어 로봇 시제품은 지난해 APEC IT 전시회에서 소개돼 국내외 로봇 전문가들로부터 많은 관심을 끌었다. 유비쿼터스 휠체어 로봇은 한국LPS가 부산대 메카트로닉스 연구실의 이만형(기계공학부) 교수 연구팀과 5년간의 산학협동 연구 끝에 개발한 초음파 위성 실내 위치확인시스템의 원천기술을 응용한 것이다. 병원이나 물류창고, 사무실 등 실내의 천장에 '초음파위성(발신기)'을4개 이상 설치하고 휠체어 로봇에 수신기를 장착하면 로봇 스스로 3차원의 위치와 목적지를 인식해 이동할 수 있다.한국LPS의 이동활 대표는 "유비쿼터스 휠체어 로봇은 정밀도가 높아 국내 모 대학병원에서 수술용 유비쿼터스 조명 장치로 활용할 예정"이라며 "수술 중인 의사가 움직이는 목의 방향에 따라 조명장치가 움직여 최적의 조명을 제공할 수 있다"고 설명했다.

삼원FA도 지난해 6월부터 수액 투여현황을 실시간으로 원격 모니터링할 수 있는 '오토 링거'시스템을 개발해 실용화를 추진하고 있다. 삼원FA 기술연구소 김동형 실장은 "오토 링거 시스템은 간호사실에 앉아 각 병실의 전체 수액 투여현황을 실시간으로 모니터링 할 수 있다"며 "수액 막힘 여부나 수액 투여속도, 남은 시간 및 교체시기 등을 한눈에 알 수 있어 간호사 업무 효율성과 환자 고객의 만족도를 높일 수 있다"고 밝혔다. 또 환자가 수액 투여량을 임의로 조작할 경우 그 사실을 간호사실에 실시간으로 통보해 의료 사고도 미연에 예방할 수 있다. 동아대 의대 정동근 교수와 피지오랩도 지난해 말부터 유비쿼터스기술을 활용해 생체신호측정기인 'PM800'과

'P400',생체신호 실습 키트(ECG KIT, PPG KIT),원격의료기기인 'M-KIOSK' 등을 개발하고 있다. 또 원격의료기기는 선박과 항공, 재난지역, 집단수용시설 등 의료 소외지역에서 응급환자가 발생했을 때 의료기관을 인터넷을 통해 연계해 적절한 의료서비스를 제공할 수 있게 도와주는 시스템이다. 유메디칼은 전자후두내시경, 음성을 이용한 후두암 감별 시스템 등을 개발하고 있다. 정 교수는 "유비쿼터스 홈헬스케어는 아직 시작단계인 이른바 블루오션 분야"라고 설명한 후 "지난달부터 지역 유비쿼터스 홈헬스케어 전문 인력을 양성하고 산업 활성화를 위해 세미나 및 워크숍을 개최하고 있는데 많은 참여를 바란다"고 밝혔다. 부산대학교병원 RIS사업단의 전계록 단장은 "고령화 사회로 접어들수록 집에서 첨단 의료서비스를 받을 수 있는 유비쿼터스 홈헬스케어는 더욱 주목받을 것"이라며 "질 높은 의료서비스 제공은 물론 지역의료 및 IT산업 활성화에도 기여할 것"이라고 말했다.

다. 병원 시스템 개선

1 RFID 건강검진 효율화 시스템(대구의료원 건강검진센터)

2007년 3월 1일 대구의료원 건강검진센터는 새로 잘 지어진 센터 건물로 들어선 김일수(5, 가명)씨는 접수를 마치고, 간호사로부터 목걸이형 RFID(전자태그) 단말기 하나를 받았다. 잠시 기다리자 목걸이에서 신호가 울리고 디스플레이화면에 "위내시경 검사실로 오세요"라는 글씨가 나타났다. 검진대상자를 찾는 간호사의 분주한 발걸음과 목소리, 언제 자신의 이름이 불릴지 몰라 애타게 기다리는 환자의 모습은 찾기 어렵다. 여느 병원 건강검진센터처럼 대기실이 분주하지도 않았다. 반경 100m까지 신호가 전달되기 때문에 검진 대상자들은 화장실이나 매점, 휴게실 등 센터 주위를 마음대로 다녀도 진료시간을 놓치지 않기 때문이다. 김씨가 검사실로 들어서자 입구에 설치된 RFID 단말기는 "입실"을 확인하고, 검사실을 나서면 "검사완료"를 자동으로 기록한다. 이에 따라 컴퓨터 프로그램은 다음 환자에게 진료를 받을 시간이 됐다는 사실을 알리게 된다. 환자용 RFID 단말기에는 또 라디오 기능이 있다. 지루한 대기시간을 덜어주기 위한 개발사 (주)나인원의 배려다. "RFID 건강검진 효율화 시스템" 프로그램에는 어느 검진실의 대기시간이 가장 짧은지를 자동 분석, 환자에게 알려주는 기능을 갖추고 있다면서 이 때문에 2005년 6월까지 3개월간 대구의료원에서 시범 적용해 본 결과 환자의 대기시간이 20% 이상 줄어드는 것으로 확인되었다. 그만큼 하루에 진료할 수 있는 환자수도 많아진다. RFID 건강검진 효율화 시스템의 또 다른 수혜자는 간호사, 환자들에게 자동으로 해당 검진실이 통보되기 때문에 환자를 일일이 찾아다닐 필요가 없을 뿐만 아니라 진료차트 역시 컴퓨터 프로그램으로 검진실에서 검진실로 자동 전달되어서 일손이 크게 준다. 따라서 건강검진 담당 간호사의 생산성이 최고 50%까지 높아질 수 있다.

② 의료·행정·경영 종합 시스템 개선(인천 길병원)

인천 남동구 구월동에 위치한 가천의대 길병원은 병원 외관뿐 아니라 내부 시스템과 의료 서비스 전체를 혁신함으로써 유비쿼터스 병원(U-병원)으로 환골탈태하는 전환기를 맞고 있다. 길병원이 추진하는 유비쿼터스 병원은 한마디로 진료, 예약 접수, 입퇴원 수속 등 각종 의료 서비스와 행정 업무에서부터 병원 경영 업무 전반에 이르기까지의 모든 절차가 언제, 어디서나 실시간으로 통합, 처리되는 병원이다. 예를 들어 병원에 입원하거나 퇴원하는 환자는 원무과를 거칠 필요 없이 입원실 침대 위에서 입퇴원 수속을 밟을 수 있다. 혈압, 맥박, 심박동 수 등 병원에서 매일 검사하는 환자의 무수한 데이터 가운데 의사의 신속한 판단이 필요한 긴급 정보가 발생하면 무선네트워크로 연결된 PDA를 통해 담당 의사에게 실시간으로 내용이 전달된다. 담당 의사로부터 5분 이내에 응답이 없을 경우 비상 자동연락 시스템은 지체 없이 그 다음 책임체계에 있는 의사에게 정보를 전달함으로써 24시간 안전하게 환자의 상태를 관리할 수 있게 된다. 이러한 서비스가 지금 당장 병원에서 제공되고 있는 단계는 아니다. 길병원은 환자들이 피부로 느낄 수 있는 서비스 구현에 앞서 서비스를 지원하는 기반

시스템을 단계별로 차근차근 구축하고 있다. 길병원은 오는 2008년까지 단계적으로 추진되는 유비쿼터스 병원(U-병원) 프로젝트를 통해 환자들에게는 최상의 의료를 병원의 수익을 증대시키는 것을 목표로 삼고 있다.

3 종합의료 정보 시스템 구축(건국대학교 병원)

건국대학교병원이 언제 어디서나 다양한 접속경로를통해 병원의 모든 업무를 처리할 수 있는 첨단 디지털 병원으로 거듭난다. 100억 원 규모의 이번 사업은 건국대학교병원이 유비쿼터스 병원 구현을 목표로 추진, 의료업계에서 이례적으로 소프트웨어는 물론 하드웨어, 네트워크, 교육 시스템 등 핵심 IT인프라를 일괄 구축한 것으로, 현대정보기술이 지난해 4월 사업에 착수해 1년 13개월에 걸쳐 시스템을 구축하였다. 이번 프로젝트에서는 처방전달 시스템(OCS), 전자의무기록(EMR) 시스템, 전사적 자원 관리(ERP)시스템 등을 컴포넌트 기반개발(CBD) 방법론을 적용하여 웹 기반으로 개발, 의료진은 언제 어디서나 다양한 접속 경로를 통해 병원의 모든 업무를 처리할 수 있게 되었다. 건국대학교병원은 또한 의료영상 전송 시스템(PACS), 진단검사의학 정보화 시스템(LIS), 데이터웨어하우스(DW), 의무기록 광파일 시스템, 원가계산 시스템(ABC), 그룹웨어, 홈페이지 등 종합의료정보 시스템을 갖추게 되었다.

대부분의 병원들이 유비쿼터스 병원에 대한 장기적인 계획을 세우고 있고 앞으로 더 좋은 시스템이 개발될 것이기 때문에 곧 유비쿼터스 병원시대가 올 것이란 예측은 아직 유효하다.

그러나 각자의 병원 실정에 알맞은 시스템을 선택, 시스템 도입에 따른 비용 효과를 충분히 검토하고 보안 등 의료정보화에 따르는 문제점들을 해결할만한 시간과 노력이 투자되어야만 진정한 의미의 유비쿼터스 병원이 실현될 수 있으리란 전망이 설득력을 얻고 있다.

2) 교 육

① 교육에서의 유비쿼터스

유비쿼터스 사회의 교육환경은 다양한 기반 기술을 통해 재구성될 것이다. 언제 어디서나, 누구나 편리한 방식으로 지식과 정보에 접근할 수 있는 유비쿼터스 사회는 오프라인과 온라인이 통합된 교수학습 환경을 제공하여 사람들이 원하는 학습을 하고 다양한 교육기회에 접근할 수 있도록 할 것이다.

유비쿼터스 사회의 도래에 따른 교육 장면의 구체적인 변화 중 하나는 교육 장소의 변화이다. 유비쿼터스 시대에는 지리적으로 고정된 학교에 개인이 구애받지 않는 원격교육, 디지털 도서관, 옥외 교실 등이 활용됨에 따라 어디서든 교육을 받을 수 있게 된다. 더불어 시간적, 공간적인 제약이 없어지는 동시에 개인의 연령과 진보에 맞춘 최적의 교육이 가능할 것으로 예상된다.

교육 및 학습방법의 변화도 예상된다. 교실 안이나 밖에서 네트워크를 이용하여 실시간에 현장감 높은 강의내용을 대화형으로 수강할 수 있으며, 원격이용자는 수강 및 복습에 유비쿼터스 기술을 활용하게 된다. 판서 내용도 분자 및 화상인식으로 깨끗하게 배가시킬 수 있다. 또한 강의 영상 및 음성은 물론이고 수업에 이용하는 대량 그래프나 데이터, 영상 교재 등을 실시간으로 분배하고 다양한 네트워크를 통하여 다양한 단말기 및 각종 기기로의 송신과수신이 가능하게 된다. 학습 선택권의 확대와 다양한 학습자원의 활용도 기대된다. 온라인 대학이 실질적인 교수 학습 영역으로 자리매김함에 따라 교과목을 자유롭게 선택할 수 있을 뿐만 아니라, 개인의 능력과 진도에 따라 학습이 가능하게 될 것이다. 더욱이 모바일(mobile)을 활용하여 야외에서 학습할 경우에는 실세계 경관 데이터 베이스 등을 통하여 곧바로 학습대상 정보를 추출하여 실물에 덮어씌우는 오버레이(overlay)방식이 수업에 활용될 것이다. 또한 그룹에서의 야외체험학습에 각자가 네트워크 단말기를 활용하여 자유롭게 이동하면서 네트워크를 의식하지 않은 채 실시간으로 영상이나 메모정보를 교환하거나, 협동학습을 전개할 수 있다.

'유비쿼터스 강의실'에 대해 살펴보자. MP3플레이어, 개인휴대단말기(PDA), 휴대용 멀티미디어 플레이어(PMP) 등 휴대용 IT 기기가 '교육'이라는 보검(寶劍)을 확보함으로써 '유비쿼터스 강의실'로 변신중이다.

국내 1위의 MP3P 업체인 레인콤의 MP3P 아이리버 'U10'은 기존 음악감상 기능 뿐 아니라 영어, 일본어, 중국어 등 어학 동영상 강좌까지 지원한다. 아이리버 사이트에는 코리아에듀, 메가스터디 등 국내 유명 교육 업체들이 제공하는 다양한 콘텐츠들이 준비돼 U10 사용자들은 언제라도 사용할 수 있다. 레인콤은 특히 오는 8월 이후 내놓을 휴대인터넷(와이브로) 단말기에도 비슷한 서비스를 구현한다는 전략이다.

SK C&C가 지난달 내놓은 '⊂&⊃(씨앤씨) PMP'는 위성 이동멀티미디어 방송(DMB) 기능을 통해 EBS 교육방송을 시청할 수 있다. 또 인터넷 사이트에서 다운로드 받은 어학 프로그램을 구간 반복하거나 저・배속 재생을 할 수 있는 기능을 부가했다. PMP 브랜드 사이트인 'SKCNC4U'를 통해 수능 및 어학관련 콘텐츠, 공무원 시험 및 공인 중개사 콘텐츠 등을 제공하고 있다.

대표적 PMP 업체인 디지털큐브는 수능 내용을 비롯해 YBM 시사 영어, 집중력 학습기 등이 장착된 새로운 MP3P를 조만간 내놓는다. 이 제품은 교육용 콘텐츠 100여 편 이상을 담고 있어 별도로 콘텐츠를 구입하지 않고도 사용할 수 있다. 코원시스템은 메가 스터디와 전략적 제휴를 맺고 자사 PMP '코원 A2' 사용자들이 메가 스터디 강좌를 다운로드 할 수 있도록 하고 있다.

휴대폰에 교육용 어학 콘텐츠를 결합하는 시도 역시 활발해 지고 있다. LG전자는 MP3 휴대폰 구매 고객에게 YBM 시사닷컴의 회화, 토익 등 300개 강좌를 비롯한 4,000여 개에 달하는 어학 컨텐츠를 1년간 무료로 독점 제공하는 '어학 MP3 서비스'를 제공하고 있다. LG전자는 어학 서비스를 '어머나폰', '리얼MP3폰' 등 20여 개 모델에도 적용하고 있으며, 앞으로 출시되는 모든 싸이언 MP3폰에도 확대 적용할 예정이다.

3) 도 시

① U-City 현황

유비쿼터스 기술이 많이 접목가능한 곳은 바로 도시다. 이러한 U-City를 구축하기 위한 기술을 중심으로 유비쿼터스 구축 기술에 대하여 접근해보자.

구석기 시대의 사람들은 주로 동굴이나 바위 밑에서 보금자리를 틀었다가, 자연의 피해를 일정하게 막을 수 있는 초막을 치고 살게 되었다. 이후 노동을 통해 집이라는 형태를 짓기 시작한 시기를 신석기 시대로 추정하고 있다. 이 시기에는 집터를 잡고 필요한 재목을 가져다가 손질하여 집을 지었다. 이와 같은 초기의 집들이 모인 곳을 부락이라 하였으며 이런 부락들의 형태에서 사회의 발전에 더불어 우리는 U-City라는 미래 신 개념의 도시 문화시대에 근접해 있다.

U-City는 '친환경적 도시', '생태복지네트워크 도시', '스마트한 도시', '지능형 도시', 'One-stop 행정서비스 도시', '복합기능 도시', '홈 네트워크로 연결된 도시' 등으로 특징을 정의하고 있다. 즉, 미래의 도시라는 공간은 생활하는 거주지의 개념에 '편리, 안전, 쾌적함, 즐거움'등의 인간 욕구를 충족시키는 '종합 시스템'으로의 발전과, 언제(Anytime), 어디서(Any-place)나, 어떤 기기(Any-device)로도 컴퓨팅의 이용이 가능한 환경을 실현하는데 있다.

U-City를 간략하게 정의하자면 유비쿼터스 컴퓨팅, 정보통신 기술을 기반으로 도시 전반의 영역을 융합하고 통합하여 지능적이고 스스로 혁신되는 도시라고 할 수 있다.

U-City를 구축하기 위한 핵심 요소기술로는 네트워킹, 오토메이션 등의 디지털 기술과 센서 및 제어 기술, 환경기술, 디지털 컨텐츠 등이 어우러진 첨단 신기술과 서비스의 융합복합체 기술 등이 등장하게 될 것이며, 유비쿼터스 산업의 발전으로 축적된 기술력은 기능과 감성을 고루 갖춘 친환경적 도시의 개발로 확산되어 Amenity(사람이 환경에 느끼는 긍정적 쾌적성)의 경쟁력을 제고 할 수 있을 것이다.

이와 같이 시장의 급성장이 예상되는 유비쿼터스 산업은 국내뿐만 아니라, 선진국에서도 국가의 흥망을 결정할 수 있는 미래의 전략산업으로 선정하여, 기술 및 표준 관련 주도권을 확보하기 위해 일찍부터 유비쿼터스 관련 연구에 착수하고, 핵심 원천기술 확보 및 상용화 기술의 연구 개발을 추진 중이다.

우리나라는 선진국에 비해서 비교적 후발 연구개발 착수에도 불구하고, 세계 최고수준의 초고속 통신 인트라 및 IT분야의 기술력을 바탕으로 세계 시장에서 우위를 차지할 수 있는 기반을 갖추고 있다.

그러나 이러한 기술적인 이점과는 별계로 아직 많은 선진국에 비하여 연구투자 부분은 아직 미흡하고, 기술 또한 선진국에서 연구 산출된 사항에 의존하는 경향을 많이 띄고 있다.

② U-City 추진현황

초창기의 도시는 인간이 모여 있는 단순한 집단에 불과 하였다. 이러한 집단에 좀 더 업무의 편리성과 효율성을 증대시키기 위하여 도입한 것이 단독형 전산시스템 들이다. 이러한 단독형 전산 시스템들은 개개의 회사와 개인에게 많은 혜택을 주게 되었다. 그러나 전산화된 자료를 계열사나 타 회사와 주고받기 위하여 DISK, CD등의 활성화가 이루어 졌고, 이 자료를 배포하는 작업의 효율성을 위하여 네트워크라는 것이 나타나게 되었다. 알다시피 유비쿼터스라는 단어는 네트워크가 기본이 되는 베이스다. 즉 네트워크가 나타나면서 유비쿼터스의 개념은 급진적 발전을 이루게 된다. 처음에는 저속이었던 네트워크는 사용자들의 많은 서비스를 수용하고 처리하기 위하여 지금은 기가비트 네트워크를 지나 광 네트워크로 접어들고 있다. 여기에 핸드폰과 같은 무선 네트워크 연결을 고려하면서 지금의 유비쿼터스라는 개념이 자리를 잡고 있는 것이다.

다시 원래의 자리로 돌아와서 U-City란 유비쿼터스 컴퓨팅, 정보통신 기술을 기반으로 도시 전반의 영역을 융합하고 통합하여 지능적이고 스스로 혁신되는 도시로서 정보통신이 융합된 첨단도시를 이야기하며, 일반적으로 삶의 질 향상과 도시의 안정성 및 복지향상 등에 중점을 두고 발전되고 있다.

아래 그림은 U-City를 구성하는 시스템 구조를 보편적인 SI 관점에서 나타낸 것이다.

▌U-City 구조▐

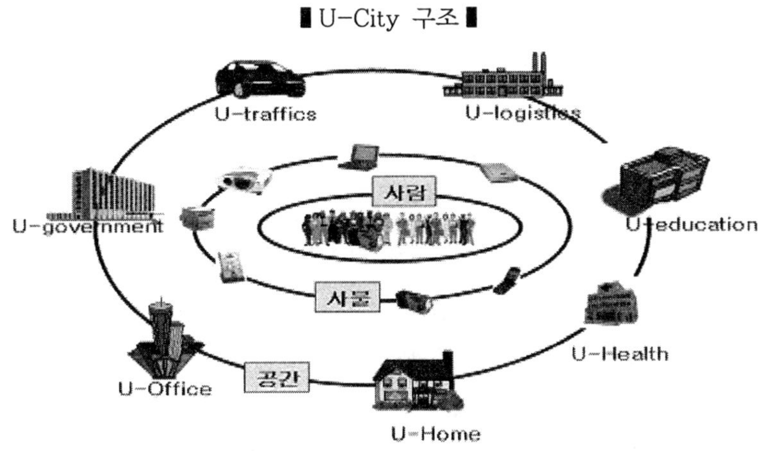

이러한 U-City 구축을 추진 중에 있는 국내의 몇몇 지자체를 살펴보면

가. 부산

부산은 2010년까지 부산항에 대해 전자 태그(RFID/USN) 등의 첨단기술을 적용해 화물정보를 실시간으로 제공하는 'U-포트' 시스템을 구축하는 한편 휴대 인터넷 단말기 하나로 국제회의 및 관광, 지리정보를 비롯한 통역서비스, 대금지불까지 가능한 'U-컨벤션'시스템을 갖출 계획으로 창원국가산업단지, 녹산국가산업단지, 울산오토밸리등과 연계하여 기계/자동차/조선산업을 지원할 부품 및 소재산업의 클러스터를 형성하는 것을 목표로 추진 중에 있다.

나. 송도

송도는 동북아 핵심지역인 인천을 국제 비즈니스의 전진기지로 육성하고 국제도시로서의 최적의 경제활동이 보장될 수 있도록 지원할 계획으로 현재 이를 위해 광대역 통합망(BcN)·유비쿼터스 센서네트워킹(USN) 등 최첨단 인프라를 먼저 갖추고 도시 계획 단계부터 유비쿼터스 개념기반으로 U-City계획을 추진 중에 있다.

구체적으로 살펴보면 U-City가 구축되는 송도 지구에는 국제비즈니스센터 · 첨단산업단지 · 국제유통산업단지 · 테크노파크 등이 조성된다. 국제비즈니스센터는 지난 해 8월에 착공돼 오는 2007년 12월 완공 예정이다. IFEZ는 현재 게일컴퍼니와 공동으로 시스코시스템즈 · 노텔네트웍스 등 다국적 기업 유치 마케팅을 벌이고 있다

다. 제주도

제주도는 한라산에 USN 네트워크를 구축하는 것을 목표로 현재 추진 중에 있다. 이는 한라산 등산로에 환경 친화용 센서 노드를 설치해 한라산의 모든 정보를 휴대폰으로 실시간으로 알려주는 최첨단 기술로서 설치된 센서가 한라산의 온도와 풍향, 강우량, 강설량 등 기상정보를 수집, 특정장소에 설치된 PDP나 휴대폰을 통해 실시간으로 제공되게 되며, 네비게이션 시스템과 연결될 경우에는 지금까지 한라산을 찾는 등반객들이 국립공원관리사무소에 전화를 걸어 한라산 기상변화를 파악한 후 등산해야 했던 사항들을 휴대폰만으로 한라산의 각 코스별 기상정보를 직접 확인할 수 있게 되며, 재난방지 장치로도 유용하게 사용할 수 있게 된다.

라. 상암

서울 상암은 디지털미디어에 특화를 두고 IT R&D센터 및 디지털 파비리온, 비즈니스 센터 등의 유치에 중점을 두고 추진 중에 있다.

마. 강원도

강원도는 미래 유비쿼터스 분야에 선두를 차지하기 위해 관광산업을 중심으로 유비쿼터스와 접목시켜 지역경제 활성화를 이끌기 위한 U-강원전략을 추진 중에 있다. U-강원은 강원도의 문화 관광 스포츠 건강 산업 등 전략산업을 고도화해 주민의 실질 소득을 높이는 종합적인 지역산업 활성

화를 위한 방안이며 향후 도내에서 휴대전화 PDA 등 단말기로 도내 관광정보와 응급구조 서비스 등이 가능한 인프라를 구축하기로 했다.

바. 충남

충청남도는 지역별 u시티 클러스터 계획을 지역별로 세분화하여 △천안의 영상미디어 △아산의 디지털 산업 △당진 철강 및 물류항만 △금산 u헬스 △탕정 디스플레이 △배방 디스플레이 산업 배후도시 등으로 특화된 산업을 중심으로 추진 중에 있으며, 이를 통해 지역별 특화 산업과 충남도가 중점 추진 중인 4대 전략 산업인 △디지털 디스플레이 △자동차 부품 △첨단문화 △농·축산 바이오산업을 연계하는 동북아 u경제 벨트의 '게이트 코디네이터'로서의 위상을 다진다는 복안으로 U-City를 추진 중에 있다.

사. 충북 오송

충청북도는 오송 바이오 지능형 도시 건설, 오송 단지의 성공모델을 통한 유비쿼터스 도내 확산, 모바일을 통한 전자정부 구현, 도시 교통체계의 지능화를 통한 환경친화적 도시교통 실현, 3차원 지능형 GIS 구축 등의 연구용역결과에 따라 우선 내년까지 오송 단지에 전기, 통신, 상하수도 등 도시기반시설에 대한 지리정보시스템(GIS)을 구축하고 오는 2008년까지는 오송과 청주, 청원지역에 교통, 물류, 재난재해, 소방 안전관리 서비스 등 시설 운용 관리 시스템을 갖출 계획이다.

이어 2010년까지 도내전역에 홈 네트워크 구축과 민원행정 원격 서비스 제공이 가능한 유비쿼터스 통합관리시스템을 도입키로 했다.

③ U-City를 구현하기 위한 기술

위에서 국내에서 U-City를 추진 중인 몇몇 지자체의 현황을 살펴보았다. 유비쿼터스를 구현하기 위해서는 지자체의 현황에서 볼 수 있듯이 많은 SI 기술들을 필요로 하고 있다. 즉, 단순한 건축기술뿐만이 아니라 센서기술과, SI기술 등 많은 기술들이 접목이 되어야만 가능하다. 이러한 기술

들 중 개발부분을 제외한 주요 핵심이 되는 기술들을 4가지 기술로 분류해 보면

가) 네트워크 기술

나) 체계통합 기술

다) 보안 기술

라) 센서 시스템 부분으로 나누어볼 수 있다.

단, 여기서 나누어 본 기준은 본인이 생각하는 시스템을 개발하기 위한 기본 베이스와 핵심 베이스를 이야기 하는 것이므로 개인별/기업별 다른 의견을 가질 수 있다는 점을 상기하고 4가지 분류 기술에 대하여 알아보자.

가. 네트워크 기술

유비쿼터스를 구현을 위해서는 통신/네트워크 인프라가 기본적으로 지원이 되어야 한다. 유비쿼터스에서 네트워크는 생명선과 같다. 인간으로 치자면 혈관과 같은 맥락이다. 네트워크 인프라가 구축이 되지 않은 상황에서 유비쿼터스란 존재할 수 없다. 오늘날의 통신/네트워크 인프라는 무선/유선 네트워크와 무/유선 전화망으로 구분할 수 있다.

이러한 통신 시스템의 대표적인 종류로는

블루투스 : 현재 많은 제품 등에서 적용되어 지고 있는 블루투스는 기기들 간의 단거리 무선 주파수를 이용한 네트워크기술로서 10M이내에서 최대 720Kb/s의 전송속도를 지원하며, 현재 PDA, 모바일 폰, 노트북등에 많이 접목되고 있는 기술이다.

1 PLC : 전력선을 이용한 전력선 네트워크기술로 아직은 네트워크 부분에서 차지하는 영역이 미흡하다.

2 HomePNA : 유선 전화선을 이용한 네트워크로서 Home Phone-line Networking Alliance의 약자이며 선로 포설비용이 적게 드는 방법이다.(기존 유선전화선을 이용하여 구축하는 네트워크)

3 무선LAN : 무선 네트워크기술로 5.2GHz대역과 2.4GHz대역 2가지를 보편적으로 사용하며 5.2GHz의 경우는 54Mb/s를 2.4GHz의 경우는

11Mb/s 전송속도를 지원하고 있으며 현재는 100Mbps의 속도까지 지원이 가능하다고 한다. 현재 DSL등과 같은 이동에 제약을 받는 기술의 대처 기술로 인식되고 있으며,

4 HomeRF : 무선주파수를 이용한 네트워크기술로, 50M이내에서 최대 1.6Mb/s의 전송속도를 지원한다.

5 DSL : Digital Subscriber Line의 약어로서 현재 많은 사용자들이 사용하고 있는 고속 인터넷 네트워크기술로 ADSL, VDSL등으로 일반 사용자들에게 많이 알려져 있다.

6 케이블모뎀 서비스 : 동축케이블일 이용한 네트워크기술

7 위성모뎀 서비스 : 위성장비와 붙어서 사용하는 네트워크기술

8 ZigBee : 근거리 저속 무선통신을 위한 기술로서 가정, 빌딩 등의 자동화를 목표로 개발된 네트워크 기술이며, 10M이내에서 최대 250Kb/s의 속도를 지원하고, 1mA의 저전력으로도 최대 10m이내에서 통신이 가능하여 현재 센서 네트워크분야에 접목하려고 하는 기술로서 국내는 아직 주파수 대역의 결정이 되지 않아 미흡하나 저전력 소모라는 특징으로 인하여 소형장비의 음성통신 및 간단한 시스템 컨트롤과 같은 분야에 많은 활용이 기대되는 기술이다.

9 기타 CDMA 등과 같은 통신기술 등이 있다. 이러한 네트워크 기술은 현재도 계속 신기술이 만들어져 가고 있는 실정이다. 그러나 유비쿼터스에서는 신기술도 중요하지만 끊김 없고 안정적인 네트워크가 가장 핵심이 된다는 사실을 인지해야 한다.

나. 체계통합 기술

네트워크가 구축이 되어 있다고 하더라도 각 시스템별로 상호 연동이 되지 않는다면 유비쿼터스 구축은 반쪽짜리 시스템도 될 수 없다.

예를 들어, 교통체계를 관제하는 시스템과 각 신호등과의 연계가 되어 있지 않다면 경찰이 직접 교통정체구간에 투입되어 조정을 해야 한다. 그러나 교통관제시스템과 각 신호 등이 연계가 되어 있다면 교통 관제센터에서 차량의 량에 따른 교통신호 제어가 가능해질 것이다. 또한, 유비쿼터스

의료센터를 예를 들어 보자. 유비쿼터스 의료를 지원하기 위해서는 개개인의 건강을 체크하는 의료머신이 존재하여야 하며 이 의료머신이 제공하는 정보를 병원에서 전송받아야만 진료가 가능하다. 여기서 의료머신은 소형의 장비가 될 것이므로 지금의 대형SW 형태가 아닌 소형의 SW로 운영이 될 것이며, 이는 다시 여러 병원과 연결이 되어야 한다. 즉 여러 병원과 연결을 하기위한기술이 체계통합기술이다. 현재 체계통합기술의 대표는 EAI 기술과 WebService 기술이 있다.

1. EAI : 상호간 프로토콜이 틀릴 경우 상호간의 데이터를 연계하기 위한 기술로서 빠른 데이터 처리능력이 장점으로 꼽히나 특정 제품들간의 인터페이스 호완으로 인하여 현재 WebService의 장점을 포용하는 쪽으로 전환 중에 있다.
2. WebService : 시스템의 인터페이스를 통일하여 표준데이터/인터페이스/메세지를 XML 기반으로 상호 연계하기 위한 기술(EAI가 발전된 모습)로서 체계통합시 서버와 같은 물리적 제한이 없다는 장점을 가지고있으나 XML 처리를 위한 시간지연이 가장 큰 문제점으로 나타나고 있으며, 엄밀히 아직 WebService는 완성된 기술이 아니다. 현재 정부기관에서 체계통합 표준으로 지정하고 있다.

다. 보안기술

유비쿼터스를 구축하기 휘해서 가장 중요한 고려 사항중 하나가 보안이다. U-City에 있어 보안은 선택이 아니라 필수사항이다. 또한 유비쿼터스 사회로 발전할수록 보안은 더욱 중요시 된다. 언제 어디서나 장소와 시간에 제약 없이 접근하고 할시 정상적인 접근자가 아니라 누구나 접근이 가능하다면 이는 문제가 심각해진다. U-City의 경우는 심각성이 더욱 크다 할 수 있다. 예를 들어 테러리스트가 시스템에 접근해서 마음대로 도시의 전반적인 제어를 통제할 수 있다면 이는 매우 심각 한 상황으로 연결될 수 밖에 없기 때문이다. 테러리스트만이 아니라 단순한 크래커들의 장난에 의해서 도시전체의 마비를 불러올 수 있는 문제점을 안고 있는 것이다. 따라서 보안은 유비쿼터스라는 항목에 필수적인 사항이 될 수밖에 없으며,

U-City에서는 핵심 기술로 자리 잡을 수뿐이 없는 실정이다.

아래의 그림은 현재 많이 알려진 보안 인증 시스템을 간략하게 설명한 그림이다.

▌보안 인증시스템▐

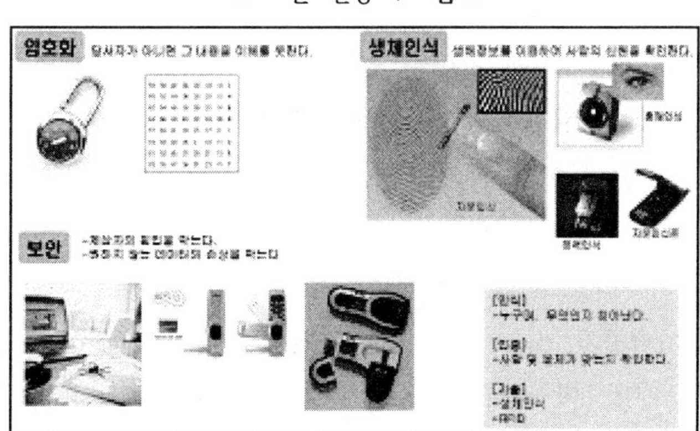

라. 센서시스템

유비쿼터스의 핵심 기술 중 대표적인 것 중 하나가 바로 센서이다.

이러한 센서들은 원격 건강 검진서비스와 자동 채광 조절 시스템 등의 핵심기술로 가정에서는 기본적으로 아래와 같은 센서시스템도입이 가능하다.

1. RFID : 사물에 전파를 매개로 하는 초소형 칩(chip)과 안테나를 태그 형태로 부착하여, 안테나와 리더기를 통하여 사물 및 주변 환경정보를 무선 주파수로 네트워크에 전송하여 처리하는 일종의 비접촉형 자동식별 기술이다. 흔히 RFID는 별도의 분야로 인식하지만 엄밀히 분야를 따지면 센서부분에 속하게 된다. 또한 아직 기술적인 문제점으로 인하여 사회가 생각하는 만큼의 부분을 완벽하게 수용할 수는 없으나, 주파수대역별로 적시적절하게 적용 시에는 현재의 시스템보다 운영성, 관리성 및 경제적 효과면 에서 높은 시너지 효과를 기대할 수 있다.

2 생체인식 : 출입문 통제 등에 사용이 가능

3 광원인식/움직임인식/가스누출센서/온도센서 등 : 빛의 밝기나 침입자인식, 도로상황 인식 등에 사용가능

④ U-City의 향후 전망

이미 유비쿼터스는 미래가 아닌 현실이 되었다. 이미 많은 지자체들이 U-City를 구축하기 위하여 많은 노력과 금전적인 투자를 아끼지 않고 있으며, 많은 기업들이 이러한 시장변화를 주시하고 있다.

그러나 유비쿼터스 구축에 있어 문제점들도 적지 않게 산재되어 있다. 가장 대표적인 것이 표준안 문제다. 아직 기술적인 표준안이 제정되지 않은 몇몇 핵심기술들은 U-City 및 유비쿼터스 구축의 발목을 잡고 있다. 또한, 고정된 사고방식의 산재이다. 유비쿼터스는 폐쇄적이지 않다. 항상 진화하는 동물과도 같은 존재이다. 시간이 지나면 지날수록 지금 우리가 생각하지 못한 기술들로 무장을 하고 나타날 것이다. 그러나 현재 국내에 적용되는 기술들은 이미 정형화 되어가는 보편적인 기술들이 주류를 이루고 있다.

유비쿼터스는 이미 우리 곁에 성큼 다가서와있다. 원격 진료를 받고 원격수업을 받고 휴가지에서 집안 내부현황을 살펴보고 차량의 흐름에 따라 교통통제가 유동적으로 처리되고, 무인택시를 타고 시내를 움직이게 되는 날이 멀지 않은 것이다. 또한 유비쿼터스 사회가 되면 모든 가정과 사람들은 하나의 네트워크에 묶이게 된다. 따라서 개인의 프라이버시 보호, 가정의 보호 및 도시 관제시스템의 통제를 위하여 정보보호기술의 발전은 불가피한 사항이다. 정부의 정책뿐만이 아니라 SI업체들의 많은 관심 속에서만 유비쿼터스 홈은 껍질뿐만 아니라 내부까지 충실한 모습을 보여줄 수 있다는 사실을 잊지 말아야 하겠다.

4) 홈 네트워킹

① 현황 및 이슈

디지털 홈시장 발전에 따라 홈네트워킹 주도권 싸움이 심하다. 최근 방송의 디지털 전환을 계기로 디지털 TV 및 셋탑박스 등 디지털 방송 수신기기가 PC화를 통한 역습 추세가 나타나고 있으며 MS, 소니, 닌텐도 등 콘솔형 게임기 시장의 업체들 또한 최근의 가정기기와 인터넷의 통합추세에 따라 단순한 게임기를 벗어나 가정용 브로드밴드 게이트웨이라는 보다 넓은 분야를 겨냥하고 있다. 일예로 소니의 PS이PS2로 넘어오면서 40기가의 HDD, CD를 DVD로 교체하면서 게임은 물론 음악, 영과를 감상 할 수 있는 복합기능을 추가 하고 초고속 인터넷을 연결하여 인터넷 검색 및 전자상거래 단말기로도 사용할 수 있게 되었다.

또한 신규 분양 아파트의 홈네트워크 시스템 구축을 놓고 홈네트워크 전문 구축업체와 KT가 경쟁을 벌이고 있는데, 이지빌, 씨브이네트, 테크노빌리지 등 홈네트워크 업체들이 차별화된 서비스를 도입하면서 사이버 아파트에 대한 시장점유율 경쟁을 벌이고 있다. 이에 따라 현재 초고속 인터넷 서비스 시장에서 1.5%의 점유율을 차지하고 있는 홈네트워크 전문 업체와 KT의 싸움은 정부의 디지털 홈 구축 활성화 사업을 계기로 더욱 치열하게 전개될 것으로 예상된다. 이러한 경쟁은 향후 소비자에게 제공되는 서비스의 종류와 품질, 가격설정에 많은 영향을 미칠 것으로 보이며 궁극적으로 소비자 지향적인 디지털 홈 제품, 서비스의 출시를 촉진 시킬 것으로 전망된다.

② 주택 및 건설 업체 동향

건설 업체는 사이버 아파트 건설 경험을 바탕으로 가전업체, 인터넷 서비스 제공 업체와 협력하여 초기 단계의 홈디지털 서비스를 구현하고 있다. 건설사 중에서도 특히 ISP를 계열사로 둔 일부 사이버아파트 건설사는 적극적으로 디지털 홈 구축에 나서고 있으며, 일반 아파트 건설사의 경우도 아파트의 부가가치를 높일 수 있는 홈디지털 서비스 제공에 관심을 갖기 시작하였다. 일례로 삼성건설은 주상복합건물인 타워팰리스에 홈네트워크를 구축하여 홈오토메이션, 정보가전기기의 원격제어 등을 상용서비스 중에 있다.

③ 가전산업동향

가전업체는 디지털 홈 시장 활성화에 대비하여 다양한 제품의 개발을 추진하고 있다. 이는 백색가전 시장의 포화를 맞이하여 기존 제품의 대체수요 창출의 호기로 삼고자 하기 때문이다. 기본적으로 가전사는 전력선통신 방식에 기반을 둔 정보가전 제품, 유무선 통신이 가능한 정보통신기기 등을 출시하고 이들을 냉장고, TV 등의 특정 정보가전을 통하거나 별도의 홈서버에 연동시킴으로서 제어, 엔터테인먼트 등의 기능을 수행할 수 있게 한다. 업체별 현황을 살펴보면 삼성전자는 전력선 통신 기반의 가전기기뿐만 아니라 홈네트워킹을 위한 거의 모든 유무선 기술에 대한 솔루션을 개발 중에 있으며, LG전자는 홈네트워킹 전용 가전제품 냉장고, 에어컨, 세탁기 등을 출시하고 홈네트워킹용 독자 프로토콜 및 핵심 칩 모듈을 개발 중에 있다.

④ 통신 방송 산업 동향

통신 및 방송사업자도 통신과 방송의 통합추세에 대응하여 신규 수익 창출을 위해 경쟁적으로 사업화 전략을 추진하고 있다. 통신 사업자가 디지털 홈을 위해 준비하는 분야는 플랫폼, 네트워크, 단말기기간의 양방향 인프라 구축과 콘텐츠, 솔루션 사업자와 연계한 디지털 서비스의 발굴 제공에 있다. 양방향 인프라는 통신사업자의 직접적 서비스 기반이 될 뿐만 아니라 CP, PP, AP및 타사업자와의 연계서비스 제공을 위해서도 활용 가능하다. 업체별 현황을 보면 한국 디지털 위성 방송과 LG텔레콤 간 방송 통신 융합 서비스 사업협력 계약을 체결하였다. 또한 SK텔레콤은 국내 케이블TV방송국 연합 컨소시업인 한국 디지털멀티미디어 센터의 지분 40%를 보유한다는 내용의 계약을 체결하였는데 이는 디지털화된 케이블망을 통하여 전화, 인터넷, VOD, 홈네트워크의 부가 서비스를 제공하고자 하는 것이다. 한편 KT는 삼성전자, LG전자와 KT의 초고속 인터넷 가입자를 대상으로 한 홈네트워크 사업 연계방안을 추진하고 있다.

⑤ PC & 통신기기 산업동향

PC업계에 있어서 가정의 디지털화 및 네트워크화는 거대한 가전시장에 참가하기 위한 좋은 기회가 아닐 수 없다.MS나 애플과 같은 PC관련 업체가 새로운 시장 획득을 위해 새로운 개념인 홈게이트웨이 시장으로의 진출을 모색하고 있다. PC는 다른 제품과 달리 데이터 처리기능이나 이미 다수의 인터페이스를 가지고 있으므로 네트워크의 중핵으로 사용하기에 적합할 것으로 보인다. 반면 PC가 홈게이트웨이로 확립되기 위해서는 안정성이나 조작의 편이성 등이 좀 더 요구되고 있다. 한편 전문 셋탑 박스 업체들은 기본기능 셋탑 박스에 PVR, T-Commerce, web-browsing등 부가 서비스를 지원하는 기능이 향상된 셋탑박스를 개발함으로써 홈게이트 웨이 시장 선점을 위한 발판을 마련하고 있으며, HAVi와 같은 홈네트워크를 지원하는 미들웨어를 탑재한 셋탑박스도 점차 시장에 진입할 것으로 예상된다, 업체별 현황을 보면 삼성전자 lg-ibm, HP등 컴퓨터 제도업체들은 유비쿼터스 컴퓨팅 환경 구축을 위해 발 빠르게 움직이고 있으며 삼보컴퓨터가 MS의 미라 프로젝트에 참여함으로써 ODM 및 독자 브랜드로 리모트 모바일 모니터 제품을 출시할 예정이다. 또한 휴맥스, 한단정보통신 등 전문 셋탑박스 제조업체들도 홈게이트웨이 및 홈서버를 차세대 셋탑박스 발전이 로드맵차원에서 추진하고 있다.

5) 물류 및 유통

① 물류/유통에서의 유비쿼터스 역할

시나리오① : 대형 할인마트에서 일하는 P과장은 전원 길을 달리다 신선한 야채밭을 발견하면 그 자리에서 곧바로 구매계약을 체결한다. 이날 구입한 야채는 P과장의 이동통신단말기를 통해 매장별로 필요한 수량만큼 분배되고 이 정보는 곧장 소비자에게도 전달된다. 그래서 이날 대형 할인 마트를 방문한 소비자의 저녁식탁에는 그날 수확한 야채가 오른다.

시나리오② : 부평에 위치한 동서식품 내 물류창고는 아침부터 부산하다. 커피를 담은 상자 40개를 팔레트(박스 단위의 물품을 운반하는 선반)에 올려놓는 작업이 한창이다. 상품 박스에는 예전과 똑같이 유통바코드가 찍혀 있고, 팔레트에는 유통 혁명의 숨은 킬러인 전자태그(RFID)가 내장돼 있다. 한 직원이 박스의 유통바코드와 팔레트의 RFID를 휴대용 리더기로 읽어낸다. 이로써 'A 팔레트에는 커피 40박스 올라갔다'는 정보가 최초 생성된다. 트럭이 팔레트를 실기 위해 창고 문 앞에서 대기 중이다. 그러나 그 전에 한 단계를 더 거친다. 팔레트를 문 앞에 마련된 게이트웨이(리더기)에 통과시키는 것. 이때 리더기에 부착된 안테나는 '커피 40박스가 실린 A팔레트가 나간다'는 정보를 읽어내 동서식품의 PML서버에 저장시킨다. 목천에 있는 삼성테스코의 물류센터에 도착한 화물 팔레트는 물류센터 창고에 들어가면서 또 한 번 게이트웨이를 지나가고 이때 RFID의 정보(EPC코드)가 재확인된다. 물류센터의 SAVANT서버는 '커피 40박스가 들어왔다'는 자체 리더기의 정보를 듣고 '그럼 이 팔레트가 어디서 왔는지' ONS서버에 물어본다. ONS서버는 동서식품 PML서버라고 가르쳐주고 SAVANT는 인터넷을 통해 그쪽으로 달려가 정보를 받아 자기 쪽 PML서버에 저장시킨다. 이번엔 할인마트인 부천상동점으로 이동할 차례다. 출고 때와 마찬가지 과정을 거치며 정보를 취합한다. 부천 상동점에 도착한 팔레트 역시 똑같은 순서를 통해 자신의 위치 정보를 상동점내 PML서버에 보낸다. 'A팔레트가 *월*일 *시 부평 동서식품 물류창고를 커피 40박스를 싣고 출발해 목천 물류센터를 거쳐 부천상동점에 *월*일 *시에 도착했다'는 정보가 상동점내 PML서버에 저장되는 것이다. 이때, 동서식품의 한 직원이 커피 40박스가 어디까지 유통됐는지 확인하고 싶어 자신의 단말기에서 해당 팔레트의 EPC코드를 입력한다. 동서식품의 SAVANT는 인터넷망을 통해 부천

상동점의 PML서버까지 찾아와 정보를 요청하고 제조업체 직원은 자사 제품이 유통되고 있는 상황을 자사 단말기에서 곧바로 확인할 수 있다. 부천 상동점이 팔레트와 박스를 해체하고 제품을 상동점내 보관창고에서 꺼내는 순간, '커피 40박스가 *월*일*시 진열대로 나간다'는 핵심 정보가 제조업체와 유통업체로 통보된다. 또 상동점의 SAVANT는 해체 정보를 팔레트 대여업체에도 통보한다. 팔레트 대여 업체는 한 바퀴를 돈 팔레트를 다시 동서식품 물류센터로 보낸다. 초기 단계의 유비쿼터스 유통이 완성된 셈이다.

② 물류/유통에서의 RFID 역할

가. RFID란 무엇인가?

RFID 는 Radio Frequency IDentification의 약자로써 IC칩과 무선을 통해 식품, 동물, 사물 등 다양한 개체의 정보를 관리할 수 있는 차세대 인식 기술이다. RFID는 생산에서 판매에 이르는 전 과정의 정보를 바코드의 6,000배에 달하는 정보 수용능력을 가지고 있는 초소형칩(IC칩)에 내장시켜 이를 무선주파수로 추적할 수 있도록 한 기술로서, '전자태그' 혹은 '스마트 태그' '전자 라벨' '무선식별' 등으로 불린다. RFID는 지금까지 유통분야에서 일반적으로 물품관리를 위해 사용된 바코드를 대체할 차세대 인식 기술로 꼽히고 있다. RFID는 판독 및 해독 기능을 하는 판독기(Reader)와 정보를 제공하는 태그(Tag)로 구성되는데, 제품에 붙이는 태그에 생산, 유통, 보관, 소비의 전 과정에 대한 정보를 담고, 판독기로 하여금 안테나를 통해서 이 정보를 읽도록 한다. 또 인공위성이나 이동통신망과 연계하여 정보시스템과 통합하여 사용된다. 기존의 바코드는 저장용량이 적고, 실시간 정보 파악이 불가할 뿐만 아니라 근접한 상태(수 cm이내)에서만 정보를 읽을 수 있다는 단점이 있다. 그렇지만 RFID는 완제품 상태로 공장 문 밖을 나가 슈퍼마켓 진열장에 전시되는 전 과정을 추적할 수 있다. 소비자가 이 태그를 부착한 물건을 고르면 대금이 자동 결제되는 것은 물론, 재고 및 소비자 취향관리까지 포괄적으로 이뤄진다. 또한 RF판독기는 1초에 수백 개까지 RF태그가 부착된 제품의 데이터를 읽을 수 있다. 대형 할인점에 적용될 경우 계산대를 통과하자마자 물건가격이 집계돼 시간을 대폭 절약할 수 있게 되는 것. 정보를 수정하거나 삭제할 수 있는 점도 바코드와 다르다. 활용범위도 무궁무진하다.

▌RFID Tag▐

<그림 1> RFID Antenna and Reader

나. RFID 태그 적용 분야

1. 제약(Pharmaceutical) : 시각장애인을 위하여 약품용기에 처방정보를 넣은 RFID 태그를 부착하고, 사용자는 판독기를 통해 정보를 음성으로 변환하여 들려준다. 여기에는 처방정보 외에도 투약방법, 경고등이 포함된다. 이외에도 제약회사는 약품의 유통관리에 적용할 수 있다.
2. 건강관리(Heath Care) : 위변조 방지와 시설 이용을 위한 식별 수단을 제공하는 팔찌형태로 환자에게 제공되는데, 많은 알츠하이머 환자 수용시설에 적용되고 있다. 그 밖에도 병원은 약물투여, 검사물, 수혈용 혈액, 등의 추적에 RFID를 바코드 대신 적용할 수 있다.
3. 놀이 공원 과 이벤트 사업(Amusement Park and Event Managemen

t) : 방문자들에게 RFID 칩이 내장된 팔찌나 ID 태그를 부착하게 하여, 위치를 추적하는데 이는 미아방지나 그룹간의 위치확인 서비스를 제공할 수 있고, 또는 지불수단으로 도 사용한다.

4 제조업(Manufacturing) : 부품에 스마트 레이블을 부착하여, 전 공정에 걸친 추적을 자동화할 수 있고, 또 조립공정에 필요한 부품의 조달을 자동화하도록 관리 시스템에 통합할 수 있다.

5 도서관과 비디오 대여점(Library and Video Store) : 책과 비디오테이프에 저가의 유연한 스마트 레이블을 삽입하여 서적의 check-in과 check-out을 신속하게 처리하고 있으며 서가 정리, 도난 방지 등의 기능을 제공하고 있다.

6 물류관리(Logistics) : 많은 경우 반환용 컨테이너는 복잡한 물류과정에서 분실되기 때문에, 팔레트, 화물, 반환용 컨테이너 등에 RFID를 부착하는 것은 획기적으로 비용을 절감시킨다. 또한 용기에 부착된 스마트 레이블이나 고정 태그를 통해서 정확한 배송정보가 제공되므로 용기의 효율적인 이용과 회수가 가능하다.

7 비현금 지불(Cashless Payment) : ExxonMobil은 Speedpass 프로그램을 통해서 수많은 운전자의 시간을 절약해주고 있다. 운전자의 열쇠고리에 수동형 태그를 달거나, 자동차의 유리창에 능동형 태그를 부착한다. 이 태그는 식별코드가 내장되어 있다. 따라서 주유를 위해 판독기가 있는 곳으로 들어가면, 주유기를 가동시키고, 사전에 등록해놓은 운전자의 신용카드를 통해 자동으로 지불된다. McDonald 사도 Drive-thru 판매를 위해 비슷한 서비스를 제공한다.

8 소매업(Retail) : 패션업계에서는 스마트 태그와 Handheld 컴퓨터를 사용하여 재고를 관리한다. 라벨을 이용하여 제품의 위치를 찾고 떨어진 장소에서 태그에 담긴 정보를 읽음으로써, 판매원은 신속하게 고객이 원하는 모양, 크기 그리고 색상을 찾아줄 수 있으므로 서비스를 개선할 수 있다. 더 진보된 "Smart Shelf" 기술은 제품의 잔량을 주기적으로 점검하여 자동으로 채워 넣을 수도 있고, 같은 기술이 도

난방지를 목적으로 사용된다.

9 보안(Security) : 배지 형태의 RFID 태그가 개인 ID 태그로 쓰이는데, 이를 부착한 직원들은 자유롭게 해당구역을 드나들 수 있다. 또한 건물 보안을 위해 변조방지가 된 신분확인 장치 또는 출입통제 수단으로 쓰일 수 있다. Smart label은 사람 외에도, 컴퓨터, 가구, 서류철, 그리고 추적대상이나 도난방지 대상이 되는 어떤 형태의 자산에도 적용될 수 있다.

10 선적 및 수령(Shipping and Receiving) : Pallet이나 Carton에 Smart label이 부착되어 있을 경우, 이들은 부두에서 하역되거나 생산공정에 투입되는 과정으로 자동으로 연계된다. 또 RFID를 통해, 컨테이너와 그 안에 들어있는 전체 개별화물의 정보를 빠르게 읽을 수 있고, 포장업무에 있어, 재빨리 주문대로 개별화물을 모을 수 있다.

11 창고업(Warehousing) : 작업자들은 RFID Scanner로 선반이나 박스를 읽어서 개별화물을 조사할 수 있고, 만약 화물이 잘못 위치해 있을 경우 경고도 보내준다. RFID를 이용할 경우 자동 보고서 작성이 가능하고 이는 사람의 수고와 오류를 줄이고 노동력을 절감함으로써, 비용을 감소시킨다.

12 수송 관리(Transportation Management) : 최고시속 50mph까지 차량에 부착된 Transponder(RFID Tag)를 읽을 수 있으므로 운전자들은 톨게이트에서 차량을 멈추지 않고 지나갈 수 있으며, 지나는 동안 톨게이트에 설치된 안테나를 통해 차량을 식별하고, 사후에 요금을 부과하고 징수하게 된다.

13 접객업(Hospitality) : 호텔, 식당, 위락시설 방문자에게 RFID 태그를 부여하면, 현금을 대신하는 지불수단으로 사용하거나, 방 열쇠, 그리고 헬스클럽이나 기타 시설에 대한 출입통제 수단으로 사용할 수 있다.

▌RFID시스템 동작원리▐

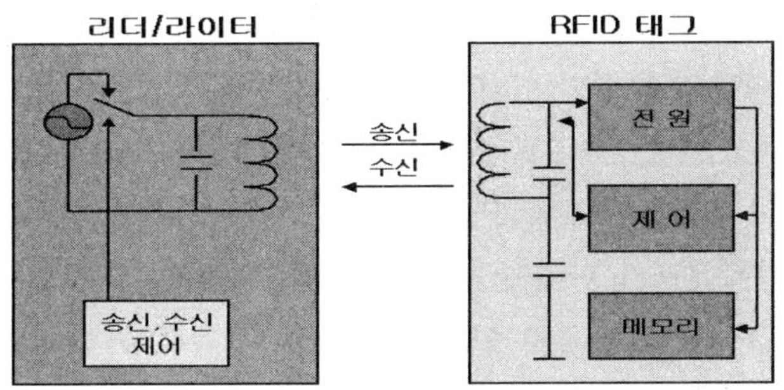

자료 : 정보처리 vol.40.No.8, 1998.8. 시이오이치로, "사물에 정보를 붙인다-RFID태그와 응용"

다. RFID로 인한 물류/유통분야에서의 기대효과

[1] 상품의 입출고 개선

소매업계의 경우 다양한 유통체인을 통해 상품들을 공급 받고 있다. 상품을 공급받는 시점에서 소매업계는 개별 수량파악을 위해서 일일이 상품을 확인해야 하는 번거로움과 상품의 입출고에 따른 인건비소요 및 입출고에 따른 재고파악 등 다양한 제반문제 들이 뒤따른다. 이러한 문제는 제품 공급시점부터 매장 내에 유입되어 재고창고에 쌓이는 과정을 자동화 하여 극복할 수 있다. RFID를 적용하게 되면 유통체인들이 공급하는 개별상품 및 상품의 컨텐이너, 운반팔레트, 상품박스 등에 RFID를 부착하여 상품입고시 매장에 설치된 RFID리더기를 통해 개별 품목ID와 수량을 확인하여 상품납품 내역을 자동으로 수신할 수 있다. 상품 납품 내역은 자동적으로 재고시스템과 연동해 실시간으로 재고 데이터에 반영된다. 기존 입출고 파악시 수작업에 따라 발생하는 재고데이터의 오류를 개선할 수 있으며, 입출고 프로세스개선을 통한선적인건비 절감 등의 효과를 얻을 수 있다.

[2] 매장선반 재고의 개선

상품 구매시 매장 선반에 구매하고자 하는 상품이 없는 경우 고객은 구매를 위한 적극적인 행동을 하지 않고 구매를 포기하는 경우가 많다. 엑센

추어의 연구에 따르면 매장내 선반의 상품이 부족하거나 상품 위치가 잘못 놓여 생기는 손실이 33%인 것으로 조사되었다. 상품부족은 고객이 구매기회를 포기해 매출감소 뿐만 아니라 고객 재방문에 치명적인 영향을 끼치고 있다. 매장 내선반의 상품부족 원인은 크게 두 가지로 볼 수 있다. 첫번째 원인은 매장내 부정확한 재고파악 때문이다. 일반적으로 매장내 선반의 상품출하는 상품주문서나 판매데이터에 근거하여 재고현황이 업데이트 되고 있으나 잘못된 데이터 오류로 인해재고파악이 정확히 이루어 지지 않아선반재고가 부족하게 되는 경우가 많다. 설상가상으로 손님이나 종업원이 가게물건을 훔치는 경우 물리적으로 계산하거나 다음 출하시기가 될 때 까지는 재고부족을 파악하기 힘들어진다. 두 번째 원인은 재고정보파악의 시간부족 때문이다. 오늘날 많이 사용하는 POS(Point-of Sale)시스템은하루가 끝나기 전까지 판매 데이터를 확보할 수 없는 한계를 가지고 있다. 일반적인 상품의 경우 POS시스템으로도 확인이 가능하지만 빠르게 판매되는 상품의 경우 수시로 확인하지 않은 한 다음 출하주문까지 재고파악을 하는데 어려움이 뒤따른다. 이외에도 고객이 상품을 들었다가 다른 위치에 놓는 경우도 매장선반의 재고를 파악하기 어렵다. 매장선반내 재고 유지는 선반내 제품을 실시간 상황을 파악해 재고를 통제하여 관리 할 수 있다. RFID를 매장내 상품에 부착하게 되면 RF-ID판독기와 안테나를 통해 태그가 부착된 모든 상품들의 위치를 모니터링 하여 실시간으로 매장내 제품상황을 파악해 재고를 업데이트 할 수 있다. 매장 선반에 상품을 배치할 때 총계에서 부족한 경우 시스템은 자동적으로 점원의 모바일단말기로 메시지를 발송해 재고부족을 통지해 주며 재고창고의 판매위치에 재공급이 필요함을 알려준다. 미리 재고창고수신기에 재고부족의 신호를 보냈기 때문에 손쉽게 상품을 찾을 수 있어 신속하게 매장내에 상품을 채워놓을 수 있도록 하고 있다. 이외에도 RFID를 기반 한 상품 운반카트를 이용하면 선반 상품배치의 에러를 줄일 수 있다. 상품 운반카트에 포장박스나 운반짐을 실으면 판독기가 자동적으로 카트의 상품 아이템을 센싱(Senseing)해 상품이 배치되어야 할 선반위치를 자동적으로 알려준다. 또한 점원이 매장내 통로를 지날 때 제품이 다른 곳에 잘못 배치되어있는 경우 이를 통보해 제품의 재배치를 용이하게 할 수 있다.

3 제품의신선함 유지

식료품 매장의 경우 유통기한이 잘못된 제품을 판매해 소비자에게 피해를 입혀 매출 감소 및 기업이미지에 큰 타격을 주는 경우가 많다. 이러한 원인은 제품을 공급하는 유통센터에서 제품을 납품할 때 모든 제품상자에 제품 유통기한을 체크하지 않고 박스 중 일부 제품만 유통기한을 확인하여 모든 박스의 유통기한을 동일하게 표기하기 때문에 발생된다. 유통센터에서 유통기한의 에러를 줄인다면 잘못된 유통기한에 따른 제품반품 및 재고를 효율적으로 줄 일 수 있다.이와 더불어 고객들에게 매일매일 신선도 있는 제품들을 제공해 지속적인 매장방문을 높일 수 있을 것 이다. 바코드 보다 월등하게 RFID칩에 많은 정보를 담을 수 있기 때문에 상품의 신선도를 파악할 수 있는 원산지, 제조년월일, 보존기한, 유통과정, 출하일 등의 데이터를 기반으로 매일 매장내에 리더기를 통해 매장선반에 배치된 제품들의 제품상태를 파악해 유통기한이 지난 제품들을 회수하여 제품의 신선함을 유지 할 수 있도록 할 수 있다.

4 구매 및 결제의 효율화

대부분의고객들이매장에서 구매상품을 찾지 못하거나, 상품 결제시 긴 줄을 통해 대기하는데 대부분의시간을 소비하는 것으로 나타났다. 이외에도 원하는 상품을 찾기 위해 복잡한 매장을 돌아다녀야 하고, 구매를 강요하는 부담스러운 종업원등 구매에 많은 불편함을 느끼고 있다. 결제 또한 개별상품을 하나하나 수작업으로 바코드로 인식하는 작업을 거쳐야 하기 때문에 많은 시간이 소요된다. 조사에 따르면 매장 내에서 결제하는데 소요되는 시간이 길게는 5분에서 짧게는 30초 정도 시간이 소요 되는 것으로 조사되었다. 이젠 더 이상 매장 내에서 물건을 찾아 헤매거나 결제를 위해서 긴 줄에 서서 오랜 시간을 소비하지 않아도 된다. 백화점에도착하여 RFID가 장착된 쇼핑카트를 이용하면자신이 선호하는 상품이 어디에 진열

되었는지를 손쉽게 파악할 수 있으며 , RF칩에 저장된 다양한 정보를 통해 상품 구매여부를 결정 한 후 쇼핑카트에 상품을 담는 순간 자동으로 결제까지 이루어져 상품 결제를 위해 길게 늘어선 계산대에서 기다리지 않아도 된다.

5 도난분실 방지

매장내에서 상품판매에 따른 도난분실이 1.69%인 것으로 나타났다. 매장내 도난분실을 방지하기 위해 태그(Tag)를 부착하는 것은 그렇게 새로운 것은 아니다. 그러나 현재 주목하고 있는 것은 상품의 도난이나 분실 등에 의해 다른 곳으로 위치가 옮겨졌을 때 직원에게 알려주는데 초점을 맞추고 있다. RFID도 기존시스템과 동일하게 상품에 부착된 주파수를 통해 제품을 감지하는 기능을 가지고 있으며 추가적으로 매장선반에서 의심 가는 행동을 하는 경우를 파악할 수 있다. 고가품의 경우 자동적으로 매장경비에게 통지해 체포할 수도 있으며 , 의심 가는 행동이 일어난 지역에 카메라를 작동시켜 매장을 감시할 수 도 있다.

6 반품 및 물품보증 개선

소매업체의 경우 반품관리를 효율적으로 관리하지 못해 관리비용의 과다지출 및 전담인력투입, 고객 불만처리 등의 많은 문제점들이 발생하고 있다. 또한 교환에 따른 비용손실 을 줄이려고 반품관리 정책을 엄격히 규정하여 고객들의 불만을 야기하고 있다. 반품관리의 개선은 비용절감측면에서 볼 때 효율적인 반품관리를 통해 매출 기회를 늘리고 재고 순환시간과 처리비용을 줄일 수 있다. 고객과의 관계측면에서는 고객충성도 제고와 판매증진에 기여하는 역할을 한다. 반품프로세스의 개선은 상품이 판매 되었을 경우 RFID에 제품구매이력이 상세히 기록되어있다. 구매이력정보는 판매한 제품상태, 판매종업원, 상품위치, 판매가격, 결제지불형태 등의 다양한 정보를 파악해 물품보증서의 역할을 수행해 반품시 타당하지 않은 반품의 손실을 줄일 수 있다. 반품처리프로세스 또한 판독기를 통해 자동으로 진행하기 때문에 늦장처리로 인한 고객불만을 줄일 수 있다.

③ 물류/유통에서의 유비쿼터스 적용사례

가. 월마트의 RFID 도입 현황

미국에서 RFID의 대대적인 적용으로 가장 큰 화제를 모은 기업은 월마트다. 동사의 2004년 매출액은 세계 최대인 2,880억 달러였다. 월마트의 납입업자 중 하나인 P&G는 2004년 매출액이 510억 달러였다. 월마트의 주요 고객층은 연 수입 50,000달러 이하의 중, 저 소득자 층이 중심으로, 어린아이를 안은 맞벌이 주부 등이 그 전형이다. 이들의 구매행동은 주말에 한 장소에서 한꺼번에 쇼핑하는 패턴이 많아 월마트에서는 그 니즈에 대해 'Supercenter '라는 가전, 의료, 일용잡화에서 식품에 이르기까지 모든 것을 하나의 점포에 집약한 대형 점포로 대응해 왔다. 그런데 거대 점포 면적에 비해 상품 선반을 순회하는 담당자 수가 적은 월마트에서는 핵심 상품의 품절이 오랜 시간 방치되는 사태가 적지 않다. 특히 월마트 점두에서 원하는 상품을 찾을 수 없어 다른 소매점으로 흘러가는 고객층이 나타나고 있어 어떻게 이들 핵심 상품의 품절에 재빨리 대응함으로써 기회손실을 막을 것인지가 월마트와 P&G 등 납입업자의 과제가 되고 있다. 월마트의 또 다른 주요 납입업자 Gillette의 경우를 살펴보자. 동 사의 매출액은 2004년 약 100억달러였다. 연간 상품 판매 개수 약 110억 개 중 약 13%가 월마트에 납입된다. 동 사는 핵심 상품인 'Mach3' 면도기의 도난사건의 빈발로 고심해 왔다. 면도기 세트에 15~20달러로 고액인 데 비해 사이즈가 작아 일설로는 세계에서 도난사건이 가장 많은 상품이라고도 전해진다. 전술한 P&G의 예에서나 Gillette의 예에서나 종업원의 수를 늘려 점포를 순회하는 빈도를 높이면 기회손실의 억제는 가능하다. 그러나 이미 종원업의 인건비를 아슬아슬한 수준으로 억제하여 'EDLP(Everyday Low Price)'를 표방하고 있는 월마트에 있어 이러한 방법은 있을 수 없다. POS를 통과하는 단품 데이터를 근거로 재고 수량을 검지하는 방법도 생각할 수 있으나, 점포 면적이 넓은 SuperStore에서는 고객의 평균 구매시간이 길어 효과가 적다고 판단됐다. 때문에 P&G, Gillette, 월마트가 내놓은 해결안 중 하나가 'SmartShelf'라는 기술이다. 선반에 고정되어있는 리더기로 재고 수량을 무인 및 자동으로 검지, 재고 수량이 일정 수 이하로 줄어들었을 때 자동으로 발주 지시 데이터를 작성한다. RFID의 기술특성인 '무인' 및 '복수 일괄'로 특정 상품의 재고 수량을 검지함으로써 종업원 수를 늘리거나 인적 비용을 늘이는 일 없이 적정 재고를 보유할 수 있다. Gillette는 여기서 한 걸음 나아가 선반의 리더가 이상한 구매행동(예를 들어 면도날을 동시에 4개 이상 선반에서 집는 일 등)을 포착하면 종업원의 PDA로 과거 10초의 비디오 화상을 분배함으로써 도난방지 효과를 양립시킬 것을 실험 중이다.

SmartShelf의 구조는 주로 다음과 같은 3가지 문제점을 안고 있어, 아직 실용 단계에는 이르지 못하고 있다.

- 리더에서의 일괄 독해 성능이 불충분
- 상품 단품에 태그를 붙였을 때 아직은 비용이 높음
- 소비자의 프라이버시를 보호하기 위한 운용 룰이 미정비

그러나 'RFID의 적용 장소가 늘어나지 않으면 비용이 줄지 않는다', '비용이 줄지 않기 때문에 RFID를 현장에 적용할 수 없다'는 닭인가 달걀인가식 논쟁으로는 언제까지고 RFID의 효과를 볼 수 없다. 이러한 상황에서 월마트는 점두가 아닌 물류의 관점에서 비즈니스 프로세스 개선의 돌파구를 찾고 있다. 월마트는 현 단계의 리더 독해 율로도 상품 재고의 정밀도를 향상시켜 품절 위험을 줄이는 구체적인 방안을 검토, 물류 프로세스 상의 다양한 문제점을 제시했다. 이들 문제점은 때때로 'Shrinkage(축소)'로 표현된다. 이것은 물류 과정에서의 운용 미스나 배송담당, 점포 담당의 부정행위에서 발생하는 재고 축소를 가리킨다. 따라서 일반적인 유통업에서의 상품유통 흐름을 근거로 발주에서 납품까지의 프로세스에서 착오가 발생하는 경우를 분석해 본다. 소매 측의 운용에도 문제가 있는 경우가 있다. 어쩔 수 없는 사정으로 납품부족이 된 경우의 수정검수 입력 , 납품전표와 실제 상품 수량의 일치 확인, 신속한 검수입력과 같은 운용을 태만히 하면 본래는 올바른 수량이 납품된 것이 아닌가, 점포 측의 책임으로 상품을 분실, 파손한 것이 아닌가 하는 의문이 제기된다.

나. 이마트

▌이마트 e투데이 시스템 개념도▐

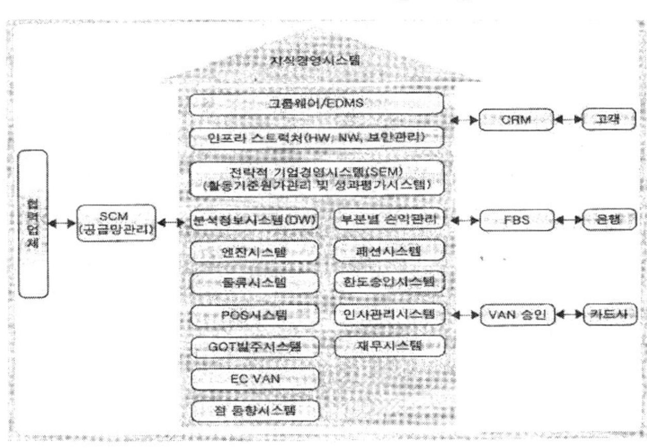

이마트는 최근 한국형 할인점시스템의 특성을 집대성한 원스톱 운용체계 'e투데이(e-today) 시스템'을 개발, 가동에 들어갔다. 사이버 공간을 통해 고객과 협력회사(산지), 그리고 이마트를 실시간으로 연결해 고객이 필요로 하는 모든 상품(식품, 비식품 포함)을 최적·최단시간에 제공하는 '1일 유통망' 시대를 여는 것이 이 시스템의 목표다. 따라서 e투데이 시스템은 실시간으로 매출 및 고객정보를 파악하고 필요할 때 바이어가 산지에서 무선발주단말기를 통해 상품을 매입할 수 있도록 한다. 상품이 매장까지 투입되는 전 과정이 하루 만에 처리되는 것이다. 가까운 산지에서는 최고 3시간 안에 상품이 매입코드까지 매겨진 상태에서 매장에서 판매될 수 있다. 이를 위해 이마트는 기존에 고객정보 및 영업환경을 분석하는'DWH(Data Whare-Housing)시스템'과 협력사와의 거래관계를 최적의 조건에서 가능하게 해주는 'GOT(Graphic Trder Terminal)시스템'을 기본으로 '전자인증계약시스템'과 '산지즉석(모바일)발주시스템' 등을 'e투데이 시스템'으로 통합했다. 특히 기존에 협력사와 계약 시 필요했던 문서와 도장을 없애고 '전자인증계약시스템'을 도입해 번거로운 입점절차를 간소화했다. 바이어가 해외출장을 나가도 인터넷으로 협력사와 상담이 가능해 업무공백을 줄일 수 있다. 바이어들은 산지에서 노트북으로 바로 발주업무를 할 수 있어 입점절차도 종전보다 크게 줄었다. 결국 절약된 시간만큼 고객들은 신선한 상품을 제공받을 수 있는 것이다. 또한 이마트는 올 초 유통업계 최초로 '전자서명제도'를 전국 52개 모든 점포에 도입, 유비쿼터스 쇼핑을 구현하기 시작했다. 전자서명제는 신용카드 계산시 출력 영수증에 개인이 서명하는 기존 방식이 아니라, 별도로 마련된 전자사인패드에 전자펜으로 서명하는 방식이다. 따라서 계산 대기시간이 단축되고 전자서명시 계산원 모니터에도 서명이 동시에 나타나 부정카드 사용도 막을 수 있다. 신세계 이마트 이인균 마케팅실장은 "전자서명제도는 선진 유통시스템 혁신에 앞장서온 신세계 이마트의 새로운 서비스 방식으로 고객 쇼핑 편의에 일조할 것"이라며 "신세계 I&C 포스(POS) 운영팀이 독자적으로 개발, 론칭한 프로그램이기 때문에 업계의 많은 관심을 불러일으킬 것"이라고 말했다. 실제로 이마트 고객의 카드 사용비중은 70.2% 수준으로 현금보다 2배 이상 많은 결제비율을 보이고 있다. 연간 카드거래 건수도 월 500만 건에 달해 전자서명제도의 도입을 통한 운영상의 개선효과는 상당할 전망이다. 따라서 이마트는 6월 말까지 은평점에서 전자서명제도를 시범운영하고 7월부터는 전국 모든 점포의 계산대로 확대 실시할 계획이다. 신세계 이마트 신시스템 TF팀 김성영 부장은 "이마트의 통합시스템 구축은 영업효율뿐만 아니라 고객들이 원하는 최적의 상품을 신속하게 제공할 수 있다는 데 큰 의의가 있다"며 "이는 언제 어디서나 무엇으로도 상품정보를 주고받으며 실시간으로 거래할 수 있는 유비쿼터스 유통의 초기형태"라고 강조했다.

④ 물류/유통에서의 유비쿼터스의 문제점 및 향후 전망

2003년 1월 영국 거점의 슈퍼마켓 체인점인 Tesco, Wal-Mart, Gillette는 면도기 및 관련 제품에 마이크로 칩을 탑재한 '스마트 선반'을 도입을 계획하였다가 7월에 그 시범 운용을 중단하였다. 또한 네덜란드의 필립스사는 이탈리아의 세계적 의류업체인 베네통사의 모든 의류에 I.CODE 반도체 기술을 이용한 '스마트 라벨 도입 프로젝트'를 진행하고 있음을 발표하였으나 한달 뒤 베테통은 RFID 기술 도입을 위한 테스트는 실시하지 않겠다는 발표를 하였다. 이는 몇몇의 시민단체들이 소비자 프라이버스 보호의 관점에서 RFID 기술을 비판하고 나섰기 때문으로, 미국의 CASPIAN(Consumers Against Supermarket Privacy Invasion and Numbering)은 베네통의 RFID 도입 계획의 발표에 대해 동사 상품의 세계적 보이콧을 주장하였다. 이들은 제품 추적 태그를 사용하여 점포 내뿐만 아니라 가정까지 개인을 추적할 수 있게 된다면 악용될 가능성이 많을 것이라고 염려하고 있다. RFID 기술의 지지자들은 RFID의 도입으로 모든 상점의 상품들을 시스템으로 추적함으로써 정산 업무의 자동화와 쇼핑 시간의 단축 등 다양한 효과를 얻을 수 있다고 주장한다. 하지만 아직까지 소매 상품의 바코드를 대체할 정도로 RFID 칩의 가격이 낮지 않으며 컴퓨터의 처리 능력에도 한계가 있을 뿐만 아니라 그를 운용할 회사들의 반응 역시 완전히 긍정적이라고 볼 수 없기 때문에 RFID의 완전한 시장 진입까지는 상당한 진통과 시간이 소요될 것으로 보인다. RFID가 유비쿼터스 네트워크의 핵심이 될 수 있는 기반 기술로써의 위치를 확보하기 위하여서는 표준 ID 체계 및 관리기능의 정립이 필요하다. IPv6 와의 연동도 고려되어야 할 것이다. IPv6는 기존의 IPv4의 한정된 IP 개수를 거의 무한대로 늘인 새로운 IP 체제로써 모든 사물에 부여될 수 있게 된다면 유비쿼터스 네트워크의 'invisible computing' 혹은 'The internet of things' 개념을 실현시킬 수 있게 된다. 유비쿼터스 환경에 적합한 애플리케이션은 어떤 상황에 맞추어 지능적인 방법에 의해 정보를 사람과 사물의 요구에 맞게 자동으로 제공(상황인식, context awareness) 하여야 하고, 사람과 사물의 위치를 실시간으로 추적하여 자동으로 인식(위치인식, location awareness)하는 것이 필수적이다. 이를 위해서는 사물들에 고유한 식별번호가 정해지고 사물 중심의 T2T(thing to thing) 혹은 M2M(machine to machine) 통신(혹은 서비스)이 이루어짐으로써 융합(convergence) 네트워크로의 지향성을 갖추게 된다. 이러한 기술 융합 지향의 유비쿼터스 환경에 따른 경제는 기술, 비즈니스, 산업의 접목과 융합에 의한 새로운 공간 가치와 재화창출의 특성으로 갖게 될 것이다. 즉 유비쿼터스 컴퓨팅을 기반으로 일상생활의 사물들, 가전제품, 상품들, 기업의 생산, 물류, 판매, 고객관리 등의 비즈니스 프로세스를 구성하는 기기나 시스템들이 모두 지능화 되고 네트워크로 연결됨으로써 단순한 상거래뿐만 아니라 일반적인 기업경영, 공급망관리(SCM), 고객관계관리(CRM), 자산관리(AM), 현장인력관리, 지식관리(KM), 유통관리(LM), 안전관리 등 거의 모든 비즈니스 활동에 혁신적으로 적용 될 수 있으므로 이와 관련된 기술과 상품이 미래 IT 시장을 주도할 것이다.

(4) 각국의 유비쿼터스 기술발전 방향

1) 선진국들의 유비쿼터스 기술 개발 방향

유비쿼터스 컴퓨팅 혹은 네트워킹 기술이 초래하는 일종의 IT 혁명은 조용하게 추진되는 혁명일지는 모르나 그것이 가져올 파급효과는 엄청날 것으로 예측되고 있다. 유비쿼터스 컴퓨팅 혁명은 새로운 지식정보국가 건설과 자국의 정보산업 경쟁력 강화를 위한 핵심 패러다임이라는 인식 하에 미국, 일본, 유럽의 정부뿐만 아니라 이들 국가들의 기업과 주요 연구소들이 유비쿼터스 관련 기술을 앞 다투어 개발하고 있다.

미국은 자국의 정보산업 경쟁력 유지를 위해서 1991년부터 유비쿼터스 컴퓨팅 실현을 위한 연구개발을 추진해 왔으며, 그러한 계획의 일환으로 국방부 산하 고등연구계획국과 국가표준기술원(NIST)의 정보기술응용국(ITAO)이 연구자금을 지원하고 있다. 또한, 정부기관과 대기업의 자금 지원으로 MIT, CMU 등의 주요대학과 HP, MS, IBM 등의 민간기업 연구소에서 다양한 프로젝트를 수행하고 있다. 미국은 주로 유비쿼터스 컴퓨팅 기술과 조기 응용 개발에 중점을 두고 있으며, 특히 일상생활 공간과 컴퓨터간의 자연스러운 통합이 가능한 HCI(Human Computer Interaction) 기술과 표준 개발을 핵심요소로 인식하고 있다.

일본은 자국이 국제 경쟁력을 확보하고 있는 광, 모바일, 센서, 초소형 기계장치, 가전, 부품, 재료, 정밀가공 기술 등을 연계시켜 조기에 유비쿼터스 네트워크를 구현하여 세계 최첨단 IT 국가를 실현하고, 최근에 약해

지고 있는 자국의 국가 경쟁력을 강화하기 위한 야심찬 계획을 추진 중이다. 일본의 전략은 미국의 강점 분야인 컴퓨터, 소프트웨어 등의 핵심기술도 중요하지만, 마이크로 센서기술을 이용한 사람과 사물간의 통신 그리고 그와 관련된 주변기술도 중요하다고 인식하고 있다. 유비쿼터스 네트워크 조사연구회에서 전망하듯이 일본은 유비쿼터스 네트워크 사회의 실현이 새로운 산업 및 비즈니스 시장의 창출과, 편리하고 풍요로운 라이프스타일의 실현, 그리고 일본이 직면하고 있는 고령화 문제, 교통 혼잡, 지진, 환경관리 등을 해결하는데 기여할 수 있다는 것이다.

미국과 일본은 유비쿼터스 컴퓨팅 기술개발 방향과 전략에서 약간의 차이를 보이고 있다. 미국은 기술적 비전 제시와 필요한 부문에서의 조기 응용을 강조하는 반면에, 일본은 국가차원의 정책적 추진에 비중을 두고 있다. 이는 미·일 양국간의 유비쿼터스 컴퓨팅 추진에 대한 시각차와 기술력의 차이에서 비롯된 것으로 보여진다.

또한, 미국은 최첨단 컴퓨터와 소프트웨어 기술력을 토대로 바이오기술과 나노기술의 응용을 통해 정보통신 기술을 새로운 차원으로 발전시켜 유비쿼터스 컴퓨팅을 구현하려 하고 있다. 이는 미국의 컴퓨터와 소프트웨어 기술력에 대한 자신감 그리고 전통적인 실용주의가 그대로 반영된 결과라고 생각한다. 반면, 일본은 자국이 보유한 기술력과 자원을 네트워크화 함으로써 유비쿼터스 컴퓨팅을 조기에 확산시키는 전략을 수립하고 있다.

한편, 유럽은 유럽 공동체가 중심이 되어 2001년에 시작된 정보화사회기술계획의 일환으로 미래기술계획에서 자금을 지원하는 '사라지는 컴퓨팅 계획'을 중심으로 주변의 일상 사물에 센서 · 구동기 · 프로세서 등을 내장시켜 사물 고유의 기능 외에 정보처리 및 정보교환 기능이 증진된 정보 인공물을 개발하여 새로운 가능성과 가치를 창출하고, 궁극적으로는 인간의 일상 활동을 지원 및 향상시킬 수 있는 환경을 구축하는 것을 목표로 한다. 유럽은 이러한 프로젝트의 수행과정에서 유비쿼터스 컴퓨팅 혁명에 대한 대응전략을 모색하고 있다.

미국 · 일본 · 유럽의 유비쿼터스 컴퓨팅 추진 전략의 공통적 메시지를 살펴보면 다음과 같다.

- 추진 주체는 실질적으로 미국을 비롯하여 각국 정부가 주도하고 있음
- 차세대 정보통신기술의 개발 대상은 일상생활을 중심으로 하는 장치 혹은 환경임
- 주요 추진 목표는 미래 기술 체제로의 진입 시도

즉, 각 국 정부는 미래 기술의 실용화에 대한 공격적인 연구개발 및 실험을 통하여 유비쿼터스 컴퓨팅 기술의 조기 일상 생활화를 추진하고 있으며, 컴퓨팅의 생활화를 통하여 새로운 거대 IT 시장의 출현을 준비하고 있다.

2) 한국의 유비쿼터스기술 개발 방향

우리나라는 초고속 인터넷 보급 등 정보통신 인프라 측면에서 이미 세계 최고 수준으로 평가받고 있다. 정부는 앞으로도 정보통신 IT강국으로서의 위상을 지속적으로 유지하고 발전시켜 나가기 위해 IT산업을 경제 성장의 핵심 엔진으로 부상시키기 위하여 노력하고 있다. 정부는 급변하는 IT 환경 속에서 새로운 정보대변혁이라 할 수 있는 "유비쿼터스 혁명"을 국가발전의계기로 삼아 세계적인 IT 중심국가로 뻗어나간다는 비전을 제시하고 환경정비는 물론, 기술 및 산업경쟁력을 확보하기 위한전략을 수립, 추진해 나가고 있다. 국내에서는 2002년부터 21세기 새로운 가치 공간을 창출하는 유비쿼터스에 대한논의가 연구기관 및 언론을 중심으로 본격적으로 시작되었고, 2003년 4월 발족한 '유비쿼터스 IT코리아포럼'을 비롯, 2004년 구체적인 u-Korea 비전 및 전략수립을 위해 한국전산원을 중심으로 'u-Korea 전략기획단'을 구성하여 다양한 연구 및 지원활동을 벌이고 있다. 민간기업 및 연구소들도 유비쿼터스 기술을 발전시키고 활용하기 위한 투자를 확대하고 있다.

현재 유비쿼터스와 관련된 정부의 움직임을 보면, 우선 정보통신부를 중심으로u-Korea 건설을 위한 전략 및 기본계획 수립 등이 추진되고 있으며, 과학기술부, 산업자원부, 건설교통부, 농림부등 각 부처에서 유비쿼터스 사회구현을 위한 기술개발 및 기반시설마련을 위한 다양한 정책들이 추

진 중에 있다.

정보통신부는 유비쿼터스 사회실현을 위한 기반이 되는 BcN, USN 등의 구축 및 이용 확대를 통하여 유비쿼터스 사회 구현에 선도적인 역할을 수행하기 위해 노력하고 있다. 산업 자원부는 자체추진중인 10대 차세대 성장 동력 산업 중 지능형 홈네트워크발전 전략의 12개 세부 과제중 하나로 '유비쿼터스 컴퓨팅 및 네트워크 원천기술 개발'을 추진하고 있으며, 여기서 개발하는 원천기술을 기반으로 지능형 홈의 구현을 위한 제품 및 서비스 기술 개발을 추진하고 있다. 이 사업의 총 사업기간은 5년(2004~2008년)이며, 1, 2단계로 나누어 추진하고 있다. 이 사업의 목표는 첫째, 실제환경의 물리적인공간과 컴퓨팅기반의 가상전자 공간을 융합화한 새로운 유비쿼터스 컴퓨팅공간을 창출하는 것 이며, 둘째, 유비쿼터스 컴퓨팅 및 네트워크(uT) 사회를 구현하여 인류의 삶의 질 향상에 이바지 하는 것이며, 셋째, 관련 분야의 핵심 원천기술력 향상을 통한 국가 경쟁력 제고로 초일류 유비쿼터스 컴퓨팅 및 네트워크(uT) 기술 강국을 실현하고자 하는 것이다. 과학기술부에서는, 21세기 프론티어 연구개발 사업의 일환으로 유비쿼터스 컴퓨팅 및 네트워크 원천 기반기술 개발 사업을 추진 중이다. 유비쿼터스 컴퓨팅프론티어 사업은 2003년9월부터 2013년3월까지 3단계에 걸쳐 uT홈/빌딩, uT 타운, uT코리아 실현에 필요한 유비쿼터스 핵심기술의 개발을 추진하고 있는데, 인간/환경 친화적인 고도지능의 전자 사회구현을 위한 유비쿼터스 컴퓨팅/통신엔진 및 고도지능 시스템 솔루션 원천기반 기술 개발에 목적을 두고 있다. 과기부는 유비쿼터스 컴퓨팅 및 네트워크 원천 기반 기술 개발 사업단을 만들어 이를 총괄 주관하게 하고 있으며, uT-Korea 국가 성장 엔진의 효과를 가져 올 것으로 기대하고 있다.

▮9대 IT 신성장 동력▮

품 목	개 념	선정분야
지 능 형 서비스 로봇	• 인공지능 등 IT 기술을 바탕으로 인간과 서로 상호 작용하면서 가사지원, 교육, 엔터테이먼트 등 다양한 형태의 서비스를 제공하는 인간 지향적 로봇	신시장을 선점하기 위한 분야
차세대 PC	• 문서작성, 인터넷 검색, 데이터 관리 등 종합정보기기 개념의 PC와는 달리 정보이용 환경과 사용목적에 따라 특화된 기능과 형태를 가지는 네트워크 기반의 차세대 컴퓨터	
텔 레 매틱스	• 위치정보와 이동통신망을 이용해 이용자에게 교통안내, 긴급구난, 인터넷 등 Mobile Office를 제공하는 서비스	
차 세 대 이동통신	• 정지 및 이동 중에 안테나를 통하여 음성, 문자, 동영상 등의 정보를 송수신하고 이를 원래의 정보로 검출하는 통신방식 • 차세대 이동통신은 음성은 물론 문자, 그림, 동영상등의 멀티미디어 정보를 인터넷망과의 연동을 통하여 고속, 품질로 송수신하는 서비스를 의미	원천기술 확보를 통해 경쟁우위를 유지할 수 있는 분야
디지털 TV	• 아날로그 TV보다 고선명의 영상과 고품질의 음향을 제공하면서 언제 어디서나 시청자가 원하는 프로그램을 자유롭게 선택하고 개인용 컴퓨터처럼 다양한 서비스를 체험 할 수 있는 지능형 TV	고부가 가치화를 위한 기반이 되는 분야
홈 네트 워크	• 가정 내의 정보 가전기기가 네트워크로 연결되어 기기, 시간, 장소에 구애받지 않고 서비스가 제공되는 미래 가정환경인 디지털 홈을 구성하는 핵심 요소	
IT SoC	• 반도체는 정보를 저장하는 메모리 IC 신호를 제어처리하는 시스템 IC 그리고 단품의 개별소자로 대변 • IT SoC(system-on-chip)는 정보통신기기의 극소화등 기능화를 가능하게 하는 비메모리 반도체	
디 지 털 컨 텐 츠	• 디지털 콘텐츠는 문자, 이미지, 음향, CG등으로 제작, 디지털화되어 유무선 통신망을 통해 서비스 되는 것으로 게임, 명상, 모바일, e-Learning 컨텐츠 등이 대표적임	
Embedded S/W	• 휴대폰, 첨단 로봇 등 다양한 디지털 제품에 내장되어 멀티미디어, 인터넷, 게임, 인공지능 등 다양한 부가 기능을 제공해 주는 핵심 소프트웨어.	

자료 : 국내 유비쿼터스 현황분석 한국전산원, 오정연. 2005.4.

부 록

전자무역 촉진에 관한 법률

법률 제11461호(전자문서 및 전자거래 기본법) 일부개정 2012. 06. 01

제1조 (목적)

이 법은 전자무역의 기반을 조성하고 그 활용을 촉진하여 무역절차의 간소화와 무역정보의 신속한 유통을 실현하고 무역업무의 처리 시간 및 비용을 줄임으로써 산업의 국제경쟁력을 높이고 국민경제의 발전에 이바지함을 목적으로 한다.
[전문개정 2011.4.14]

제2조 (정의)

이 법에서 사용하는 용어의 뜻은 다음과 같다.
1. "전자무역"이란 「대외무역법」 제2조제1호에 따른 무역의 일부 또는 전부가 전자무역문서로 처리되는 거래를 말한다.
2. "무역업자"란 「대외무역법」 제2조제3호에 따른 무역거래자로서 무역관계기관에 대외무역 법령, 외국환 거래 법령, 그 밖에 대통령령으로 정하는 법령과 운송·보험 등 당사자 간의 계약(이하 "무역관련법령등"이라 한다)에 따라 신청·신고·보고 등(이하 "신청등"이라 한다)을 하는 자를 말한다.
3. "무역관계기관"이란 무역업자에게 무역관련법령등에서 정하는 무역 관련 역무를 제공하거나 승인, 면허, 인증, 신고의 수리 등(이하 "승인등"이라 한다)을 하는 기관을 말한다.
4. "전자무역문서"란 전자무역에 사용되는 「전자거래기본법」 제2조제1호에 따른 전자문서를 말한다.
5. "전자무역기반시설"이란 정보통신망을 통하여 무역업자와 무역관계기관을 체계적으로 연계하여 전자무역문서의 중계·보관 및 증명 등의 업무를 수행하는 정보시스템을 말한다.
[전문개정 2011.4.14]

제2조 (정의) 신/구

이 법에서 사용하는 용어의 뜻은 다음과 같다. [개정 2012.6.1 제11461호(전자문서 및 전자거래 기본법)] [[시행일 2012.9.2]]
1. "전자무역"이란 「대외무역법」 제2조제1호에 따른 무역의 일부 또는 전부가 전자무역문서로 처리되는 거래를 말한다.
2. "무역업자"란 「대외무역법」 제2조제3호에 따른 무역거래자로서 무역관계기관에 대외무역 법령, 외국환 거래 법령, 그 밖에 대통령령으로 정하는 법령과 운송·보험 등 당사자 간의 계약(이하 "무역관련법령등"이라 한다)에 따라 신청·신고·보고 등(이하 "신청등"이라 한다)을 하는 자를 말한다.
3. "무역관계기관"이란 무역업자에게 무역관련법령등에서 정하는 무역 관련 역무를 제공하거나 승인, 면허, 인증, 신고의 수리 등(이하 "승인등"이라 한다)을 하는 기관을 말한다.
4. "전자무역문서"란 전자무역에 사용되는 「전자문서 및 전자거래 기본법」 제2조제1호에 따른 전자문서를 말한다.
5. "전자무역기반시설"이란 정보통신망을 통하여 무역업자와 무역관계기관을 체계적으로 연계하여 전자무역문서의 중계·보관 및 증명 등의 업무를 수행하는 정보시스템을 말한다.
[전문개정 2011.4.14]

제3조 (적용 범위)

이 법은 다른 법률에 특별한 규정이 있는 경우를 제외하고 모든 전자무역에 적용한다.
[전문개정 2011.4.14]

제2장 전자무역 촉진 추진체계[개정 2011.4.14]

제4조 (전자무역 촉진을 위한 시책의 수립 · 시행)

① 지식경제부장관은 전자무역을 촉진하기 위하여 다음 각 호의 사항이 포함된 전자무역 촉진시책(이하 "촉진시책"이라 한다)을 수립·시행하여야 한다.
1. 촉진시책의 기본 방향에 관한 사항
2. 전자무역기반시설의 구축과 운영에 관한 사항
3. 전자무역의 환경조성에 관한 사항
4. 전자무역과 관련된 국제협력에 관한 사항

5. 전자무역과 관련된 통계자료의 수집·분석 및 활용방안에 관한 사항
6. 전자무역에 관한 거래자 간의 분쟁해결을 위한 중재 등에 관한 사항
7. 전자무역 촉진을 위한 재원 확보 및 배분에 관한 사항
8. 그 밖에 전자무역을 촉진하기 위하여 필요한 사항

② 지식경제부장관은 촉진시책을 수립할 때 「국가정보화 기본법」 제3조제3호에 따른 국가정보화와 관련된 사항은 같은 법 제9조제1항에 따른 국가정보화전략위원회의 심의를 거친 후 확정하여야 한다. 촉진시책을 변경하려는 경우에도 또한 같다.

③ 지식경제부장관은 촉진시책을 시행하기 위하여 대통령령으로 정하는 바에 따라 전자무역에 관한 업무를 수행하는 기관 또는 단체에 필요한 지원을 할 수 있다.

[전문개정 2011.4.14]

제5조 (국가전자무역위원회의 설치)

① 전자무역 촉진에 관한 다음 각 호의 사항을 협의·조정하기 위하여 지식경제부장관 소속으로 국가전자무역위원회(이하 "위원회"라 한다)를 둔다.
1. 촉진시책에 관한 사항
2. 전자무역 추진과 관련된 각 중앙행정기관 간 업무의 협조에 관한 사항
3. 전자무역 관련 법령·제도의 정비·개선에 관한 사항
4. 그 밖에 전자무역 추진에 관한 주요 사항

② 위원회는 위원장을 포함하여 20명 이내의 위원으로 구성하되, 위원은 당연직 위원과 위촉 위원으로 구성한다.

③ 위원장은 지식경제부장관이 되고, 당연직 위원은 대통령령으로 정하는 관계 중앙행정기관의 차관급 이상의 공무원과 관계 기관의 장이 되며, 위촉 위원은 전자무역에 관한 학식과 경험이 풍부한 사람 중에서 위원장이 위촉한 사람이 된다.

④ 위원회의 효율적인 운영을 위하여 실무위원회를 둔다.

⑤ 위원회 및 실무위원회의 구성·운영 등에 필요한 사항은 대통령령으로 정한다.

[전문개정 2011.4.14]

제3장 전자무역기반사업자

제6조 (전자무역기반사업자의 지정 등) 벌칙

① 지식경제부장관은 대통령령으로 정하는 바에 따라 「전기통신사업법」 제2조제8호에 따른 전기통신사업자로서 자본금·인력·기술력 등 대통령령으로 정하는 기준에 적합한 자를 전자무역기반업무를 수행할 자로 지정할 수 있다.
② 제1항에 따른 지정을 받은 자(이하 "전자무역기반사업자"라 한다)는 다음 각 호의 업무 또는 사업을 수행할 수 있다.
1. 전자무역기반시설의 운영업무
2. 전자무역기반시설과 외국의 전자무역망 간의 연계업무
3. 제12조제1항 각 호에 따른 무역 관련 업무의 전자무역기반시설을 통한 중계·보관 및 증명 등의 업무
4. 전자무역문서의 중계사업
5. 제2호에 따른 연계를 활용한 사업
6. 전자무역기반시설을 활용한 전자무역서비스 관련 사업
7. 전자무역문서의 표준화에 관한 연구사업
8. 전자무역문서 및 무역화물유통정보 등 무역 관련 정보(이하 "무역정보"라 한다)를 체계적으로 처리·보관하여 검색 등에 활용할 수 있는 집합체(이하 "데이터베이스"라 한다)의 제작·보급과 이를 활용한 사업
9. 무역업자 및 무역관계기관에 대한 전자무역문서 중계 등에 관련된 기술의 보급 및 보급한 기술에 대한 사후관리사업
10. 그 밖에 전자무역 촉진을 위한 교육·홍보 등 대통령령으로 정하는 사업
③ 전자무역기반사업자 외의 자는 제2항제1호부터 제3호까지의 업무를 수행할 수 없다.
[전문개정 2011.4.14]

제7조 (전자무역기반사업자의 결격사유)

① 다음 각 호의 어느 하나에 해당하는 자는 전자무역기반사업자로 지정을 받을 수 없다. 전자무역기반사업자가 법인인 경우 그 임원 중 다음 각 호의 어느 하나에 해당하는 사람이 있을 때에도 또한 같다.
1. 금치산자 또는 한정치산자
2. 파산선고를 받고 복권되지 아니한 자
3. 이 법을 위반하여 징역 이상의 실형을 선고받고 그 집행이 끝나거나(집행이 끝난 것으로 보는 경우를 포함한다) 집행이 면제된 날부터 1년이 지나지 아니한 사람
4. 이 법을 위반하여 징역 이상의 형의 집행유예를 선고받고 그 유예기간 중에 있는 사람
5. 제11조제1항에 따라 지정이 취소된 날부터 2년이 지나지 아니한 자

② 전자무역기반사업자가 제1항 각 호의 어느 하나에 해당하게 된 때에는 그 지정은 그 때부터 효력을 잃는다. 다만, 법인의 임원 중 그 사유에 해당하는 사람이 있는 경우 3개월 이내에 그 임원을 교체 임명한 때에는 그러하지 아니하다.
[전문개정 2011.4.14]

제8조 (이용요금의 신고)

전자무역기반사업자는 전자무역기반시설의 운영에 필요한 비용을 조달하기 위하여 제6조제2항제3호에 따른 업무의 이용요금을 정하거나 변경하려는 경우에는 지식경제부장관이 정하여 고시하는 바에 따라 그 금액과 세부 명세를 적은 서류 등의 관련 자료를 첨부하여 지식경제부장관에게 신고하여야 한다.
[전문개정 2011.4.14]

제9조

삭제[2009.1.30] [[시행일 2009.7.31]]

제10조 (시정명령)

지식경제부장관은 전자무역기반사업자가 다음 각 호의 어느 하나에 해당하는 경우에는 6개월 이내의 기간을 정하여 시정을 명할 수 있다.
1. 제6조제1항에 따른 전자무역기반사업자의 지정기준에 적합하지 아니하게 된 경우
2. 전자무역문서의 중계·보관 및 증명 등 업무의 안전성과 정확성이 확보되고 있지 아니하다고 판단되는 경우
3. 제8조에 따른 신고를 하지 아니하는 경우
[전문개정 2011.4.14]

제11조 (지정의 취소 등)

① 지식경제부장관은 전자무역기반사업자가 다음 각 호의 어느 하나에 해당하는 경우에는 지식경제부령으로 정하는 바에 따라 그 지정을 취소하거나 1년 이내의 기간을 정하여 제6조제2항에 따른 사업의 전부 또는 일부의 정지를

명할 수 있다. 다만, 제1호 또는 제2호에 해당하는 경우에는 그 지정을 취소하여야 한다.
1. 거짓이나 그 밖의 부정한 방법으로 제6조제1항에 따른 지정을 받은 경우
2. 사업정지기간에 사업을 계속하여 수행한 경우
3. 제10조에 따른 시정명령을 정하여진 기간 이내에 이행하지 아니한 경우
4. 제21조제1항 본문을 위반하여 전자무역문서 및 무역정보를 공개한 경우
5. 제26조제1항에 따른 관계 공무원의 출입·검사를 거부·방해 또는 기피한 경우

② 지식경제부장관은 전자무역기반사업자가 제1항제3호부터 제5호까지의 규정 중 어느 하나에 해당하여 사업정지처분을 하여야 하는 경우로서 그 사업정지가 전자무역기반사업자가 제공하는 역무를 이용하는 자에게 심한 불편을 주거나 공익을 해칠 우려가 있다고 인정하는 경우에는 사업정지를 갈음하여 5억원 이하의 과징금을 부과할 수 있다.

③ 제2항에 따라 과징금이 부과되는 위반행위의 종류·내용 및 정도에 따른 과징금의 금액과 그 밖에 필요한 사항은 대통령령으로 정한다.

④ 지식경제부장관은 제2항에 따른 과징금을 내야 할 자가 납부기한까지 내지 아니하면 국세 체납처분의 예에 따라 징수한다.

[전문개정 2011.4.14]

제4장 전자무역기반시설의 이용 등

제12조 (전자무역기반시설의 이용 등) 벌칙

① 무역업자와 무역관계기관은 전자무역문서를 사용하여 무역업무를 하려는 경우에는 전자무역기반시설을 이용할 수 있다. 다만, 전자문서의 방식으로 다음 각 호의 어느 하나에 해당하는 업무를 하는 경우에는 전자무역기반시설을 통하여야 한다.
1. 외국환업무 취급기관의 신용장 통지업무
2. 외국환업무 취급기관의 수입화물선취보증서 발급업무
3. 외국환업무 취급기관의 내국신용장 개설업무
4. 「대외무역법」 제12조제2항에 따른 통합 공고상의 수출입요건확인기관의 요건확인서 발급업무. 다만, 「관세법」 제226조에 따라 세관장이 확인하는 경우는 제외한다.
5. 「대외무역법」 제18조에 따른 구매확인서 발급업무
6. 「대외무역법」 제37조에 따른 원산지증명서 발급업무. 다만, 「대외무역법」 제37조 및 제52조제1항에 따라 세관장이 발급한 원산지증명서는 제외한다.

7. 「상법」 제695조제2호에 따른 해상적하보험증권 발급업무
8. 「해운법」 제24조제2항에 따른 외항화물운송사업자와 같은 법 제26조에 따른 국내지사 설치신고를 한 자의 수하인(受荷人)에 대한 화물인도지시서 발급업무
② 무역업자와 무역관계기관은 전자무역기반시설을 이용하여 무역업무를 하려는 경우에는 제13조에 따른 표준화된 전자무역문서를 사용하여야 한다.
③ 관세청은 「관세법」 제248조제1항에 따른 신고필증, 「대외무역법」 제37조 및 제52조제1항에 따라 세관장이 발급하는 원산지증명서와 제1항제4호 단서에 따라 확인하는 문서를 전자문서의 방식으로 전자무역기반시설에 전송하여 전자무역기반사업자의 업무와 연계될 수 있도록 하여야 한다.
④ 전자무역기반사업자는 무역업자의 위탁을 받아 전자무역문서를 송수신하려는 자에게 전자무역기반시설의 접속을 제공할 수 있다.
[전문개정 2011.4.14]

제13조 (전자무역문서의 표준화)

① 지식경제부장관은 전자무역을 촉진하기 위하여 관계 중앙행정기관의 장과 협의하여 대통령령으로 정하는 바에 따라 전자무역문서의 표준을 정하여 고시하여야 한다. 이 경우 고시한 사항을 변경할 때에도 또한 같다.
② 제1항에 따른 전자무역문서 표준화의 내용·대상 및 절차 등에 관한 사항은 대통령령으로 정한다.
[전문개정 2011.4.14]

제14조 (신청등 또는 승인등의 효력)

무역업자 또는 무역관계기관이 신청등 또는 승인등을 전자무역기반시설을 통하여 전자무역문서로 처리한 경우에는 무역관련법령등에서 정한 절차에 따라 처리된 것으로 본다.
[전문개정 2011.4.14]

제15조 (전자무역문서의 효력)

무역업자 또는 무역관계기관이 전자무역기반시설을 통하여 신청등 또는 승인등을 한 전자무역문서는 무역관련법령등에서 정한 절차에 따라 처리된 문서로 본다.

[전문개정 2011.4.14]

제5장 전자무역문서의 보관 및 증명

제16조 (전자무역기반사업자가 보관하는 전자무역문서의 효력)

① 전자무역기반사업자가 전자무역문서를 보관하는 경우에는 「전자거래기본법」 제5조제1항에 따른 전자문서의 보관이 행하여진 것으로 본다.

② 전자무역기반사업자는 전자무역문서의 보관을 위하여 전자서명을 사용하는 경우 「전자서명법」 제2조제3호에 따른 공인전자서명을 이용하여야 한다.

[전문개정 2011.4.14]

제16조 (전자무역기반사업자가 보관하는 전자무역문서의 효력) 신구

① 전자무역기반사업자가 전자무역문서를 보관하는 경우에는 전자문서 및 전자거래 기본법」 제5조제1항에 따른 전자문서의 보관이 행하여진 것으로 본다. [개정 2012.6.1 제11461호(전자문서 및 전자거래 기본법)] [[시행일 2012.9.2]]

② 전자무역기반사업자는 전자무역문서의 보관을 위하여 전자서명을 사용하는 경우 「전자서명법」 제2조제3호에 따른 공인전자서명을 이용하여야 한다.

[전문개정 2011.4.14]

제17조 (전자무역문서의 증명) 벌칙

① 전자무역기반사업자가 전자무역문서의 송수신 일시 및 그 당사자 등에 관한 증명서를 발급하는 경우 그 증명서에 적힌 사항은 진정한 것으로 추정한다.

② 전자무역기반사업자가 제1항의 증명서를 발급할 때 준수하여야 할 표준서식, 발급 방법 및 절차 등에 대하여는 대통령령으로 정한다.

③ 전자무역기반사업자가 전자무역문서의 증명을 위하여 전자서명을 사용하는 경우에는 「전자서명법」 제2조제3호에 따른 공인전자서명을 이용하여야 하고, 전자무역문서의 송수신 시점을 확인하는 경우에는 같은 법 제20조에 따라 공인전자서명을 하여야 한다.

[전문개정 2011.4.14]

제6장 전자무역문서의 이용 촉진

제18조 (전자무역문서의 이용 촉진)

정부는 전자무역문서의 이용을 촉진하기 위하여 각종 법령의 정비 등 필요한 시책을 수립·시행하여야 한다.
[[시행일 2006.6.24]]

제19조 (신청등에 필요한 첨부서류에 관한 특례)

① 지식경제부장관은 무역관련법령등에서 정한 신청 등에 필요한 첨부서류가 전자무역기반시설에 보관되어 있는 경우 첨부서류의 제출을 면제할 수 있으며, 전자무역기반시설에 보관되어 있지 아니한 경우에는 다음 각 호의 방법으로 첨부서류를 제출하게 할 수 있다.
1. 첨부서류가 제13조에 따라 표준화된 전자무역문서로 작성된 경우에는 「전자서명법」 제2조제3호에 따른 신청인의 공인전자서명을 하여 제출하는 방법
2. 첨부서류가 종이문서로 작성된 경우에는 해당 서류의 전자사본(대통령령으로 정하는 바에 따라 전자무역문서로 제작한 사본을 말한다)에 「전자서명법」 제2조제3호에 따른 신청인의 공인전자서명을 하여 제출하는 방법
② 지식경제부장관이 제1항에 따라 첨부서류의 제출을 면제할 때에는 먼저 관계 중앙행정기관의 장과 협의한 후 그 범위를 고시(인터넷에 게재하는 것을 포함한다)하여야 한다.
[전문개정 2011.4.14]

제7장 전자무역문서의 보안 및 관리

제20조 (전자무역문서 및 무역정보에 관한 보안) 벌칙

① 누구든지 전자무역기반사업자, 제22조에 따른 전자무역전문서비스업자, 무역업자 및 무역관계기관의 컴퓨터파일에 기록된 전자무역문서 또는 데이터베이스에 입력된 무역정보를 위조 또는 변조하거나 위조 또는 변조된 전자무역문서 또는 무역정보를 행사하여서는 아니 된다.
② 누구든지 전자무역기반사업자의 컴퓨터 등 정보처리장치에 거짓 정보 또

는 부정한 명령을 입력하여 정보처리가 되게 하는 등의 방법으로 제17조제1항의 증명서가 발급되게 하여서는 아니 된다.
③ 누구든지 전자무역기반사업자, 제22조에 따른 전자무역전문서비스업자, 무역업자 및 무역관계기관의 컴퓨터파일에 기록된 전자무역문서 또는 데이터베이스에 입력된 무역정보를 훼손하거나 그 비밀을 침해하여서는 아니 된다.
④ 전자무역기반사업자의 임원 또는 직원이거나 임원 또는 직원이었던 사람은 업무상 알게 된 전자무역문서 또는 무역정보에 관한 비밀을 누설하거나 도용(盜用)하여서는 아니 된다.
⑤ 전자무역기반사업자는 전자무역문서 및 데이터베이스를 3년 동안 보관하여야 한다.
[전문개정 2011.4.14]

제21조 (전자무역문서 및 무역정보의 공개)

① 전자무역기반사업자는 컴퓨터파일에 기록된 전자무역문서 및 데이터베이스에 입력된 무역정보를 공개하여서는 아니 된다. 다만, 국가의 안전보장에 위해(危害)가 없고 기업의 영업비밀을 침해하지 아니하는 경우로서 대통령령으로 정하는 경우에는 공개할 수 있다.
② 전자무역기반사업자가 제1항 단서에 따라 전자무역문서 및 무역정보를 공개하려는 경우에는 이해관계인의 의견을 들어야 한다.
[전문개정 2011.4.14]

제8장 전자무역전문서비스업자

제22조 (전자무역전문서비스업자에 대한 지원 등)

① 지식경제부장관은 무역업자의 전자무역을 효율적으로 지원하고 이를 확산시키기 위하여 다음 각 호의 사업을 하는 자로서 자본금·인력 등 대통령령으로 정하는 등록요건을 갖추어 지식경제부장관에게 전자무역전문서비스업자로 등록한 자(이하 "전자무역전문서비스업자"라 한다)에게 필요한 지원을 할 수 있다.
1. 정보통신망을 통한 무역거래의 알선 및 대행 사업
2. 정보통신망을 통한 무역업자의 해외마케팅 지원사업
3. 전자무역문서의 중계사업
4. 제6조제2항제2호에 따른 연계를 활용한 사업

5. 전자무역기반시설을 활용한 전자무역서비스 관련 사업
6. 전자무역문서 및 무역정보의 데이터베이스 제작·보급 및 이를 활용한 사업
7. 그 밖에 전자무역 촉진을 위한 사업으로서 대통령령으로 정하는 사업
② 제1항에 따른 전자무역전문서비스업자의 등록절차와 그 밖에 필요한 사항은 대통령령으로 정한다.
[전문개정 2011.4.14]

제23조 (전자무역전문서비스업자 등록의 취소)

지식경제부장관은 전자무역전문서비스업자가 제1호에 해당하는 경우에는 그 등록을 취소하여야 하고, 제2호에 해당하는 경우에는 그 등록을 취소할 수 있다.
1. 거짓이나 그 밖의 부정한 방법으로 제22조에 따라 등록한 경우
2. 제22조제1항에 따른 등록의 요건에 적합하지 아니하게 된 경우
[전문개정 2011.4.14]

제9장 전자무역 기술개발의 추진 등

제24조 (전자무역 기술개발의 추진)

정부는 전자무역 촉진에 필요한 기술의 개발과 기술수준의 향상을 위하여 다음 각 호의 사항을 추진하여야 한다.
1. 전자무역에 관한 기술의 조사·연구개발 및 개발된 기술의 활용에 관한 사항
2. 전자무역에 관한 기술협력, 기술지도 및 기술이전에 관한 사항
3. 전자무역에 관한 기술정보의 원활한 유통과 산업계·학계·연구기관 등과의 협력에 관한 사항
4. 그 밖에 전자무역에 관한 기술개발과 관련하여 필요한 사항
[전문개정 2011.4.14]

제25조 (전자무역 전문인력의 양성)

① 정부는 전자무역 촉진을 위하여 필요한 전자무역 분야의 전문인력을 양성하는 데에 노력하여야 한다.
② 정부는 제1항에 따른 전문인력의 양성을 위하여 「정부출연연구기관 등의 설립·운영 및 육성에 관한 법률」에 따른 정부출연연구기관, 「과학기술분야 정부출

연연구기관 등의 설립·운영 및 육성에 관한 법률」에 따른 과학기술분야 정부출연연구기관, 「고등교육법」에 따른 학교, 「평생교육법」에 따른 원격대학형태의 평생교육시설, 민간 교육기관, 그 밖의 관련 기관에 대하여 그 사업 수행에 필요한 경비의 전부 또는 일부를 지원할 수 있다.
③ 제2항에 따른 경비의 지원에 필요한 사항은 대통령령으로 정한다.
[전문개정 2011.4.14]

제10장 보칙[개정 2011.4.14]

제26조 (출입·검사 등)

① 지식경제부장관은 전자무역기반시설의 안정성 및 효율적 운영 확보 등을 위하여 필요한 경우에는 관계 공무원으로 하여금 전자무역기반사업자의 사무실·사업장, 그 밖의 필요한 장소에 출입하여 전자무역문서 중계·보관 및 증명 등의 업무에 관한 시설·장비·서류, 그 밖의 물건을 검사하게 하거나 관계인에게 질문하게 할 수 있다.
② 제1항에 따른 출입·검사를 하는 경우에는 검사일부터 14일 전까지 검사 일시, 검사 이유 및 검사 내용 등을 포함한 검사계획을 전자무역기반사업자에게 알려야 한다. 다만, 사전에 알리면 증거인멸 등으로 검사의 목적을 달성할 수 없거나 긴급히 검사하여야 할 사정이 있는 경우에는 그러하지 아니하다.
③ 제1항에 따라 출입·검사를 하는 공무원은 그 권한을 표시하는 증표를 지니고 이를 관계인에게 보여 주어야 하며, 출입·검사 시 해당 공무원의 성명, 출입·검사의 시간 및 목적 등이 적힌 문서를 관계인에게 내주어야 한다.
[전문개정 2011.4.14]

제27조 (청문)

지식경제부장관은 제11조제1항에 따라 전자무역기반사업자의 지정을 취소하려면 청문을 하여야 한다.
[전문개정 2011.4.14]

제28조 (권한의 위임)

이 법에 따른 지식경제부장관의 권한은 대통령령으로 정하는 바에 따라 그 일부를 소속 기관의 장, 특별시장·광역시장·도지사 또는 특별자치도지사에게 위임할 수 있다.
[전문개정 2011.4.14]

제29조 (벌칙 적용 시의 공무원 의제)

제6조제2항제1호부터 제3호까지의 업무에 종사하는 전자무역기반사업자의 임원 또는 직원은 「형법」 제129조 부터 제132조까지의 규정을 적용할 때에는 공무원으로 본다.
[전문개정 2011.4.14]

제11장 벌칙[개정 2011.4.14]

제30조 (벌칙)

① 다음 각 호의 어느 하나에 해당하는 자는 1년 이상 10년 이하의 징역 또는 1억원 이하의 벌금에 처한다.
1. 제20조제1항을 위반하여 전자무역기반사업자·전자무역전문서비스업자·무역업자·무역관계기관의 컴퓨터파일에 기록된 전자무역문서 또는 데이터베이스에 입력된 무역정보를 위조 또는 변조하거나 위조 또는 변조된 전자무역문서 또는 무역정보를 행사한 자
2. 제20조제2항을 위반하여 전자무역기반사업자의 컴퓨터 등 정보처리장치에 거짓 정보 또는 부정한 명령을 입력하여 정보처리가 되게 하는 등의 방법으로 제17조제1항의 증명서가 발급되게 한 자
② 제1항 각 호에 규정된 죄의 미수범은 처벌한다.
[전문개정 2011.4.14]

제31조 (벌칙)

다음 각 호의 어느 하나에 해당하는 자는 5년 이하의 징역 또는 5천만원 이하의 벌금에 처한다.
1. 제6조제3항을 위반하여 전자무역기반사업자로 지정받지 아니하고 같은 조 제2항제1호부터 제3호까지의 업무를 수행한 자
2. 제20조제3항을 위반하여 전자무역기반사업자·전자무역전문서비스업자·무역

업자·무역관계기관의 컴퓨터파일에 기록된 전자무역문서 또는 데이터베이스에 입력된 무역정보를 훼손하거나 그 비밀을 침해한 자
3. 제20조제4항을 위반하여 업무상 알게 된 전자무역문서 또는 무역정보에 관한 비밀을 누설하거나 도용한 자
4. 제20조제5항을 위반하여 전자무역문서 또는 데이터베이스를 3년 동안 보관하지 아니한 전자무역기반사업자
[전문개정 2011.4.14]

제32조 (벌칙)

제12조제1항 단서를 위반하여 전자무역기반시설을 통하지 아니하고 전자문서의 방식으로 같은 항 각 호의 어느 하나에 해당하는 업무를 한 자는 2천만원 이하의 벌금에 처한다.
[전문개정 2011.4.14]

제33조 (양벌규정)

법인의 대표자나 법인 또는 개인의 대리인, 사용인, 그 밖의 종업원이 그 법인 또는 개인의 업무에 관하여 제30조부터 제32조까지의 어느 하나에 해당하는 위반행위를 하면 그 행위자를 벌하는 외에 그 법인 또는 개인에게도 해당 조문의 벌금형을 과(科)한다. 다만, 법인 또는 개인이 그 위반행위를 방지하기 위하여 해당 업무에 관하여 상당한 주의와 감독을 게을리하지 아니한 경우에는 그러하지 아니하다.
[전문개정 2008.12.26]

부칙 [1991.12.31 제4479호]
이 법은 공포후 6월이 경과한 날부터 시행한다.

부칙 [1993.3.6 제4541호(정부조직법)]
제1조 (시행일) 이 법은 공포한 날부터 시행한다. 〈단서 생략〉
제2조 및 제3조 생략
제4조 (상공자원부 신설에 따른 다른 법률의 개정) ①내지 〈54〉생략
〈55〉무역업무자동화촉진에관한법률중 다음과 같이 개정한다.
제2조제5호, 제5조제1항, 제7조제1항·제3항, 제8조제1항·제2항, 제9조제2항, 제11조제1항, 제17조, 제18조제5항, 제19조제2항·제3항, 제20조, 제22조, 제23조제1항, 제24조, 제26조제1호 및 제28조제1항제1호·제4항 내지 제6항중 "상공부장관"을 각각 "상공자원부장관"으로 한다.

〈56〉내지 〈100〉생략
제5조 생략

부칙 [1996.12.30 제5211호(대외무역법)]
제1조 (시행일) 이 법은 1997년 3월 1일부터 시행한다. 〈단서 생략〉
제2조 내지 제7조 생략
제8조 (다른 법률의 개정) ①내지 ⑧생략
⑨무역업무자동화촉진에관한법률중 다음과 같이 개정한다.
제2조제1호중 "대외무역법 제18조제2항"을 "대외무역법 제15조제2항"으로 한다.
⑩및 ⑪생략
제9조 생략

부칙 [1997.12.13 제5453호(행정절차법의시행에따른공인회계사법등의정비에관한법률)]
제1조 (시행일) 이 법은 1998년 1월 1일부터 시행한다. 〈단서 생략〉
제2조 생략

부칙 [1997.12.13 제5454호(정부부처명칭등의변경에따른건축법등의정비에관한법률)]
이 법은 1998년 1월 1일부터 시행한다. 〈단서 생략〉

부칙 [1999.2.5 제5769호]
①(시행일) 이 법은 공포한 날부터 시행한다.
②(벌칙에 관한 경과조치) 이 법 시행전의 행위에 대한 벌칙의 적용에 있어서는 종전의 규정에 의한다.

부칙 [2005.12.23 제7751호]
제1조 (시행일) 이 법은 공포 후 6월이 경과한 날부터 시행한다. 다만, 제12조제1항제2호·제7호 및 제8호의 개정규정은 공포 후 1년이 경과한 날부터 시행한다.
제2조 (지정사업자에 관한 경과조치) 이 법 시행 당시 종전의 「무역업무자동화 촉진에 관한 법률」 제5조의 규정에 의하여 지정을 받아 무역자동화사업을 행하고 있는 지정사업자에 대하여는 이 법 제6조제1항의 규정에 의하여 전자무역기반사업자가 최초로 지정되기 전까지는 종전의 규정을 적용한다.
제3조 (벌칙에 관한 경과조치) 이 법 시행 전의 행위에 대한 벌칙의 적용에 있어서는 종전의 규정에 의한다.
제4조 (다른 법률의 개정) 대외무역법 일부를 다음과 같이 개정한다.
제2조제6호·제2장의2(제9조의3 내지 제9조의5) 및 제49조제2호를 각각 삭제한다.
제5조 (다른 법률과의 관계) 이 법 시행 당시 다른 법률에서 종전의 「무역업무자동화 촉진에 관한 법률」 또는 그 규정을 인용한 경우 이 법 중 그에 해

당하는 규정이 있는 때에는 종전의 규정에 갈음하여 이 법 또는 이 법의 해당 규정을 인용한 것으로 본다.

부칙 [2007.4.11 제8356호(대외무역법)]
제1조(시행일) 이 법은 공포한 날부터 시행한다.
제2조 내지 제5조 생략
제6조(다른 법률의 개정) ① 내지 ⑧ 생략
⑨전자무역 촉진에 관한 법률 일부를 다음과 같이 개정한다.
제12조제1항제4호 본문 중 "제15조제2항의 규정에 의한"을 "제12조 제2항에 따른"으로 하고, 같은 항 제5호 중 "제20조의2의 규정에 의한"을 "제18조에 따른"으로 하며, 같은 항 제6호 본문 중 "제25조의2의 규정에 의한"을 "제37조에 따른"으로 하고, 같은 호 단서 중 "제25조의2 및 동법 제53조제1항의 규정에 의하여"를 "제37조 및 같은 법 제52조 제1항에 따라"로 하며, 같은 조 제3항 중 "제25조의2 및 동법 제53조제1항의 규정에 의하여"를 "제37조 및 같은 법 제52조제1항에 따라"로 한다.
⑩ 생략
제7조 생략

부칙 [2007.4.11 제8381호(해운법)]
제1조(시행일) 이 법은 공포한 날부터 시행한다. 다만, 부칙 제17조제2항의 개정규정은 2007년 11월 4일부터 시행한다.
제2조 내지 제16조 생략
제17조(다른 법률의 개정) ① 내지 ④ 생략
⑤전자무역 촉진에 관한 법률 일부를 다음과 같이 개정한다.
제12조제1항제8호 중 "「해운법」제26조제2항"을 "「해운법」제24조제2항"으로, "동법 제26조의3"을 "같은 법 제26조"로 한다.
제18조 생략

부칙 [2008.2.29 제8852호(정부조직법)]
제1조(시행일) 이 법은 공포한 날부터 시행한다. 단서 생략
제2조부터 제5조까지 생략
제6조(다른 법률의 개정) ① 부터 〈398〉 까지 생략
〈399〉 전자무역 촉진에 관한 법률 일부를 다음과 같이 개정한다.
제4조제1항부터 제3항까지, 제6조제1항, 제8조제1항 및 같은 항 제5호·제2항, 제10조, 제11조제1항·제2항·제4항, 제13조제1항, 제19조제1항·제2항, 제22조제1항, 제23조, 제26조제1항, 제27조, 제28조 중 "산업자원부장관"을 각각 "지식경제부장관"으로 한다.
제8조제2항, 제11조제1항 중 "산업자원부령"을 각각 "지식경제부령"으로 한다.
〈400〉 부터 〈760〉 까지 생략

제7조 생략

부칙 [2008.12.26 제9247호]
이 법은 공포한 날부터 시행한다.

부 칙[2009.1.30 제9377호]
이 법은 공포 후 6개월이 경과한 날부터 시행한다.

부 칙[2009.5.22 제9705호(국가정보화 기본법)]
제1조(시행일) 이 법은 공포 후 3개월이 경과한 날부터 시행한다. 〈단서 생략〉
제2조부터 제5조까지 생략
제6조(다른 법률의 개정) ① 부터 ⑨ 까지 생략
⑩ 전자무역 촉진에 관한 법률 일부를 다음과 같이 개정한다.
제4조제2항 전단 중 "「정보화촉진기본법」 제2조의2의 규정에 의한 정보화촉진등에 관한 사항은 동법 제8조제1항의 규정에 의한 정보화추진위원회의"를 "「국가정보화 기본법」 제3조제3호에 따른 국가정보화와 관련된 사항은 같은 법 제9조제1항에 따른 국가정보화전략위원회의"로 한다.
⑪ 및 ⑫ 생략
제7조 생략

부 칙[2011.4.14 제10591호]
이 법은 공포한 날부터 시행한다.

부 칙[2012.6.1 제11461호(전자문서 및 전자거래 기본법)]
제1조(시행일) 이 법은 공포 후 3개월이 경과한 날부터 시행한다.
제2조부터 제9조까지 생략

전자무역 촉진에 관한 법률 시행규칙

지식경제부령 제90호 일부개정 2009. 07. 31.

제1조 (목적)

이 규칙은 「전자무역 촉진에 관한 법률」 및 동법 시행령에서 위임된 사항과 그 시행에 관하여 필요한 사항을 규정함을 목적으로 한다.

제2조 (동일한 자가 소유하거나 사실상 지배하는 주식의 범위)

① 「전자무역 촉진에 관한 법률 시행령」(이하 "영"이라 한다) 제6조제1항제3호에 따른 동일한 자가 소유하거나 사실상 지배하는 주식의 범위는 주주 1인 또는 그와 다음 각 호의 어느 하나에 해당하는 자가 자기 또는 타인의 명의로 소유하는 주식을 말한다.
1. 주주 1인의 배우자, 8촌 이내의 혈족 또는 4촌 이내의 인척(이하 "친족"이라 한다)
2. 주주 1인이 법인인 경우에 해당법인이 100분의 30이상을 출자 또는 출연하고 있는 법인과 해당법인에 100분의 30이상을 출자 또는 출연하고 있는 법인이나 개인
3. 주주 1인이 개인인 경우에 해당 개인 또는 그와 그 친족이 100분의 30이상을 출자 또는 출연하고 있는 법인
4. 주주 1인 또는 그 친족이 최다수 주식소유자 또는 최다액 출자자로서 경영에 참여하고 있는 법인
5. 주주 1인과 그 친족이 이사 또는 업무집행사원의 과반수인 법인
②제1항은 외국인에게도 준용한다.

제3조 (전자무역기반사업자의 지정 신청 등)

①영 제7조제1항에 따라 전자무역기반사업자로 지정을 받으려는 자는 별지 제1호서식에 따른 전자무역기반사업자 지정신청서(전자문서로 된 신청서를 포함한다)에 다음 각 호의 서류(전자문서를 포함한다)를 첨부하여 지식경제부장관에게 신청하여야 한다. 이 경우 담당 공무원은 「전자정부구현을 위한 행정업무등의 전자화촉진에 관한 법률」 제21조제1항에 따른 행정정보의 공동이용을 통하

여 법인등기부 등본 및 「출입국관리법」 제88조에 따른 외국인등록사실증명(외국인인 임원의 경우로서 제5호에 갈음하는 경우에 한한다)을 확인하여야 하며, 신청인이 확인에 동의하지 아니하는 경우에는 이를 첨부하도록 하여야 한다. [개정 2008.3.3 제1호(지식경제부와 그 소속기관 직제 시행규칙)]

1. 정관
2. 「전기통신사업법」 제2조제1항제1호에 따른 전기통신사업자임을 증명하는 서류
3. 영 제6조제1항제4호에 따른 인력을 채용하였음을 증명하는 서류
4. 영 제6조제1항제5호에 따른 설비를 갖추었음을 증명하는 서류
5. 임원의 신원증명서
6. 전자무역기반시설의 운영에 관한 업무방법서
7. 사업계획서
8. 자본금, 주주 현황 등 사업자의 일반 현황을 기재한 서류

②제1항제6호 내지 제8호의 서류에 포함되는 내용은 지식경제부장관이 정하여 고시한다. [개정 2008.3.3 제1호(지식경제부와 그 소속기관 직제 시행규칙)]

③영 제7조제2항에 따른 전자무역기반사업자 지정증은 별지 제2호서식과 같다.

제4조 신/구

삭제 [2009.7.31]

제5조 (지정취소 및 사업정지처분의 기준 등) 신/구

① 법 제11조제1항에 따른 지정취소 및 사업정지처분의 기준은 별표와 같다. [신설 2009.7.31]

②지식경제부장관은 법 제11조제1항에 따라 전자무역기반사업자의 지정을 취소하거나 법 제6조제2항에 따른 사업의 전부 또는 일부의 정지를 명한 때에는 그 사실을 해당 전자무역기반사업자, 관계 행정기관의 장 및 무역 유관기관의 장에게 각각 통지하고 고시하여야 한다. [개정 2008.3.3 제1호(지식경제부와 그 소속기관 직제 시행규칙), 2009.7.31]

[본조제목개정 2009.7.31]

제6조 (전자무역전문서비스업자 등록을 위한 자본금 등)

영 제18조제2항에 따라 전자무역전문서비스업자로 등록하려는 자가 갖추어야 하는 자본금 및 인력 요건은 다음 각 호와 같다.
1. 납입자본금이 5천만원 이상일 것
2. 법 제22조제1항 각 호의 사업 중 수행하려는 사업을 전담하는 인력이 각각 5인 이상일 것

제7조 (전자무역전문서비스업자 등록 신청 등)

①영 제19조제1항에 따라 전자무역전문서비스업자로 등록하려는 자는 별지 제3호서식에 따른 전자무역전문서비스업자 등록신청서(전자문서로 된 신청서를 포함한다)에 다음 각 호의 서류(전자문서를 포함한다)를 첨부하여 지식경제부장관에게 신청하여야 한다. 이 경우 담당 공무원은 「전자정부구현을 위한 행정업무 등의 전자화촉진에 관한 법률」 제21조제1항에 따른 행정정보의 공동이용을 통하여 사업자등록증(신청인이 법인인 경우에는 법인등기부 등본을 말한다)을 확인하여야 하며, 신청인이 확인에 동의하지 아니하는 경우에는 이를 첨부하도록 하여야 한다. [개정 2008.3.3 제1호(지식경제부와 그 소속기관 직제 시행규칙)]
1. 정관(법인인 경우에 한한다)
2. 영 제18조제1항 각 호의 요건을 갖추었음을 증명하는 서류
3. 전자무역전문서비스의 업무방법서
4. 사업계획서
5. 자본금, 주주 현황 등 사업자의 일반 현황을 기재한 서류

②제1항제3호 내지 제5호의 서류에 포함되는 내용은 지식경제부장관이 정하여 고시한다. [개정 2008.3.3 제1호(지식경제부와 그 소속기관 직제 시행규칙)]

③영 제19조제2항에 따른 전자무역전문서비스업자 등록증은 별지 제4호서식과 같다.

제8조 (전자무역전문서비스업자 등록 취소의 통지 등)

지식경제부장관은 법 제23조에 따라 전자무역전문서비스업자의 등록을 취소한 때에는 그 사실을 해당전자무역전문서비스업자에게 서면으로 통지하고 고시하여야 한다. [개정 2008.3.3 제1호(지식경제부와 그 소속기관 직제 시행규칙)]

부칙

이 규칙은 1992년 7월 1일부터 시행한다.

부칙 [99·4·2]

이 규칙은 공포한 날부터 시행한다.

부칙 [2005.2.2. 산업자원부령 제254호(전자적 민원처리를 위한 계량에관한 법률시행규칙)]
이 규칙은 공포한 날부터 시행한다.

부칙 [2006.4.24 산업자원부령 제331호, 국방부령 제598호(방위사업법 시행규칙)]
제1조(시행일) 이 규칙은 공포한 날부터 시행한다.
제2조 내지 제6조 생략
제7조(다른 법령의 개정) ①내지 ②생략
③무역업무자동화촉진에관한법률시행규칙 일부를 다음과 같이 개정한다.
별표중 "36. 방위산업에관한특별조치법"을 "36. 「방위사업법」"으로 한다.
④내지 ⑩생략
제8조 생략

부칙 [2006.8.23 제357호]
①(시행일) 이 규칙은 공포한 날부터 시행한다.
②(다른 법령과의 관계) 이 규칙 시행 당시 다른 법령에서 종전의 「무역업무자동화 촉진에 관한 법률 시행규칙」 또는 그 규정을 인용하고 있는 경우 이 규칙 중 그에 해당하는 규정이 있는 때에는 그에 갈음하여 이 규칙 또는 이 규칙의 해당 규정을 인용한 것으로 본다.

부칙 [2008.3.3, 제1호(지식경제부와 그 소속기관 직제 시행규칙)]
제1조(시행일) 이 규칙은 공포한 날부터 시행한다.
제2조부터 제4조까지 생략
제5조(다른 법령의 개정) ① 부터 〈51〉 까지 생략
〈52〉 전자무역 촉진에 관한 법률 시행규칙 일부를 다음과 같이 개정한다.
제3조제1항 본문·제2항, 제4조, 제5조, 제7조제1항 본문·제2항, 제8조, 별지 제1호서식부터 제4호서식까지 중 "산업자원부장관"을 각각 "지식경제부장관"으로 한다.
별지 제1호서식 및 별지 제3호서식 중 "산업자원부"를 각각 "지식경제부"로 한다.
〈53〉 부터 〈64〉 까지 생략

부 칙[2009.7.31 제90호]
제1조(시행일) 이 규칙은 2009년 7월 31일부터 시행한다.
제2조(경과조치) ① 이 규칙 시행 전의 위반행위에 대한 행정처분은 종전의 규정에 따른다.
② 별표의 개정규정에 따라 위반행위의 횟수에 따른 행정처분의 기준을 적용하는 경우 이 규칙 시행 후에 최초로 행한 위반행위를 1회 위반행위로 본다.

별표0 지정취소및사업정지처분의기준[제5조제1항관련]
서식1 전자무역기반사업자지정신청서
서식2 전자무역기반사업자지정증
서식3 전자무역전문서비스업자등록신청서
서식4 전자무역전문서비스업자등록증

전자무역 촉진에 관한 법률 시행령

대통령령 제22220호(무역보험법 시행령) 일부개정 2010. 06. 28.

제1장 총칙

제1조 (목적)

이 영은 「전자무역 촉진에 관한 법률」에서 위임된 사항과 그 시행에 관하여 필요한 사항을 규정함을 목적으로 한다.

제2조 (무역 관련 법령의 범위) 신/구

「전자무역 촉진에 관한 법률」 (이하 "법"이라 한다)제2조제2호에서 "대통령령이 정하는 법령"이라 함은 다음 각 호의 법률과 그 시행을 위한 법령을 말한다. [개정 2007.9.10 제20257호(대외무역법 시행령), 2010.6.28 제22220호(무역보험법 시행령)] [[시행일 2010.7.6]]

1. 「관세법」(제248조에 한한다)
2. 「상공회의소법」
3. 「상법」
4. 「무역보험법」
5. 「중재법」
6. 대외무역법 제12조제2항에 따른 수출·수입요령에 관한 통합공고에 포함된 수출입절차 등을 규정한 법률

제2장 전자무역 촉진 추진체계

제3조 (국가전자무역위원회의 구성)

①법 제5조에 따른 국가전자무역위원회(이하 "위원회"라 한다)의 당연직 위원은 다음 각 호와 같다. 이 경우 복수차관이 있는 기관은 해당 기관의 장이 지정하는 차관으로 한다. [개정 2008.2.29 제20678호(지식경제부와 그 소속기관 직제), 2009.7.30] [[시행일 2009.7.31]]

1. 기획재정부차관, 법무부차관, 행정안전부차관, 문화체육관광부차관, 지식

경제부차관, 국토해양부차관, 국무총리실 국무차장, 통상교섭본부장 및 관세청장
2. 대한상공회의소 회장, 중소기업협동조합중앙회 회장, 대한무역투자진흥공사 사장 및 법 제6조제1항에 따른 전자무역기반사업자(이하 "전자무역기반사업자"라 한다)의 대표
3. 「민법」 제32조에 따라 지식경제부장관의 허가를 받아 설립된 전국경제인연합회의 회장 및 한국무역협회의 회장
②위원회의 사무를 처리하기 위하여 간사 1인을 두되, 간사는 지식경제부의 고위공무원단에 속하는 공무원 중에서 지식경제부장관이 지명한다. [개정 2008.2.29 제20678호(지식경제부와 그 소속기관 직제)]

제4조 (위원회의 운영)

①위원회의 위원장은 회의를 소집하고, 그 의장이 된다.
②위원회의 위원장이 사고로 인하여 그 직무를 수행할 수 없는 때에는 위원장이 지명하는 위원이 그 직무를 대행한다.
③위원회의 회의를 소집하려는 때에는 회의 일시·장소 및 부의사항을 회의개최 7일 전까지 각 위원에게 서면으로 통지하여야 한다. 다만, 긴급을 요하거나 부득이한 사유가 있는 경우에는 그러하지 아니하다.
④위원회는 재적위원 과반수의 출석으로 개의하고, 출석위원 과반수의 찬성으로 의결한다.
⑤위원회는 업무수행을 위하여 필요한 때에는 전문적인 지식과 경험이 있는 관계전문가 및 공무원에 대하여 위원회의 회의에 참석하여 의견을 진술할 것을 요청할 수 있다.
⑥위원회에 출석한 관계전문가에게 예산의 범위 안에서 수당과 여비 그 밖에 필요한 경비를 지급할 수 있다. 다만, 공무원이 그 소관 업무와 직접적으로 관련하여 출석하는 경우에는 그러하지 아니하다.

제5조 (실무위원회의 구성 및 운영)

①법 제5조제5항에 따른 국가전자무역위원회의 실무위원회(이하 “실무위원회”라 한다)는 실무위원장 1인을 포함한 25인 이내의 실무위원으로 구성한다.
②실무위원회의 위원장은 지식경제부차관이 되고, 실무위원회의 위원은 다음 각 호의 자가 된다. [개정 2008.2.29 제20678호(지식경제부와 그 소속기관 직제)]

1. 위원회의 당연직 위원이 속하는 행정기관의 고위공무원단에 속하는 공무원, 검사(법무부의 경우에 한한다) 또는 공사급 이상 외무공무원(외교통상부의 경우에 한한다) 중 그 행정기관의 장이 지명하는 자 각 1인
2. 위원회에 당연직 위원이 속하는 민간기관의 임직원 중 그 기관의 장이 지명하는 자 각 1인
3. 그 밖에 전자무역의 효율적 추진을 위하여 실무위원회의 위원장이 위촉하는 자
③실무위원회의 사무를 처리하기 위하여 간사 1인을 두되, 간사는 지식경제부의 고위공무원단에 속하는 공무원 중 무역 관련 업무를 담당하는 공무원이 된다. [개정 2008.2.29 제20678호(지식경제부와 그 소속기관 직제)]
④실무위원회는 위원회에 제출된 안건과 위원회로부터 위임되거나 위원회의 위원장으로부터 지시받은 사항을 검토·심의한다.
⑤제4조는 실무위원회의 운영에 관하여 이를 준용한다. 이 경우 "위원회"는 각각 "실무위원회"로, "위원"은 각각 "실무위원회의 위원"으로 본다.

제3장 전자무역기반사업자

제6조 (전자무역기반사업자의 지정기준)

①법 제6조제1항에서 "대통령령이 정하는 기준"이라 함은 다음 각 호를 말한다. [개정 2008.2.29 제20678호(지식경제부와 그 소속기관 직제), 2009.7.30] [[시행일 2009.7.31]]
1. 「상법」에 따른 주식회사일 것
2. 납입자본금이 300억원 이상일 것
3. 「공공기관의 운영에 관한 법률」 제4조에 따른 공공기관 및 비영리법인을 제외한 동일한 자가 의결권 있는 주식총수의 100분의 15를 초과하여 소유하거나 사실상 지배하지 아니할 것
4. 전자무역기반시설의 운영업무를 수행할 수 있는 자로서 다음 각 목의 요건을 모두 갖춘 인력을 15인 이상 채용할 것
가. 「국가기술자격법」 에 따른 정보통신기사·정보처리기사 또는 전자계산기조직응용기사 이상의 국가기술자격이나 이와 동등한 자격이 있다고 지식경제부장관이 정하여 고시하는 자격
나. 「국가기술자격법」 에 따른 통신분야 또는 정보처리분야에서 2년 이상 근무한 경력
5. 다음 각 목의 설비를 갖출 것

가. 전자무역문서 송신·수신의 중계설비 및 보관설비
나. 전자무역기반시설을 안전하게 운영하기 위한 보호설비
다. 전자무역기반시설의 시스템 관리 및 복제·저장설비
라. 전자무역기반시설에 보관된 전자문서의 송신·수신의 일자·시각 및 증적(證迹)을 기록·관리하는 설비
마. 전자무역문서의 증명서 발급을 위한 설비
바. 전자무역기반시설과 외국의 전자무역망과의 연계에 필요한 설비
②제1항제3호에 따른 동일한 자가 소유하거나 사실상 지배하는 주식의 범위는 지식경제부령이 정한다. [개정 2008.2.29 제20678호(지식경제부와 그 소속기관 직제)]
③제1항제5호에 따른 설비에 관한 세부사항은 지식경제부장관이 정하여 고시한다. [개정 2008.2.29 제20678호(지식경제부와 그 소속기관 직제)]

제7조 (전자무역기반사업자의 지정절차 등)

①법 제6조제1항에 따라 전자무역기반사업자로 지정을 받으려는 자는 전자무역기반사업자 지정신청서에 지식경제부령이 정하는 서류를 첨부하여 지식경제부장관에게 제출하여야 한다. [개정 2008.2.29 제20678호(지식경제부와 그 소속기관 직제)]
②지식경제부장관은 법 제6조제1항에 따라 전자무역기반사업자의 지정을 하는 때에는 신청인에게 전자무역기반사업자 지정증을 교부하여야 하고, 그 사실을 관계행정기관의 장과 무역유관기관의 장에게 통지하며, 관보에 공고하여야 한다. [개정 2008.2.29 제20678호(지식경제부와 그 소속기관 직제)]

제8조 (전자무역기반사업자의 업무)

법 제6조제2항제10호에서 "대통령령이 정하는 사업"이라 함은 다음 각 호의 사업을 말한다.
1. 전자무역기반시설의 이용에 관한 교육자료의 발간, 전자무역 관련 온라인 교육콘텐츠의 개발 및 보급 등 전자무역의 촉진과 확산을 위한 교육사업
2. 전자무역의 촉진과 확산을 위한 홍보사업

제9조 (과징금의 산정기준)

법 제11조제3항에 따른 과징금의 산정기준은 별표와 같다.
[전문개정 2009.7.30] [[시행일 2009.7.31]]

제10조 (과징금의 납부)

①지식경제부장관은 법 제11조제2항에 따라 위반행위를 한 전자무역기반사업자에게 과징금을 부과하려는 때에는 그 위반행위의 종별과 과징금의 금액을 명시하여 과징금을 납부할 것을 서면 또는 전자문서로 통지하여야 한다. [개정 2008.2.29 제20678호(지식경제부와 그 소속기관 직제)]
②제1항에 따라 과징금의 납부통지를 받은 전자무역기반사업자는 납부통지일부터 20일 이내에 과징금을 지식경제부장관이 지정하는 수납기관에 납부하여야 한다. 다만, 천재·지변, 그 밖에 부득이한 사유로 인하여 그 기간 내에 과징금을 납부할 수 없는 때에는 그 사유가 없어진 날부터 7일 이내에 납부하여야 한다. [개정 2008.2.29 제20678호(지식경제부와 그 소속기관 직제)]
③제2항에 따라 과징금의 납부를 받은 수납기관은 영수증을 납부자에게 서면으로 교부하거나 전자문서로 송부하여야 한다.
④과징금의 수납기관은 제2항에 따라 과징금을 수납한 때에는 그 사실을 지식경제부장관에게 서면 또는 전자문서로 지체 없이 통지하여야 한다. [개정 2008.2.29 제20678호(지식경제부와 그 소속기관 직제)]
⑤과징금은 분할하여 납부할 수 없다.

제4장 전자무역기반시설의 이용 등

제11조 (표준의 제정절차)

지식경제부장관은 법 제13조제1항에 따라 전자무역문서의 표준을 정하려는 때에는 미리 「전자거래기본법 시행령」 제9조에 따른 한국전자문서표준위원회의 심의를 거쳐야 한다. [개정 2008.2.29 제20678호(지식경제부와 그 소속기관 직제)]

제12조 (표준화의 대상)

법 제13조제2항에 따른 전자무역문서 표준화의 대상은 전자무역기반시설에서 사용되는 전자무역문서로 한다. 다만, 다른 법령에 따라 이미 표준화된 경우에는 다른 법령에서 정한 바에 따른다.

제5장 전자무역문서의 보관 및 증명

제13조 (증명서 발급방법 및 절차)

①전자무역기반사업자는 법 제17조제1항에 따른 증명서를 종이문서로 발급하는 경우에는 그 증명서에 전자무역기반사업자의 기명날인을 하여야 하며, 전자무역문서의 내용이 첨부되어야 하는 경우 이를 출력하여 증명서와 함께 묶어 간인(間印)을 하여야 한다.
②전자무역기반사업자가 제1항에 따라 증명서를 발급하는 경우 신청자의 신원, 신청인이 다음 각 호의 어느 하나에 해당하는 정당한 발급신청권한이 있는 자인지 여부 및 증명서의 발급대상인 전자무역문서의 진위 여부를 확인하여야 한다.
1. 전자무역문서의 송신자 또는 수신자
2. 전자무역문서의 송신자 또는 수신자가 지명한 자
③제1항에 따라 발급하는 증명서에는 다음 각 호의 사항이 포함되어야 한다.
1. 발급신청자의 성명(법인인 경우 상호를 말한다)
2. 발급신청자의 주민등록번호(법인의 경우에는 법인등록번호를 말한다)
3. 증명서의 일련번호·유효기간 및 사용용도
4. 증명서의 발급신청일 및 발급일시
5. 전자무역기반사업자의 명칭 등 전자무역기반사업자임을 확인할 수 있는 정보

제14조 (증명서 발급에 관한 자료의 관리)

전자무역기반사업자가 증명서를 발급한 경우에는 그 증명서의 발급신청일시·발급일시 및 신청자 성명에 대한 자료를 기록·관리하여야 한다.

제6장 전자무역문서의 이용 촉진

제15조 (전자사본)

법 제19조제1항제2호에 따른 전자사본이라 함은 원본인 종이문서를 스캐너로 전자복사하여 컴퓨터 등 정보처리장치에 원본과 동일한 내용 및 형태로 복제·저장한 것으로 재현이 가능한 형태의 전자문서를 말한다.

제7장 전자무역문서의 보안 및 관리

제16조 (공개할 수 있는 전자무역문서 및 무역정보)

법 제21조제1항 단서에서 "대통령령이 정하는 경우"라 함은 다음 각 호의 어느 하나에 해당하는 경우를 말한다. [개정 2008.2.29 제20678호(지식경제부와 그 소속기관 직제)]

1. 전자무역문서의 송신인 또는 수신인이 신청한 경우
2. 중앙행정기관 또는 지방자치단체가 행정목적에 필요하여 신청한 경우
3. 수사기관이 수사목적상 필요하여 신청한 경우
4. 법원의 제출명령이 있는 경우
5. 그 밖에 전자무역기반사업자의 요청에 따라 지식경제부장관이 공개할 필요가 있다고 인정한 경우

제17조 (전자무역문서 및 무역정보의 공개절차)

①전자무역기반사업자는 제16조제2호 내지 제4호에 따라 신청 또는 제출명령을 받은 정보가 국가의 안전보장에 위해가 없고 기업의 영업비밀을 침해하지 아니하는 정보에 해당하는지 여부를 결정하려는 경우에는 미리 지식경제부장관과 협의하여야 한다. [개정 2008.2.29 제20678호(지식경제부와 그 소속기관 직제)]
②전자무역기반사업자가 법 제21조제2항에 따라 이해관계인의 의견을 들으려는 때에는 정보공개의 신청을 받은 날부터 20일 이내에 서면 또는 전자문서로 그 의견을 들어야 한다.

제8장 전자무역전문서비스업자

제18조 (전자무역전문서비스업자의 등록요건)

①법 제22조제1항에 따른 전자무역전문서비스업자(이하 "전자무역전문서비스업자"라 한다)로 등록하려는 자는 다음 각 호의 요건을 갖추어야 한다.

1. 법 제22조제1항 각 호의 어느 하나에 해당하는 업무를 주된 업무로 하고, 등록신청일 현재 그 업무를 6월 이상 수행한 상태일 것
2. 제1호의 업무를 수행하기에 적합한 운영시스템·자본금 및 인력을 갖출 것
3. 법 제22조제1항제3호 내지 제5호의 어느 하나에 해당하는 업무를 주된 업무로 수행하는 경우에는 전자무역기반사업자와 협정을 체결하여 전자무역기반시설에 접속할 수 있는 상태일 것
4. 법 제13조에 따라 표준화된 전자문서를 사용할 것

②제1항제2호의 요건 중 운영시스템에 관한 세부사항은 지식경제부장관이 정하여 고시하며, 자본금 및 인력에 관한 세부사항은 지식경제부령으로 정한다. [개정 2008.2.29 제20678호(지식경제부와 그 소속기관 직제)]

제19조 (전자무역전문서비스업자의 등록절차 등)

①전자무역전문서비스업자로 등록하려는 자는 지식경제부령이 정하는 바에 따라 전자무역전문서비스업자 등록신청서에 제18조에 따른 등록요건을 갖추었음을 증명하는 서류를 첨부하여 지식경제부장관에게 제출하여야 한다. [개정 2008.2.29 제20678호(지식경제부와 그 소속기관 직제)]

②지식경제부장관은 제1항에 따른 전자무역전문서비스업자의 등록신청을 받은 경우 그 신청인이 제18조에 따른 등록요건을 갖춘 때에는 전자무역전문서비스업자로 등록하고, 전자무역전문서비스업자 등록증을 교부하여야 하며, 그 사실을 지체 없이 공고하고, 전자무역전문서비스업자의 명단을 비치하여 누구든지 열람할 수 있게 하여야 한다. [개정 2008.2.29 제20678호(지식경제부와 그 소속기관 직제)]

부칙

이 영은 1992년 7월 1일부터 시행한다.

부칙 [93·3·6]

제1조 (시행일) 이 영은 공포한 날부터 시행한다.

제2조 내지 제4조 생략

부칙 [93·7·1]

제1조 (시행일) 이 영은 1993년 7월 1일부터 시행한다.

제2조 내지 제4조 생략

부칙 [94·12·23 대령14438]
제1조 (시행일) 이 영은 공포한 날부터 시행한다.
제2조 내지 제5조 생략

부칙 [94·12·23 대령14447]
제1조 (시행일) 이 영은 공포한 날부터 시행한다. [단서 생략]
제2조 내지 제5조 생략

부칙 [97·2·28]
제1조 (시행일) 이 영은 1997년 3월 1일부터 시행한다.
제2조 내지 제7조 생략

부칙 [97·12·31]
이 영은 1998년 1월 1일부터 시행한다.

부칙 [99·3·17]
이 영은 공포한 날부터 시행한다. 다만, 제2조제3호, 제4조제15호 및 별표 1 제16호·제17호의 개정규정은 1999년 4월 1일부터 시행한다.

부칙 [99·12·28]
제1조 (시행일) 이 영은 2000년 1월 1일부터 시행한다.
제2조 내지 제5조 생략

부칙 [2001.3 31. 대17186호]
제1조(시행일) 이 영은 공포한 날부터 시행한다.
제2조 생략

부칙 [2006.7.21 제19619호]
제1조(시행일) 이 영은 공포한 날부터 시행한다.
제2조(다른 법령의 개정) ①대외무역법 시행령 일부를 다음과 같이 개정한다.
제3조제3항중 "「무역업무자동화 촉진에 관한 법률」 제5조의 규정에 의한 지정사업자중에서"를 "「전자무역 촉진에 관한 법률」 제6조제1항에 따른 전자무역기반사업자 중에서"로 한다.
제18조의5 내지 제18조의8을 각각 삭제한다.
②무역거래기반조성에관한법률시행령 일부를 다음과 같이 한다.
제5조제4호를 다음과 같이 한다.
4. 「전자무역 촉진에 관한 법률」 제6조제1항에 따른 전자무역기반사업자
③대통령령 제19330호 부가가치세법 시행령 일부를 다음과 같이 한다.
제64조제3항제1호의3중 "「무역업무자동화 촉진에 관한 법률」에 따른 무역자동화사업자"를 "「전자무역 촉진에 관한 법률」 제6조제1항에 따른 전자무역기반사업자"로 한다.
제3조(다른 법령과의 관계) 이 영 시행 당시 다른 법령에서 종전의 「무역업무

자동화 촉진에 관한 법률 시행령」 또는 그 규정을 인용하고 있는 경우 이 영 중 그에 해당하는 규정이 있는 때에는 그에 갈음하여 이 영 또는 이 영의 해당 규정을 인용한 것으로 본다.

부칙 [2007.9.10 제20257호(대외무역법 시행령)]
제1조 (시행일) 이 영은 공포한 날부터 시행한다.
제2조 생략
제3조 (다른 법령의 개정) ① 내지 ④ 생략
⑤전자무역 촉진에 관한 법률 시행령 일부를 다음과 같이 개정한다.
제2조제6호 중 "제15조"를 "제12조"로 한다.
⑥ 내지 ⑨ 생략
제4조 생략

부 칙[2008.2.29 제20678호(지식경제부와 그 소속기관 직제)]
제1조(시행일) 이 영은 공포한 날부터 시행한다. 〈단서 생략〉
제2조부터 제6조까지 생략
제7조(다른 법령의 개정) ① 부터 〈67〉 까지 생략
〈68〉 전자무역 촉진에 관한 법률 시행령 일부를 다음과 같이 개정한다.
제3조제1항제1호 중 "재정경제부장관·법무부장관·행정자치부장관·문화관광부장관·산업자원부장관·정보통신부장관·건설교통부장관·해양수산부장관·기획예산처장관·국무조정실장"을 "기획재정부장관·법무부장관·행정안전부장관·문화체육관광부장관·지식경제부장관·국토해양부장관·국무총리실장"으로 한다.
제3조제1항제3호·제2항, 제6조제1항제4호가목·제3항, 제7조제1항·제2항, 제9조제2항, 제10조제1항·제2항 본문·제4항, 제11조, 제16조제5호, 제17조제1항, 제18조제2항, 제19조제1항·제2항 중 "산업자원부장관"을 각각 "지식경제부장관"으로 한다.
제3조제2항, 제5조제3항 중 "산업자원부"를 각각 "지식경제부"로 한다.
제5조제2항 각 호 외의 부분 중 "산업자원부차관"을 "지식경제부차관"으로 한다.
제6조제2항, 제7조제1항, 제18조제2항, 제19조제1항 중 "산업자원부령"을 각각 "지식경제부령"으로 한다.
〈69〉 부터 〈86〉 까지 생략

부 칙[2009.7.30 제21655호]
제1조(시행일) 이 영은 2009년 7월 31일부터 시행한다.
제2조(경과조치) 이 영 시행 전의 위반행위에 대한 과징금 처분에 대해서는 그 기준이 종전보다 강화된 경우에는 종전의 규정에 따르고, 종전보다 완화된 경우에는 개정규정에 따른다.

부 칙[2010.6.28 제22220호(무역보험법 시행령)]
제1조(시행일) 이 영은 2010년 7월 6일부터 시행한다.

제2조(다른 법령의 개정) ① 부터 ⑦ 까지 생략

⑧ 전자무역 촉진에 관한 법률 시행령 일부를 다음과 같이 개정한다.

제2조제4호를 다음과 같이 한다.

4. 「무역보험법」

⑨ 부터 ⑭ 까지 생략

제3조 생략

<u>별표 과징금의산정기준[제9조관련]</u>

무역실무의 모든 것, 김연동·이준호 저, 원앤원북스, 2009.

「무역 e-마켓플레이스」 현황과 발전방향, 이씨플라자㈜, 2010.11

PAA 동아시아 전자무역 구축 소개, 한국무역정보통신, 2004.11

중소기업 수출경쟁력 강화를 위한 전자무역마케팅 혁신 마스터플랜 수립, 전자무역추진위원회, 2007.3

유비쿼터스 시대를 대비한 전자무역실무, 조원길 저, 보명 Books, 2007.8

전자무역론, 이상진, 도서출판 두남, 2011.6

전자무역과 웹비즈니스, 류건우·최하늘·양근우 외 1명, 계명대학교 출판부, 2011.9

21C 전자무역시대의 글로벌 무역실무, 염홍기·문희철 저, 무역경영사, 2011.2

전자무역 실무, 이제현, 박영사, 2010.2

전자무역실무 학습교재, 조원길·김연동, 보명 Books, 2008.8

전자무역의 이론과 실무, 김학민, 경문사, 2007.7

전자무역시대의 무역실무론, 양의동, 도서출판 두남, 2004.6

무역실무 전자무역의 이해, 이제홍·김지용, 보명 Books, 2006.2

인터넷과 무역자동화, 황중서, 형설, 2000.2

실전 인터넷 무역쉽게 배우기, 염홍기, 중앙경제평론사, 2004.3

E-TRADE시대의 무역실무, 임재욱, 현학사, 2002.9

사이버무역시대의 ON-OFF무역실무, 신군재, 무역경영사, 2001.9

국내 기업환경을 고려한 SCM 전략적 도입방안 연구, 김철완, 1999.

제조기업의 SCM 도입효과에 관한 연구, 최규철, 2005.

SCM 성공적 도입을 위해 고려해야 할 전략적 방안에 관한 연구, 최규철, 2005.

국내 유비쿼터스 현황 조사, 한국전산원, 2005.4

생산라인에도 전자태그시대 활짝, 한국경제, 2004.11

Shoshanah Coher and Joseph Roussel, strategic Supply Chain Management, Mc Graw-Hill, 2005.

Colleen Crum and George palmatier, Demand Managemnet Best practices, J, Ross Publishing, 2003.

Serge Peter M The Fifth Discipline, New York Currency and Double day, 1990.

전자무역활용과 성과에 관한 실증적연구, 한국무역학회지, 김창봉, 2011.

전자무역활용과 성과분석을 위한 통합정보기술 수용 모형 및 실증연구, 손태규, 2011.

전세계 최초 무역전문 오픈 마켓플레이스
http://www.ecplaza.net/trademall

〈웹사이트〉

www. ktnet.co.kr

www.korcham.net

www.ubiu.net

www.seri.org

www.nso.go.kr

www.homeplus.co.kr

www.lotte.com

www.hankung.com

www.ec21.com

www.kita.net

www.utradehub.or.kr

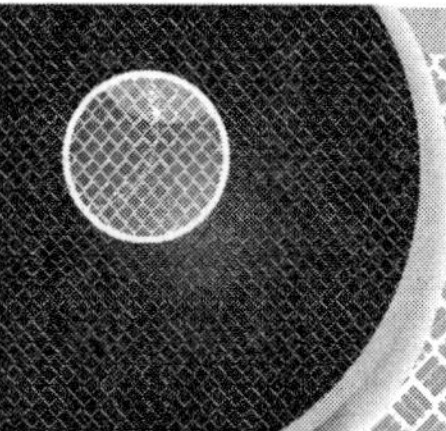

찾아보기 Index

■ ㄱ ■

■ ㄴ ■

■ ㄷ ■

■ ㄹ ■

■ ㅁ ■

■ ㅂ ■

■ 저자약력 ■

■ 최 경 주

· 한국외대 졸업
· 한국외대 대학원 경영학 석사(MBA)
· 중앙대 경영학 박사 수료

(주요 경력)
· (주)영원무역
· 한국무역협회, 한국무역정보통신 과장 역임
· (재)한국유통물류진흥원 전략사업팀장 역임
· (주)신세계 아이앤씨 전자상거래사업부 부장 역임
· (사)중소기업혁신전략연구원 이사/본부장
· 숙명여대 정보통신대학원, 명지대 유통대학원, 경희대학교, 서울디지털대학교, 안양대학교, 장안대학교 외래교수
· 경희대학교 경영대학원, 서울디지털대 외래교수
· 기술표준원 ISO TC154 전문위원
· 한국수퍼마켓협동조합연합회 기획조정실장
· 현, 계명대학교 사회과학대학 전자무역학과 교수

(주요 저서 및 논문)
· 전자카탈로그 시스템 구축 방안
· 전자상거래(EC)활성화를 위한 EDI/CALS 표준 연구
· e-Business 어플리케이션 통합정보포털 연계 구축에 관한 연구
· 전자무역 활성화를 위한 발전과제 연구
· 소상공 자립기반 확립을 위한 연구
· 재래시장 현대화 모델 연구
· e 비즈니스가 무역 증대에 미치는 영향
· 프랜차이즈 실무경영, 전자상거래와 SCM
· 수퍼마켓 경영론
· 유통 핸드북
· 생활과 경제
• E-mail : kjchoi@kmu.ac.kr

■ 김연동

(주요 경력)
· 광운대학교 무역학과 졸업
· (주)지머스정보기술 대표이사
· 이씨플라자(주) 이사
· 국제 지식서비스학회 이사
· 국제이비즈니스학회 이사
· 한국통상정보학회 이사
· 국가과학기술위원회 과학기술인
· 전자무역, XML전자문서분야에 대한 BPR/ISP 전문 컨설턴트

(저서 및 연구활동)
· 전자무역(e-Trade) 실습, 한국전자거래진흥원e비즈니스인력개발센터 2007.7
· 전자무역실무 학습교재 , 보명Books 2008.8
· 실전에 바로써먹는 『무역실무의 모든 것』 원앤원북스 2009.6
· 통상EDI실무 2012.7
· BPM기반의 전자무역 지능형 시뮬레이터 개발 2008.6
· 중소기업 정보화 정책 개편방안 연구 2009.7
· 1인 무역기업 창업을 위한 시뮬레이션 기술 개발 2010.11
· CJ, 두산, 한솔제지 등 전자무역 컨설팅
· 칠레, 우즈베키스탄, 루마니아, 몽골 국가싱글윈도우 구축에 대한 컨설팅

e-Trade시대의 무역공급망관리

초 판 1쇄 인쇄── 2012년 8월 20일
초 판 1쇄 발행── 2012년 8월 25일
지은이── 최 경 주 · 김 연 동
펴낸이── 전 두 표
펴낸곳── 도서출판 두남
서울시 강동구 성내로6길 34-16 두남빌딩
신 고 : 제25100-1988-9호
TEL : 02) 478-2065, 2066, 2067, 2311
FAX : 02) 478-2068
E-mail : dunam1@unitel.co.kr
http://www.dunam.co.kr

정가 18,000원

ISBN 978-89-6414-357-5 93320